Karl Fasch

**Lyceum der schönen Künste**

Karl Fasch

**Lyceum der schönen Künste**

ISBN/EAN: 9783743425019

Hergestellt in Europa, USA, Kanada, Australien, Japan

Cover: Foto ©Thomas Meinert / pixelio.de

Manufactured and distributed by brebook publishing software (www.brebook.com)

Karl Fasch

**Lyceum der schönen Künste**

# Lyceum
## der schönen Künste.

Ersten Bandes, erster Theil.

Berlin.
Bei Johann Friedrich Unger.
1 7 9 7.

# Deukalion.

## (Ovid. Metam. I, 260—415.)

Jezo beschloß der Vater, das frevle Geschlecht zu vertilgen
Unter der Flut, Plazregen vom ganzen Himmel entsendend.
Eilend sperrt er nunmehr in des Aeolus Höhlen den Nordwind,
Und was sonst für Hauche den Zug der Gewölke verscheuchen.
Notus allein wird gesandt, und mit triefenden Schwingen
                              entfleugt er,     5
Sein scheuseliges Haupt pechschwarz in Dunkel gehüllet;
Schwarz von Güssen der Bart; den greisenden Haaren
                              entströmt Flut;
Nebel umlagern die Stirn, ihm thaut's von Gefieder und
                              Busen:
Und wie in breiter Hand abhangende Wolken er drückte,
Donnert es; dicht nun stürzen die Regenschauer vom Äther. 10
Auch die Botin der Juno, mit mancherlei Farben bekleidet,
Iris schöpft nun Gewässer, und reicht den Wolken die
                              Nahrung.
Schon sind die Saaten gestreckt, schon liegen beweint des
                           Bestellers
Wünsch' und Gelübd' und des Jahrs langwieriger Schweiß
                              ist verloren.

Nicht vom Himmel allein zürnt Jupiter; sondern ihm
sendet      15
Sein blaulockiger Bruder des Meers mithelfende Fluten.
Schnell die Götter der Ströme berufet er. Als sie ver-
sammelt
Nun den Palast anfüllten des Königes: Langer Ermahnung,
Sprach er, bedürfen wir nicht. Willfahrt mit aller Gewalt
nun!
Solches ist noth! Eröfnet die Wohnungen eures Gestru-
dels,      20
Räumt die Dämme hinweg, und spornt die entzügelten
Ströme!
Jener gebots; sie kehren zurück, und lösen der Quellen
Mündungen: und mit Getümmel entrollen sie all' in die
Meerflut.
Selbst nun schwang in die Veste der Gott den gewaltigen
Dreizack;
Und sie erbebt', und spaltete Raum weitbusigen Wassern. 25
Über die Bord' entstürzen durch offene Felder die Ströme;
Und mit der Saat Weinbäume zugleich, und das Vieh;
und die Männer
Raffen sie, Wohnungen auch, und der Götter geheiligte
Kammern.
Wenn ja der Häuser noch eins ausdauerte, und unerschüttert
Trozte dem Jammergeschick; doch überwallte den Giebel   30
Höhere Flut, und es wankten im drückenden Strudel die
Thürme.
Nirgend erschien durch Grenzen das Meer und die Erde
gesondert:
Offene See war alles, und flutete sonder Gestad' auf.
Einer erklimmt den Hügel voll Angst; der andere rudert
Dort im gebogenen Kahn, wo er jüngst Pflugstiere ge-
lenket.      35
Über die Saaten hinweg und das eingesunkene Landhaus

Schiffen sie dort, und fangen den Fisch in dem Wipfel der
Ulme.

Oft, wie es trift, wird der Anker in grünende Wiesen ge-
heftet;

Oft auch scharrt anstoßend der Kiel an dem unteren Wein-
berg.

Und wo eben ihr Gras die schmächtigen Ziegen gerupfet,   40
Lagern jezt den gedunsenen Leib misförmige Robben.

Nereus Töchter erstaunen, die Hain', und die Städt', und
die Häuser

Unter den Wellen zu sehn; in dem Bergwald' hausen
Delfine,

Springen in hohem Gezweig', und stoßen an bebende Eichen.

Schafe durchschwimmet der Wolf; gelbmähnige Löwen und
Tiger       45

Führet die Flut; nichts frommt die Gewalt des Blizes dem
Eber,

Nichts dem enttragenen Hirsche der leichtgehobene Schenkel.

Lange nach Erd' umfliegend, wo auszuruhen vergönnt sei,

Sinkt mit ermatteten Schwingen ins Meer der streifende
Vogel.

Über die Höhn stieg tobend der Tief unermeßlicher Auf-
ruhr,       50

Und von befremdender Brandung erscholl das geschlagene
Berghaupt.

Meist entraft das Gewoge die Sterblichen: welcher die Woge
Schonete, diese bezähmen mit dürftiger Nahrung den Hunger.

Zwischen Hämonias Flur und der attischen breitet sich
Phocis,

Ehmals fruchtbares Land, da es Land war; aber anizo  55
Meer, und ein breites Gefilde der schnell einbrechenden
Wasser.

Siehe da klimmt zu den Sternen ein Berg mit doppeltem
Gipfel,

Schrof, Parnasus genannt, und überschauet die Wolken.
Als Deukalion hier (denn das Übrige deckte die Meerflut)
Samt dem vermählten Weib' anhaftete, fahrend im
                Schiflein;      60
Flehn den cyncischen Nymfen sie beid', und den Mächten
           des Berges,
Themis auch, der erhabnen Verkündigerin am Orakel.
Nie war besser gesinnt, noch mehr auf Billigkeit achtend,
Irgend ein Mann, nie frömmer ein Weib in Verehrung der
           Götter.
      Jupiter, der weitsumpfend den überschwemmeten Erd-
            kreis,      65
Und nur überig sah von so viel Tausenden Einen,
Und nur überig sah von so viel Tausenden Eine:
Ganz unsträflich sie beid', und beid' Anbeter der Gottheit;
Trieb die zerstreuten Gewölk', und die regnenden Lüfte mit
           Nordwind
Reinigend, zeigt' er dem Himmel die Erd', und der Erde
           den Himmel.      70
      Ausgezürnt hat endlich das Meer. Hinlegend den
           Dreizack,
Sänftigt der Herscher die Wog'; und ihn, der empor aus
           dem Abgrund
Ragte, die Schultern bedeckt mit angewachsenen Muscheln,
Ruft er, den bläulichen Triton, heran; und die Schnecken-
           drommete
Heißt er ihn füllen mit Hauch, und zurück durch lautes
           Geschmetter      75
Brandungen rufen und Ström'. Er faßt das gehöhlete
           Meerhorn,
Welches gedreht in die Breit' anwächst von der untersten
           Windung:
Welches Horn, wann Athem auch mitten im Meer es em-
           pfangen,

Alle Gestad' umhallt vom Niedergang bis zum Aufgang.

Jezt auch, sobald es den Mund im triefenden Thaue des
Bartes    80

Rührte dem Gott, und gehaucht ausrief den befohlenen
Rückzug,

Ward es von allem Gewässer der Land' und der Meere
gehöret;

Und so weit das Gewässer es hörete, ward es gebändigt.

     Schon hat Ufer das Meer; voll wallen die Ström' in
den Betten;

Niedriger rollen die Bäche; hervor gehn sichtbar die Hügel;    85

Mählich steigt das Gefild', und wächst aus versiegenden
Wassern;

Und nach daurender Frist hebt endlich der Wald die ent-
blößten

Wipfel empor, und zeigt nachbleibenden Schlamm auf den
Blättern.

Hergestellt war die Erde. Doch jezt die Leere betrachtend,
Und wie in Todtenstille der Welt Einöde verstummt war,    90
Sprach Deukalion so mit quellender Thräne zu Pyrrha:

     O du, Schwester und Weib, du Einzige jezo der
Frauen,

Welche gemeinsamer Stamm mir erst, und vervetterte
Sippschaft,

Dann das Lager verband, nun selbst die Gefahr mir verbindet!

Rings in den Landen der Welt, die der Morgen bestralt
und der Abend,    95

Sind wir beide das Volk; das Übrige raubte die Meerflut!
Nicht ist auch noch jezo die Sicherheit unseres Lebens
Völlig gewiß; uns schrecken hinfort noch Wolken die Seele.
Was, wenn ohne den Gatten verschont dich hätte das
Schicksal,

Was, Unglückliche, wäre dein Mut? Wie könntest du ein-
sam    100
Dann ertragen die Angst? durch wessen Tröstung den
Kummer?
Denn Ich, (glaube mir das!) wenn dich auch hätte der Ab-
grund,
Folgete dir, o Gattin; und Mich auch hätte der Abgrund!
Könnt' ich doch die Völker der Welt durch Künste des
Vaters
Wieder erneun, mit Seelen gebildete Erde belebend!   105
Wir nun sind, wir beide, der Rest des Menschengeschlechtes,
(Also gefiels dort oben!) und Beispiel' unserer Gattung!

    Jener sprachs; sie weinten. Der Schluß war jezo, die
Gottheit
Anzuflehn, und Hülfe durch heilige Loose zu suchen.
Ohne Verzug nahn beide sofort den cephisischen Wassern, 110
Noch nicht lautere Bäche, doch schon bekannte, durchwatend.
Als sie nunmehr dem Sprudel entschöpfete Thaue gesprenget
Auf die Gewand' und das Haupt; zum Tempel der heiligen
Göttin
Wenden sie jezo den Schritt: dem oben das Dach in des
Mooses
Schändendem Wuste sich barg, und glutlos jeder Altar
stand.    115
Dann den geweiheten Stufen genaht, sank nieder aufs
Antliz
Mann und Weib, und küßte das kalte Gestein mit Er-
zittern.
Und: Wenn billigem Flehn, so sagten sie, himmlische Mächte
Freundlich erweichen ihr Herz, wenn Zorn der Götter ge-
beugt wird;
Sag', o Themis, wodurch der Verlust der Sterblichen
heilbar    120
Sei, und rette die Welt, o du Gütige, nun aus der Sündflut!

Aber die Göttin, gerührt, antwortete: Weicht aus dem
Tempel;
Hüllt euch beide das Haupt, und löst die gegürteten Kleider;
Werft sodann die Gebeine der großen Erzeugerin rückwärts.

  Lange stauneten sie; nun brach die schweigende Stille 125
Pyrrha zuerst, und versagte dem Götterspruche Gehorsam;
Und um Verzeihung bittet ihr ängstlicher Mund, wenn sie
schaudre,
Durch zerstreutes Gebein der Erzeugerin Schatten zu
kränken.

  Beide durchdenken indeß die in wirrendes Dunkel ge-
hüllten
Worte des göttlichen Spruchs, und erwegen sie wohl mit
einander.  130
Dann zur Epimethide begann der Sohn des Prometheus
Also mit sanfterem Laut: Entweder uns teuscht die Be-
sinnung,
Oder Frömmigkeit will, nicht Frevelthat, das Orakel.
Zeugerin ist ja die Erd', und die Stein' in dem Leibe der
Erde
Sind, wie mir deucht, das Gebein: dies sollen wir hinter
uns werfen.  135

  Ihres Gemahls Auslegung vernahm zwar froh die
Titanin:
Doch war in Zweifel die Hofnung: so sehr mistrauen sie
beide
Noch dem Göttergebot. Doch harmlos wird der Versuch
sein.

  Thalwärts gehn sie, verhüllen das Haupt, und entgür-
ten die Kleider,
Heben gebotene Stein', und werfen sie hinter den Rücken.  140
Alles Gestein (wer glaubt' es, wofern nicht zeugte die
Vorwelt?)
Legte die Härt' allmählich nun ab, und die trozende Starrheit,

Schmeidigte mehr sich und mehr, und geschmeidiget nahm
es Gestalt an.

Bald, als wachsend es schwoll, und mild schon seine Natur
sich

Äußer'e, schien es beinah, wie einige, noch unenthüllte 145
Menschengestalt: doch so, wie von angehauenem Marmor,
Nicht vollendet genug, und roheren Bildnissen ähnlich.
Welcher Theil des Gesteins mit etwas Safte gefeuchtet
War, und der Erde verwandt, der gab dem Leibe die
Glieder;
Festeres, was unbiegsamer starrt, wird in Knochen ver-
wandelt; 150
Was als Ader erschien, das bleibt gleichnamige Ader.
Und nur wenige Frist, so gewann durch Gnade der Götter
Alles Gestein, das der Mann aussendete, männliche Bil-
dung;
Und dem Wurfe des Weibes entblühete weibliche Schönheit.
Drum sind wir ein hartes Geschlecht, ausdaurend zur Ar-
beit; 155
Und wir geben Beweise, woher wir zogen den Ursprung.

Voß.

## II.

### Bemerkungen

über

## den gegenwärtigen Zustand der Kunst in Deutschland.

Sie haben Recht, werthester Freund, nach einer Abwesenheit von mehr als zwanzig Jahren, hat sich in dem Zustande der Künste und Wissenschaften in Deutschland manche wichtige Veränderung zugetragen. Allein so neu und überraschend, als Sie denken, waren mir doch bei meiner Rückkehr die Gegenstände nicht. Ich war nie so sehr außer aller Verbindung mit meinem Vaterlande, daß ich nicht wenigstens aus Journalen, gelehrten Zeitungen und Meßkatalogen den Geschmack jedes Jahrzehends hätte errathen können. Auch fand ich mich in der Meinung, die ich von der teutschen gelehrten Welt gefaßt hatte, eben nicht betrogen. Ausgezeichnete, große Köpfe verkennt man nie, sie verlieren weder in der Nähe noch in der Ferne; aber das Unwesen mit dem Schwarme von

mittelmäßigen Schriftstellern, die ohne allen
Beruf, und ohne sich etwas dabei zu denken,
überall ihre sogenannte Kultur ausbreiten und
den stillen, klaren Bach der Aufklärung in ei=
nen reißenden Strom verwandeln wollen, hatte
ich mir lange nicht so arg vorgestellt, als ich
es wirklich fand. Doch hievon mehr bei einer
anderen Gelegenheit.

Über den Zustand der deutschen Kunst hatte
ich in der Ferne weniger richtig geurtheilet. Es
schien mir, als ob die jungen Künstler die bis=
herige falsche Bahn verlassen, und sich der
Quelle des Schönen und Großen, dem Stu=
dium der Alten und einiger ihrer glücklichen
Nachahmer unter den Neuern, wieder nähern
wollten. Meine Erwartung wurde noch höher
gespannt, als ich zu bemerken glaubte, daß man
anfing, einigen geschmacklosen Niederländern
und einigen manierirten Italienern den Platz,
den sie in dem Heiligthume der Kunst usurpirt
hatten, streitig zu machen; als die Großen
Deutschlands die Reise nach Italien als einen
nothwendigen Theil ihrer Bildung ansahen,
und die Gelehrten selbst, durch den Anblick der
Denkmale der Alten und der Kunstwerke je=
der Art, sich den reinen Sinn einer besseren
Vorwelt zu eigen machen, und ihrer Bücher=

gelehrsamkeit einen lebendigen Athem einhau=
chen wollten. Zwar mußte ich manches Urtheil
in Zeitschriften lesen, das meiner Meinung eben
nicht günstig war, und mehrere Bücher, die in
den letzten zwanzig Jahren in Deutschland er=
schienen, ließen mich nicht ohne Grund befürch=
ten, daß wir über der Literatur der Kunst,
die Kunst selbst versäumen, und einen Wust von
Kunstgelehrsamkeit auf ihren Thron erheben
würden. Besonders machten mir einige Be=
schreibungen von Rom und den Denkmalen der
alten und neuen Kunst die in dieser Stadt auf=
bewahrt werden, nicht wenig bange. Sie schie=
nen mir so sehr außer und unter dem Geiste
der Alten, so ganz ohne wahres und reines
Kunstgefühl, daß ich dieselben, mit der unange=
nehmen Überzeugung, ihre Verfasser hätten bei
dem Anblicke der Kunstwerke nichts als ein vor=
her angenommenes System vor Augen gehabt,
bei Seite legen mußte. Allein, so sehr auch
der Geist der Nachahmung unter unseren Lands=
leuten herscht, so zählte ich doch zuversichtlich
auf die Stimmung des besseren Theiles der
Nazion, und überließ mich ganz der schmeichel=
haften Hofnung, daß endlich der glänzende Tag
kommen werde, den die schönste Morgenröthe
schon vor zwei Jahrhunderten der Kunst in

Deutschland angekündiget hatte. Um meine
Meinung über die mehr oder mindere Erfüllung dieser Hofnung zum voraus zu rechtfertigen und deutlicher darzustellen, müßen Sie mir
erlauben, Ihnen und mir jene vielversprechende
Epoche in das Gedächtnis zurück zu rufen.
Ich verweile gern bey derselben, weil ich noch
Nazional-Geschmack und Nazional-Karakter
in derselben finde. Fürchten Sie aber nichts von
langen und gelehrten Untersuchungen über Namen, Lebensjahre und Schicksale der Künstler;
sie haben zwar ihren großen Nuzzen, allein
bei der Geschichte der Kunst einer Nazion
kommt es hauptsächlich auf die Kunstwerke selbst
an. Aus ihnen allein fließen natürliche und
sichere Resultate über die Fähigkeit eines Vol-
kes für die Kunst, über seine Originalität oder
über seinen Mangel an derselben. Sie lehren
uns die Künstler der nehmlichen Schule zusammen reihen, zeigen jede Abweichung von der ersten Hauptschule mit ihren Folgen, und bestimmen auf das genaueste den Wachsthum, Fortgang und Verfall der Kunst.

Der Anfang der Kunst in Deutschland ist,
so wie überall, in Dunkel eingehüllet. Es ist
hier nicht sowohl die Rede von der ersten Bekantschaft mit derselben durch die Römer, son-

dern es fragt sich nur, wie und wann sie ein=
heimisch bei uns wurde, und ob sie auch bei
ihrer besseren Ausbildung in dem 14ten und
15ten Jahrhundert deutsche Kunst blieb. Man
findet zwar in manchen Orten unseres Vater=
landes eine ziemliche Anzahl von Bildhauer=
arbeiten, Gemälden und anderen Kunstwerken,
die ein hohes Alterthum verrathen, und ganz
gewiß deutschen Ursprunges sind; allein das Ei=
genthümliche und Nazionale in dem Stil der=
selben ist noch nicht genau bestimmt. Auch
würde es keine leichte Arbeit sein, durch die
Untersuchung und Vergleichung der Denkmale
aller Art aus allen kultivirten Ländern Euro=
pens und aus allen Zeiten, Grundsätze festzu=
stellen, wodurch man von der Verpflanzung
der Kunst aus einem Boden in den andern,
von dem Gedeihen derselben und dem Einflusse
verschiedener Religionen, Sitten und Regie=
rungsformen auf ihren Karakter Rechenschaft
geben könnte. Wäre der Erzählung des Va=
sari in ihrem ganzen Umfange Glauben bei=
zumessen, so bliebe keine Schwierigkeit mehr
übrig. Nach den Jahrhunderten der Barbarei
hätten die neueren Griechen die elenden Über=
reste der von ihren großen Vorfahren ererbten
Kunst, den Italienern, und diese wiederum den

übrigen Völkern Europens mitgetheilet, nach=
dem sie dieselbe durch eine ununterbrochene Reihe
immer besserer Künstler bis zu ihrer ehemaligen
Höhe emporgebracht hätten. Aber wer sieht
nicht das Abenteuerliche einer solchen Kunst=
genealogie ein? Wenn der menschliche Geist
eine noch rohe Kunst oder Wissenschaft zur
Vollkommenheit gebracht hat, so vergißt man
nur zu oft die langen und mannigfaltigen Um=
wege, die er zu durchwandern hatte, und zeigt,
wie natürlich und nothwendig er auf der nun
ebenen Bahn, durch das immerwährende Fort=
schreiten von dem Leichten zu dem Schweren,
das Ziel hätte erreichen müssen.

Das Mährchen des Plinius von der
Entstehung und dem allmählichen Wachsthum
der Mahlerei, ist eine Hypothese von der nehm=
lichen Art, und paßt mehr oder minder auf
jede andere menschliche Erfindung; ob es gleich
nicht zu leugnen ist, daß die Griechen, bei ih=
rer feinen Organisazion und bei ihrem reinen
Sinne in allen Künsten und Wissenschaften,
eher den graden und wahren Weg betraten, als
die übrigen Nazionen *). Wollte man aber
auch

*) Die ältesten Dichter und Geschichtschreiber der Grie=
chen sind noch immer unsere nie erreichten Muster, und in

auch Vasari's Anfangsepoche der neueren Kunstgeschichte annehmen, so könnte sie doch höchstens
nur für die Italiener gelten.    In Deutschland,
Frankreich, England und den Niederlanden

---

Ansehung ihrer Kunst wüßte ich kein treffenderes Beispiel
anzuführen, als ihre Münzen.  Wir besitzen noch eine hinlängliche Anzahl derselben, um aus ihnen den geraden und
klaren Gang kennen zu lernen, der die Griechen, beinahe
ohne Abwege, auf die hohe Stufe von Vollkommenheit brachte, auf der wir sie jetzo noch anstaunen.  Die schönen Folgen der Münzen von Großgriechenland und Sizilien geben
zu eben so wichtigen als gründlichen Bemerkungen über die
älteste Kunstgeschichte Gelegenheit.  Schon in den rohesten
Versuchen sieht man das Streben der Künstler nach einem
hohen Ziele, und in der Mäßigung und Vorsicht, mit der
sie sich immer weiter wagten, die Gewißheit, es zu erreichen.
Von einfachen Vorstellungen aus der Natur und von Thieren wagten sie sich erst später an die menschliche Gestalt, sie
bekümmerten sich anfänglich nur um die äußeren Umrisse,
und ehe sie ihren Köpfen und Figuren Leben und Bewegung
zu geben wagten, hatte ihre Zeichnung schon einen gewissen Grad von Richtigkeit.  Da sie aber nicht nur Wahrheit,
sondern auch hauptsächlich Schönheit suchten, so erlaubten
sie sich keine heftige Bewegung, und begnügten sich lange,
dieselbe in einem einzelnen Gliede auszudrücken, ohne auf
die Wirkung derselben auf den übrigen Körper Rücksicht zu
nehmen.  Die Natur, der die Griechen immer treu blieben,
führte sie auch hierin weiter, und so bildete sie nach und
nach der reine, edle, von aller Manier entfernte Stil, die
Einfalt und Bestimmtheit in dem Ausdrucke, mit einem
Worte, die getreue und gefühlvolle Darstellung der schönen
Natur, die man ewig in ihren Werken bewundern, und
schwerlich auf dem Wege, den wir nun wandeln, je wieder
erreichen wird.

Ganz anders verhielt es sich mit den barbarischen Völkern des Alterthums.  Sie kannten keine Kunst, und wenn
sie etwa das Bedürfnis des Handels oder ein anderer Um-

weiß man nichts von griechischen Künstlern, die
die ganz erstorbene Malerei wieder aus ihrem
Grabe gezogen hätten, und in diesen Ländern,
namentlich in Deutschland, giebt es Kunstwerke,
die zuversichtlich älter sind als Cimabue. Auch
ist es keinesweges erwiesen, daß die Künstler,
die ein Jahrhundert und mehr vor Martin
Schöns Zeit lebten, in Italien Unterricht ge-
holet hätten. Die Kunst war eigentlich nie
ganz erloschen; sie lebte noch, obgleich in küm-
merlicher Gestalt, in allen Ländern, welche ehemals die Eroberungssucht der Römer der Barbarei entzogen hatte. Vasari drückt sich nur
zu stark aus, wenn er behauptet, daß es vor
Cimabue gar keine Künstler mehr gegeben hätte, (spento affatto tutto il numero degli ar-
tefici) und verdiente deswegen zum Theil die
Vorwürfe, die ihm Malvasia macht, der in

---

stand zwang, Münzen zu schlagen, so ahmten sie das schöne
Gepräge ihrer gebildetern Nachbarn nach, und auf diese Art
schufen die dacischen Völker den schönen Bacchuskopf auf
den thasischen Münzen, und die Köpfe des Jupiter und des
Apollo, nebst dem Reiter oder dem Pferde, auf den Münzen der macedonischen Könige in die abenteuerlichsten Ungeheuer um. Diese Münzen sind besonders geschickt, um den
Unterschied zu zeigen, zwischen den schüchternen, steifen Versuchen der Kindheit der Kunst, und dem elenden Machwerke
barbarischer Völker, die sich an alles wagen, und, mit ihrer
Arbeit zufrieden, weder den Willen noch die Fähigkeit haben, weitere Fortschritte zu machen.

der Felsina pittrice, p. 7. 8. mehrere Kunst=
werke aus Bologna allein anführt, die mehr
als hundert Jahre älter sind, als Cimabue.
Auf den Umsturz des römischen Reichs erfolgte
auch natürlicher Weise der gänzliche Verfall
der Künste und Wissenschaften, und nach den
großen Einfällen der Barbaren fand sich in
Italien nicht mehr Aufklärung, als in Gallien
und Germanien. Man bemerkt sogar schon
weit früher, zu den Zeiten des Gallienus, daß
einige Zweige der Künste weit mehr in Gallien
und in einem Theile des heutigen Deutschlan=
des, als zu Rom selbst, blüheten. Es finden
sich Münzen von Postumus, deren Gepräge
die Zeichnung auf den Münzen des Gallienus,
so wie einiger seiner Vorgänger und Nachfolger
weit übertrift. Mehrere derselben verbinden mit
einer richtigen Zeichnung eine Art von Ele=
ganz, und ein sichtbares Bestreben, die besseren
Werke der Griechen in Geschmack und For=
men nachzuahmen. Überhaupt scheinen sich die
Gallier schon damals, theils nach der griechi=
schen, theils nach der römischen Kunst, einen ei=
genen Stil gebildet zu haben. Die barbari=
schen Münzen des Tetrikus, auf deren mehre=
ren zerstreute Buchstaben ohne allen Sinn ste=
hen, kommen aus irgend einem verborgenen

Winkel Spaniens oder Englands, und können
um so viel weniger einen Gegenbeweis liefern,
da man auch sehr schön gearbeitete Münzen
dieses Kaisers hat. Der lange Aufenthalt verschiedener Kaiser in Gallien, und hauptsächlich
die wohlthätige Regierung des Konstantius Chlo-
rus, mußten die Kultur in diesem Lande noch
mehr verbreiten. Berühmte Akademien wurden
theils neu errichtet, theils wieder hergestellt, indeß Italien, ohne die nähere Aufsicht seiner Regenten, nicht selten den Greueln innerer Unru-
hen überlassen war. Die Folgen hievon bemerkt man deutlich in Münzen und andern
Kunstwerken, in denen die Gallier nun oft ihre
herabgesunkenen Lehrer übertrafen. Unter Kon-
stantin dem Großen und seinen Söhnen zeichnete sich besonders die Münzstäte in Trier aus,
und bei allen Fehlern ihrer Arbeiten scheint sie
nicht selten den Vorzug vor allen übrigen gal-
lischen und römischen Münzen der damaligen
Zeit zu verdienen.

Die Nothwendigkeit, die Grenzen des Reichs
gegen die Einfälle und Plünderungen der Barbaren in Sicherheit zu stellen, nöthigte in der
Folge die Kaiser, starke Armeen auf der Grenze
zu halten, wo dieselben theils in befestigten Lagern, theils in Kastellen auf Bergen vertheilt

waren. Durch den Anblick der bewunderungs-
würdigen Werke der Legionen, die, wie bekant,
mit Künstlern und Handwerkern aller Art versehen waren, mußte der noch ungebildete Kunstfleiß unserer Vorfahren rege werden, und der
nähere Umgang mit den römischen Soldaten,
das Beispiel einiger ihrer Landsleute, und ihr
eigenes Bedürfnis reizten sie zu Versuchen, die
bei der politischen Veränderung in dem römischen Reiche, und bei andern günstigen Umstän-
den bald glückliche Folgen hatten. Besonders
trug die Einführung der christlichen Religion
zu dem Gedeihen der nun auf deutschen Boden
verpflanzten Kunst nicht wenig bei. Ihr glänzender Gottesdienst erfoderte Kunstwerke aller
Art als etwas Wesentliches, und Gefäße, Bild-
hauerarbeit und Gemälde waren beinahe eben
so nothwendig, als der Tempel selbst. Auch
wurden bald die christlichen Kirchen, wie ehe-
dem die Tempel der Griechen und Römer, zu
Sammelplätzen von allen Reichthümern der
Kunst. Die großen Eroberungen der Franken
verbreiteten noch mehr die nützlichen und angenehmen Kenntnisse, die sie bei den Überwundenen gesammelt hatten; und als zuletzt Deutschland ein eigenes, für sich bestehendes Reich wurde, erhielt die ehemals römische und gallische

Kunst gar bald ihren eigenthümlichen Karakter, den sie auch, ohne einen bestimmten Einfluß
der neueren Italiener, bis auf das funfzehnte
Jahrhundert in seiner ganzen Reinheit behauptet hat. Ich weiß nicht ob diese Meinung
neu ist, aber ich finde sie durch die Geschichte
sowohl, als durch die Denkmale bestätiget, und
es ist schon lange einer meiner liebsten Wünsche, ihn bei einer glücklichen Muße nach meinen besten Kräften auszuführen. Ohnerachtet
der Gleichgültigkeit, mit der der Deutsche die
ehrwürdigen Überbleibsel des Kunstfleißes seiner
Vorfahren vernachlässiget oder zerstöret, findet
man doch noch hin und wieder eine nicht geringe
Anzahl von Kunstwerken aus den älteren und
mittleren Zeiten, deren Vergleichung mit den
Arbeiten anderer Völker wenigstens reichhalti-
gen Stoff zu nützlichen Untersuchungen und interessanten Bemerkungen darbieten würde: Auf
diesem Wege allein ließe sich auch der eigenthümliche Karakter der deutschen Kunst auf eine
Art bestimmen, die dem künftigen Geschichtschreiber derselben die Hälfte der Schwierigkeiten aus
dem Wege räumen könnte. So mühsam aber
auch diese Arbeit, sowohl durch die geringe Aufmerksamkeit der Deutschen auf ihre alten Denkmale, als auch durch die Zerstreuung derselben

in dem ganzen Lande wäre, so könnte man doch um so viel eher einen glücklichen Erfolg hoffen, da noch beinahe aus allen Jahrhunderten Kunstwerke übrig sind, und die wenigen Lücken sehr leicht durch die Geschichte könnten ergänzt werden. Es giebt kaum eine alte Kirche, oder sonst ein altes Gebäude, in denen nicht Bildhauerarbeiten aller Art, gemalte Glasfenster, oder auch andere Gemälde anzutreffen wären; die Ruinen selbst könnten belehrend sein, und wo auch alle diese Gegenstände fehlten, würden Siegel, Münzen, Waffen und anderes Geräthe ihre Stelle vertreten. Einige der noch vorhandenen Denkmale grenzen beinahe bis an die ersten Zeiten der Trennung Galliens und Deutschlands von dem römischen Reiche. In dem Kloster der heiligen Odilia, dem ehemaligen Schlosse Hohenburg, sieht man noch Kunstwerke aus dem siebenten und achten Jahrhunderte, die um so viel merkwürdiger sind, da sie sich mitten unter den Ruinen der ehemaligen römischen Größe, die in ihren Unternehmungen keine Schwierigkeiten kannte, befinden. Wenn auch gleich von den großen Werken des um die Aufklärung Deutschlands so sehr verdienten Karls des Großen nichts mehr übrig ist; wenn seine herrlichen Palläste zu Aachen und zu Ingelheim mit

dem kostbaren Schnißwerke und den prächtigen
Gemälden seiner Säle ein Raub der Zeit und
der Nachläſſigkeit geworden ſind: ſo unterrich=
ten uns doch die Erzählungen der Geſchicht=
ſchreiber und andere Überreſte hinlänglich von
dem damaligen blühenden Zuſtande der Kunſt.
Auch die Siegel und Münzen der Karolinger
verdienen alle Aufmerkſamkeit, und ich erinnere
mich namentlich in den Archiven der Abtei Geb=
weiler, in dem oberen Elſaſſe, mehrere noch un=
bekante Diplome Ludwigs des Deutſchen geſehn
zu haben, deren Siegel an Geſchmack und Zeich=
nung die Arbeiten der damaligen Künſtler zu
Rom und Konſtantinopel weit übertreffen, und
aus den Zeiten Theodoſius des Großen zu ſein
ſcheinen *). Wollte man demohnerachtet be=
haupten, Karl der Große und ſeine Nachfolger
hätten ſich, beſonders bei wichtigeren Unterneh=
mungen, bloß italieniſcher Künſtler bedienet, ſo
ſehe ich doch nicht ein, warum es nicht eben ſo=
wohl Galliſchfränkiſche hätten ſein können, die
gewiß damals in der Kunſt eben ſo geübt wa=

---

*) Dieſe für die deutſche Geſchichte, Kunſt und Alterthü=
mer gleich merkwürdigen Archive ſind ſeit der franzöſiſchen
Revoluzion, nebſt allen übrigen der Stifter und Klöſter des
oberen Elſaſſes, nach Kolmar gebracht worden, wo ſie mit
aller möglichen Sorgfalt aufbewahret werden.

ren, als die Italiener? Und wenn auch Fremde das Ganze leiteten, so ist es doch sehr wahrscheinlich, daß die Ausführung im Einzelnen
deutschen Künstlern überlassen wurde. Zudem
hatte Kaiser Heinrich der Erste, einer der ersten
Nachfolger der Karolinger, nicht den mindesten
Verkehr mit Italien, und doch ließ er, nach
dem Zeugnisse Luitprands, seinen Sieg über
die Ungarn in einem Saale des Schlosses zu
Merseburg abmalen. Diese Gemälde erregten
die Bewunderung ihres Zeitalters, und sollten
sie auch alle die Lobsprüche, die ihnen der Geschichtschreiber ertheilt, nicht verdient haben, so
können sie doch beweisen, daß es damals Deutschland nicht an Künstlern fehlte, die sich an große Werke wagen durften. In gewissen Kunstwerken übertrafen sogar die Deutschen schon vor
dieser Zeit die Italiener und alle übrigen Nazionen, und im neunten Jahrhunderte bat Abt
Lupus von Ferrara einen deutschen Geistlichen,
zwei Knechte von ihm, durch die seinigen, die
dem allgemeinen Rufe nach die geschicktesten
wären, in Gold- und Silberarbeiten unterrich-
ten zu lassen. Nichts giebt aber meiner Meinung, daß die Kunst schon frühe in Deutschland einheimisch war und keiner fremden Leitung bedurfte, mehr Festigkeit und Gewißheit,

als die Schrift des Mönches Tutilo von St.
Gallen *), der im zehnten Jahrhunderte gelebt,
und auf den uns Leſſing, in dieſer Rückſicht,
zuerſt aufmerkſam gemacht hat. Dieſer Tutilo oder Theophilus Presbyter handelt von einigen praktiſchen Theilen der Malerei und ver-
ſchiedener anderer Künſte, mit einer Kenntnis
und mit einer Zuverſicht, daß man ſich in weit
ſpätere Zeiten verſetzt glaubt. Sollte aber, wie
einige behaupten, der Verfaſſer dieſer Schrift
nicht im zehnten, ſondern erſt im elften Jahrhunderte gelebt haben; ſollte ſein Name nicht
Tutilo, ſondern Rogerius; ſollte er nicht einmal ein Deutſcher ſein: ſo erhellet doch aus ſeinem Werke, daß die Deutſchen ſchon vor mehreren Jahrhunderten durch ihre ſchönen Arbeiten in Gold, Silber, Kupfer, Eiſen, Holz und
Stein berühmt, folglich in den zeichnenden Künſten erfahren waren. Eben ſo unwiderleglich erhellet daraus, daß die Ölmalerei einige Jahrhunderte früher bekant war, als man bisher
glaubte. Theophilus ſpricht nicht bloß, wie gegen Leſſing behauptet wurde, von dem Abreiben der rothen Farbe mit Öl, um Thüren damit anzuſtreichen, ſondern er ſagt ausdrücklich,

---

*) De omni scientia artis pingendi.

daß man alle Arten von Farben mit dem nehmlichen Öle abreiben und auf Holz brauchen könne *), und fügt hinzu, daß diese Art von Malerei, wegen des Trocknens, zu Gemälden lang-
wierig und verdrießlich sei **), und daß man
deswegen, um schneller arbeiten zu können, mit
Gummi-Farben malen müsse. Es ist kaum
möglich, sich deutlicher und bestimmter zu erklären; und wie hätte Theophilus zwei verschiedene Arten von Malerei einander entgegensetzen,
und der einen vor der andern den Vorzug geben können, wenn er nicht beide gekannt hätte,
und die angeführten Unannehmlichkeiten der einen nicht eine Folge vorhergegangener Versuche
gewesen wären? Auch die Glasmalerei war
zu unsers Tutilo oder Theophilus Zeiten nichts
neues mehr; und ob er gleich den Franzosen
das vorzügliche Verdienst in derselben zuschreibt,
so hat sie doch wenigstens, nach dem Briefe
Gozpert's, Abtes im baierischen Kloster Tegern-
see, an einen Grafen Arnold, ein eben so hohes
Alter in Deutschland ***).

Ohnerachtet aller bisher angeführten Be-

---

*) Omnia genera colorum eodem genere olei teri et poni
possunt in opere ligneo.

**) Quod in imaginibus diuturnum et taediosum nimis est.

***) Meusels Miscellaneen artistischen Inhalts. Heft 16.

weise für das hohe Alterthum und den Flor der
Kunst in unserm Vaterlande, müssen doch allerdings die Heerzüge der Deutschen nach Italien,
die Kreuzzüge, und ihre übrigen Verbindungen
mit den Griechen, einen nicht geringen Einfluß
auf dieselbe gehabt haben. Wenigstens lernten
sie die Künste des Luxus und des Wohllebens
genauer kennen, und der Anblick großer Gebäude und prächtiger Ruinen mußte nothwendiger
Weise bei einem stolzen und kriegerischen Volke
den kühnen Gedanken rege machen, auch hierin
die überwundenen Nazionen zu übertreffen. Mit
diesen Ideen kehrten die Großen Deutschlands
nach Hause zurück, und der Kunstfleiß der Nazion wurde nicht nur durch die neuen Bedürfnisse in dem häuslichen Leben, sondern auch
hauptsächlich durch schwere und große Unternehmungen in doppelte Thätigkeit gesetzt. So
entstanden die prächtigen Klöster und Kirchen,
in denen die deutschen Künstler die Größe und
Kühnheit ihrer Originale in ihrem eigenen
Stile nachzuahmen suchten. Auch verfehlten sie
ihren Zweck nicht; und bemerkt man gleich bei
dem Anblicke des Münsters in Strasburg die
Abweichung von der edlen Bauart der Griechen, so fühlt man doch zugleich alles, was ein
herrliches und erhabenes Gebäude nur immer

einflößen kan. Der Baumeister dieses vortreflichen Denkmals deutscher Kunst verdient eben
sowohl einen Platz unter den größten Künstlern
aller Zeiten, als Meister Jakob, sein Lands-
mann, der hundert Jahre vor ihm lebte, und
durch seine Gebäude zu Florenz die Bewunderung von ganz Italien war. Auch die Bildhauerarbeiten dieser Kirche verdienen alle Aufmerksamkeit, und verschiedene Statüen in derselben sind in einem bessern Geschmacke der Zeichnung, als das Gemälde des Thomas de Mu-
tina, das im Jahre 1780 auf dem Schlosse
Karlsstein gefunden wurde, und nun als ein
schätzbares Kunstwerk des dreizehnten Jahrhunderts, und zugleich als ein Beweis des hohen Alterthums der Ölmalerei in der k. k. Bildergalle-
rie zu Wien aufbewahret wird. Dieses Gemälde, verglichen mit den Bildnissen der alten
Herzoge von Baiern zu Amberg, und den Arbeiten des Nikolaus Wurmser von Strasburg,
der Kaiser Karls des Vierten Hofmaler war,
setzen uns in den Stand, den Geschmack und
die Fortschritte der Kunst von einem ganzen
Jahrhunderte zu beurtheilen. Die übrigen Lücken, bis zu Martin Schön, können nirgends
besser ausgefüllt werden, als in dem oberen El-
sasse, wo man, besonders zu Kolmar, wie Herr

von Heinecke schon bemerkt hat, in mehreren
Kirchen Gemälde antrift, die vor Martin
Schöns Zeiten sind verfertiget worden, und
gewiß nicht ohne Verdienst sind. Bei dieser
Gelegenheit wird es Ihnen nicht unangenehm
sein, zu erfahren, daß alle diese Schätze, durch
die Bemühung einiger wohlgesinnten Männer,
dem Moder und dem Staube der Kirchen sind
entrissen worden, und sich nun auf der Depar-
tementsbibliothek befinden, wo sie gewiß in bessern Zeiten dem Kunstforscher eben so viel Nutzen als Vergnügen gewähren werden. Sie
werden nicht wenig dazu beitragen, meine Meinung von dem alten Flor der Kunst in Deutschland zu bestätigen, und den Ausspruch des P.
Jovius zu rechtfertigen, der zuversichtlich behauptet, daß vor dem funfzehnten Jahrhunderte die Italiener ihre Baumeister, Maler,
Bildhauer und andere Künstler aus Deutschland erhalten hätten. Ich habe Ihnen hier,
so gut ich es ohne meine Papiere und Bücher
im Stande war, in einem flüchtigen Abrisse
die Möglichkeit gezeigt, eine Geschichte der alten deutschen Kunst zusammenzutragen. Vielleicht wage ich es einmal, eine besser ausgear-
beitete Skizze davon zu liefern, um irgend einen Mann, der mehr Muße und mehr Ge-

lehrſamkeit, als ich, beſitzt, zu reizen, ſeinem Vaterlande das wichtige Geſchenk einer echten, von
allem fremden Zuſatze geläuterten Geſchichte
ſeiner Kunſt zu machen.   Sollte ich auch dieſe
große Abſicht nicht erreichen, ſo wäre doch die
Belohnung weit über mein Verdienſt, wenn ich
meine Landsleute auf die Denkmale ihrer alten Kunſt aufmerkſam machen;  wenn ich hin
und wieder einen Gelehrten oder Kunſtliebha-
ber bewegen könnte, dieſe ehrwürdigen nützlichen
Denkmale, auch nur in ihrem Wohnorte, genauer zu unterſuchen und bekant zu machen;
wenn ſich die Reichen und Großen überreden
ließen, ihre antiquariſchen und artiſtiſchen Rei-
ſen auch durch Deutſchland anzuſtellen, und für
ihr Vaterland das zu thun, was die Engländer und übrigen Nazionen ſchon lange für das
ihrige gethan haben.

Die intereſſanten Epochen des funfzehnten
und ſechzehnten Jahrhunderts werden der Ja-
halt meines nächſten Briefes ſein. Wahrſcheinlich werde ich Ihnen nicht viel neues ſagen können, aber ich bedarf dieſer Einleitung, um in
meiner Meinung über den gegenwärtigen Zuſtand deutſcher Kunſt nicht misverſtanden zu
werden.   Ihr ꝛc.

(Die Fortſetzung folgt.)

# Georg Forster.

### Fragment einer Karakteristik der deutschen Klassiker. Von Friedrich Schlegel.

Über nichts wehklagt der Deutsche mehr als über Mangel an Deutschheit. »Wir haben siebentausend Schriftsteller, sagt Georg Forster (Kl. Schr. III. 362.), und noch giebt es in Deutschland keine öffentliche Meinung.« In der That, wenn die Sache nicht einmal in Regensburg in Anregung gebracht, und allen Unterthanen ein Nazionalkarakter von Reichswegen befohlen wird; oder wenn es nicht etwa einem Sophisten der Reinholdischen Schule gefällt, die allgemeingültigen Prinzipien der Deutschheit algemeingeltend zu machen: so hat es allen Anschein, daß die Deutschheit noch geraume Zeit nur ein gutherziges Postulat, oder ein trotziger und verzagter Imperativ bleiben werde.

Über nothwendige Übel soll man nicht jammern. Eben so wenig fruchtet neidische Anfeindung der Nachbaren, kindisch erkünstelte Selbstvergötterung und eigensinnige Verban=

nung

nung des Fremden, welches so oft ein wesent=
licher Bestandtheil zu der neuen Mischung ist,
durch welche wir allein noch zu eigener Vor=
treflichkeit gelangen können. Selbst die an sich
rühmliche und nützliche Erneuerung kann den
Zweck nicht erreichen, welchen die Meisten doch
wohl dabei gehabt haben mögen. Was mit
unsrer jetzigen Bildung, denn in dieser allein
besteht doch unser eigenthümlicher Werth, gar
keinen Zusammenhang mehr hat, ist nicht bloß
alt, sondern veraltet. Alle echte, eigne und
gemeinschaftliche Bildung, welche noch irgend
in Deutschland gefunden wird, ist, wenn ich
so sagen darf, von heute und gestern, und
ward fast allein durch Schriften entwickelt,
genährt, und unter den Mittelstand, den ge=
sundesten Theil der Nazion, verbreitet. Das
allein ist Deutschheit; das ist die heilige Flam=
me, welche jeder Patriot, hell und stark zu er=
halten und zu vermehren, an seinem Theil
streben sollte! Jeder klassische Schriftsteller ist
ein Wohlthäter seiner Nazion, und hat ge=
rechte Ansprüche auf ein öffentliches Ehrendenk=
mal. Ein Denkmal: aber nicht eben in Erz
oder Marmor; auch kein Panegyrikus. Das
schönste Denkmal für einen schriftstellerischen
Künstler ist: daß sein eigentlicher Werth öffent=

lich anerkannt wird; daß alle einer allgemeinen
Ausbildung Fähige immer wieder mit Liebe
und Andacht von ihm lernen; daß einige die
Eigenthümlichkeit seiner Geisteswerke bis auf
die feinsten Züge durchforschen und verstehen
lernen.

Es will verlauten: Wir hätten keine
klassischen Schriftsteller, wenigstens
nicht in Prosa. Einige habens laut gesagt:
aber tölpisch. Andere wollen dem gemeinen
Mann das Untere der Karten nicht sehen lassen, und reden leise. Wenn wir nur recht viel
klassische Leser hätten: einige klassische
Schriftsteller, glaube ich, fänden sich noch
wohl. Sie lesen; viel und vieles: aber wie
und was? Wie viele giebt es denn wohl,
welche, auch nachdem der Reiz der Neuheit
ganz vorüber ist, zu einer Schrift, die es verdient, immer von neuem zurückkehren können;
nicht um die Zeit zu tödten, noch um Kenntnisse von dieser oder jener Sache zu erwerben,
sondern um sich den Eindruck durch die Wiederholung schärfer zu bestimmen, und um sich
das Beste ganz anzueignen? So lange es
daran fehlt, muß ein reifes Urtheil über ge-
schriebene Kunstwerke unter die seltensten Sel-
tenheiten gehören. Daß einsichtsvolle Bemer-

kungen über Bilder, Gemälde und Produkte
der Mufik verhältnismäßig so ungleich häufi=
ger sind, entspringt gewiß größtentheils daher,
daß hier die Dauer des Stofs und der leben=
digere Reiz schon von selbst zur öfteren Wie=
derholung einladet.

Es soll Philosophen geben, welche glauben:
wir wüßten noch gar nicht, was Poesie eigent=
lich sei. Dann könnten wir auch durchaus gar
nicht wissen, was Prosa ist: denn Prosa und
Poesie sind so unzertrenliche Gegensätze, wie
Leib und Seele. Vielleicht auch nicht, was
klassisch. Und jenes unbesonnene Todesur=
theil über den Genius der deutschen Prosa
wäre also um vieles zu voreilig.

Zwar in einem gewissen Sinne, der wol
der eigentliche und ursprüngliche sein mag,
haben alle Europäer keine klassischen Schrift=
steller zu befürchten. Ich sage, befürchten:
denn schlechthin unübertrefliche Urbilder bewei=
sen unübersteigliche Grenzen der Vervollkom=
nung. In dieser Rücksicht könnte man wohl
sagen: der Himmel behüte uns vor ewigen
Werken. Aber die Menschheit reicht weiter,
als das Genie. Die Europäer haben diese
Höhe erreicht. Es kan fernerhin kein schrift=
stellerischer Künstler so nachahmungswürdig

werden, daß er nicht einmal veralten, und
überschritten werden müßte. Der reine Werth jedes
Einzelnen wirkt ewig mit fort: aber die Eigenthümlichkeit auch des Größten verliert sich
in dem Strome des Ganzen. Wenn wir
aber unter klassischen Schriften einer
Nazion nur solche verstehen, die in irgend
einer nachahmungswürdigen Eigenschaft noch
nicht übertroffen sind, bis dahin also Urbilder
bleiben sollen: so haben die Deutschen deren so
gut, wie die übrigen gebildeten Völker Europa's. Auch solche, die eigentlich der Nazion
angehören, und durch ihre Allgemeinheit in
Gehalt und Geist ein eigenthümliches, bleibendes Gemeingut aller bildungsfähigen Mitbür-
ger einer Sprache sind; wenn gleich weniger,
wie andre Nazionen. Sollen nehmlich klassische Schriften es nicht bloß für diese oder jene
Zunft; sollen sie allgemeine Urbilder sein:
so muß die Bildung, welche sie mittheilen, nicht
bloß eine echte, aber einseitige, und bei gewissen
Grenzen schlechthin stillstehende, oder wohl gar
umkehrende, sondern eine ganz allgemeine und
fortschreitende sein; so muß ihre Richtung und
Stimmung den Gesetzen und Forderungen der
Menschheit entsprechen.

Auch in Prosa. Ja, eigentlich künstleri-

sche Schriften sind wohl in unserm Zeitalter
weit weniger geschickt, ein gemeinsames Eigenthum aller gebildeten und bildungsfähigen
Menschen zu sein. Zwar wirkt jene liebliche
Naturpoesie, welche vielmehr ein freies Ge-
wächs, als ein absichtliches Kunstwerk ist, auf
alle, die nur allgemeinen Sinn haben, auch
ohne besonders ausgebildetes Kunstgefühl; und
auch der Roman geht darauf aus, die geistige,
sittliche und gesellschaftliche Bildung wieder mit
der künstlerischen zu vereinigen. Aber jene zarten
Pflanzen wollen nicht auf jedem Boden wild
wachsen, noch die Verpflanzung ertragen, oder
in Treibhäusern gedeihen. Der höfliche Sprachgebrauch nennt auch vieles Poesie, was weder
schönes Naturgewächs, noch schönes Kunstwerk,
sondern bloße Außerung und Befriedigung eines rohen Bedürfnisses ist. Sie ist allgemein,
aber nicht im guten Sinne; nehmlich, sie arbei-
tet für die große Mehrheit der Bildungslosen.
Und der Roman ist in der Regel, wie ein lock-
rer Gesell, der unglaublich geschwind lebt, alt
wird und stirbt. Überhaupt kan jede menschliche Kraft nur durch entschiedne Absonderung
von allen übrigen zu echter Bildung gedeihen:
jede solche Trennung des ganzen Menschen aber
ist nicht für alle; sie erfordert mehr und leistet

weniger, als zu einer allgemeinen Bildung
nothwendig ist.

Unter allen eigentlichen Prosaisten, welche
auf eine Stelle in dem Verzeichnis der deut=
schen Klassiker Anspruch machen dürfen, ath=
met keiner so sehr den Geist freier Fortschrei=
tung, wie Georg Forster. Man legt fast
keine seiner Schriften aus der Hand, ohne sich
nicht bloß zum Selbstdenken belebt und berei=
chert, sondern auch erweitert zu fühlen. In
andern, auch den besten deutschen Schriften,
fühlt man Stubenluft. Hier scheint man in
frischer Luft, unter heiterm Himmel, mit einem
gesunden Mann, bald in einem reizenden Thal
zu lustwandeln, bald von einer freien Anhöhe
weit umher zu schauen. Jeder Pulsschlag sei=
nes immer thätigen Wesens strebt vorwärts.
Unter allen noch so verschiednen Ansichten seines
reichen und vielseitigen Verstandes, bleibt Ver=
vollkomnung der feste, durch seine ganze
schriftstellerische Laufbahn herschende Grundge=
danke; ohngeachtet er darum nicht jeden
Wunsch der Menschheit für sogleich ausführ=
bar hielt (S. Ans. I. 351. folg.).

Fesseln, Mauern und Dämme waren nicht
für diesen freien Geist. Aber nicht der Name
der Aufklärung und Freiheit, nicht diese oder

jene Form war es, woran er hing. Er erkennt und ehrt in seinen Schriften jeden Funken vom echten Geist gesetzlicher Freiheit, wo
er ihn auch trift: in unumschränkten Monar-
chien, wie in gemäßigten Verfassungen und
Republiken; in Wissenschaften und Werken,
wie in sittlichen Handlungen; in der bürgerlichen Welt, wie in der Erziehung und deren
Anstalten (Ans. III. 221. folg.). Er redet für
die Öffentlichkeit der bürgerlichen Rechtspflege
(Ans. III. 32.) so warm, wie gegen den gelehrten Zunftzwang und das Berufen auf das
Wort des Meisters (Kl. Schr. IV. 369. 381.
folg.). Auch das Vorurtheil sollte nicht mit
Gewalt bekämpft werden. Mit edlem, männ-
lichem Eifer widersetzte er sich in der köstlichen
Schrift über Proselytenmacherei der ver-
folgungssüchtigen Beschränktheit handwerksmä-
ßiger Aufklärer, welche selbst in der Dämmerung
tappen. Ihm stand es an, zu sagen (Kl. Schr
III. 226. folg.): »Frei sein, heißt Mensch
sein.«

Bei jener rührenden Schilderung in den
Ansichten (II. 233.), wie er, nach einer
Trennung von zwölf Jahren, das Meer, gleich
einem alten Freunde, zum erstenmale wieder be-
grüßt habe, sagt er die merkwürdigen Worte:

»Ich sank gleichsam unwillkürlich in mich
selbst zurück, und vor meiner Seele stand das
Bild jener drei Jahre, die ich auf dem Ozean
zubrachte, und die mein ganzes Schicksal
bestimmten.« — Für seinen Geist war die
Weltumseglung vielleicht die wichtigste
Hauptbegebenheit seines Lebens: dagegen die
Trennung von Deutschland auf seine letzten
Schriften keinen bedeutenden Einfluß gehabt;
wohl aber, wider Recht und Billigkeit, auf die
Beurtheilung selbst der früheren. — War seine
Reise mit Cook wirklich der Urkeim, aus wel=
chem sich jenes freie Streben, jener weite Blick
vieleicht erst später völlig entwikkelte: so möchte
man wünschen, daß junge Wahrheitsfreunde,
statt der Schule, häufiger eine Reise um die
Welt wählen könnten; nicht etwa nur, um die
Verzeichnisse der Pflanzen zu bereichern, sondern
um sich selbst zur echten Lebensweisheit zu
bilden.

Eine solche Erfahrung bei solchen ursprüng=
lichen Anlagen einer offnen Empfänglichkeit,
einem nicht gemeinen Maaß analytischer Ver=
nunft, und stetem Streben nach dem Unendli=
chen, mußte in der Seele des Jünglings den
Grund zu jener Mischung und steten Verwe=
bung von Anschauungen, Begriffen und Ideen

legen, welche die Geisteswerke des Mannes so
merkwürdig auszeichnete. Immer achtete er
den Werth einer universellen Empfänglichkeit
(Kl. Schr. V. 27.), und lebendiger Eindrücke
aus der Anschauung des Gegenstandes (Vorr.
der Kl. Schr.) ganz so hoch, wie er es verdient. Wenn in seiner Darstellung gleich die
Ordnung oft umgekehrt ist: so war für seinen
Geist doch immer eine äußre Warnehmung
das Erste, gleichsam der elastische Punkt. Er
geht vom Einzelnen aus, weiß es aber bald
ins Allgemeine hinüberzuspielen, und bezieht es
überall aufs Unendliche. Nie beschäftigt er die
Einbildungskraft, das Gefühl oder die Vernunft allein: er interessirt den ganzen Menschen. Alle Seelenkräfte aber in sich und andern gleich sehr und vereinigt auszubilden; das
ist die Grundlage der echten Popularität,
welche nicht bloß in konsequenter Mittelmäßigkeit besteht.

Dieses Weitumfassende seines Geistes, dieses
Nehmen aller Gegenstände im Gro-
ßen und Ganzen giebt seinen Schriften etwas wahrhaft Großartiges und beinah Erhabnes. Nur freilich nicht für diejenigen, welche
das Erhabne allein in heroischen Phrasen erblicken können. Stelzen liebte Forster nicht,

brauchte sie auch nicht. Er schreibt, wie man
in der edelsten, geistreichsten und feinsten Gesell=
schaft am besten spricht.

Seine Werke verdienen ihre Popularität
durch die echte Sittlichkeit, welche sie ath=
men. — Viele deutsche Schriften handeln von
der Sittlichkeit: wenige sind sittlich. Wenige
vielleicht in höherm Maaß, wie Forsters; in ih=
rer Gattung wenigstens, keine. Zwar strengere
Begriffe zn haben, ist wohlfeil, wenn es bloß
Begriffe sind. Was er mußte, meinte und
glaubte, war in Saft und Blut verwandelt.
Wie in allen Stücken, so auch in diesem wird
man Buchstaben und Namen ohne den Geist,
in Forsters Schriften vergeblich suchen. Überall
zeigt sich in ihnen eine edle und zarte Natur,
reges Mitgefühl, sanfte und billige Schonung,
warme Begeisterung für das Wohl der Mensch=
heit, eine reine Gesinnung, lebhafter Abscheu
alles Unrechts. Wenn sein Unwille sich zuwei=
len bei geringen Anlässen unverhältnismäßig
lebhaft äußert: so kan doch das seltne Über=
maaß sittlicher Reizbarkeit an einem Er=
densohne immer noch für einen schönen Fehler
gelten. Dabei findet man seine Denkart fester,
strenger und männlicher, beinah weibliche Milde
seines Wesens, die gleich beim ersten Blick so

sehr auffällt, vermuten lies. Ein lebendiger
Begrif von der Würde des Menschen
ist in seinen Schriften gleichsam überall gegenwärtig. Dieser, und nicht jenes lügenhafte
Bild des Glücks, das so lange am Ziele der
menschlichen Laufbahn stand, »ist ihm die ober-
ste Richtschnur aller sittlichen Urtheile und der
echte Wegweiser des Lebens« (Kl. Schr. VI.
316.); wie sich doch von dem Ton des Zeitalters und der ausländischen Philosophie, in dem,
und durch die er seine wissenschaftliche Bildung
zuerst empfing, erwarten ließ. Nach diesem
echt sittlichen Grundbegrif betrachtete er auch
die Gegenstände der bürgerlichen Welt. Zwar
könnte er nach einzelnen Stellen besonders etwas
früherer Schriften (z. B. Kl. Schr. I. 191.
folg.) zu behaupten scheinen, allgemeine Be-
glückung sei der Zweck des Staats. Nimt
man seine Gedanken aber, wie man überal bei
ihm thun muß, im Großen und Ganzen: so
ergiebt sich, daß nichts seinem Kopfe und Herzen mehr widerstehen konte, als die Lehre, der
einsichtsvollere Herscher dürfe die Unterthanen
zwingen, nach seiner Willkür glücklich zu
werden. Dieses erhellt besonders aus dem Aufsatz über die Beziehung der Staatskunst auf das Glück der Menschheit.

Er ist fest überzeugt, daß auch die edelste Absicht unrechtmäßige Gewalt nicht beschönigen
könne (Kl. Schr. VI. 214.). Den freien Willen der einzelnen Bürger erklärt er, als nothwendige Bedingung ihrer sittlichen Vervollkomnung, für das Heiligste (Kl. Schr. III. 6.).

Freilich treibt er die Sittlichkeit nicht so
handwerksmäßig, wie manche Erziehungskünst-
ler und Meister der reinen Vernunft, welche
sich nun einmal mit der ganzen Schwere ihres
Wesens darauf gelegt haben. Der gesellschaftliche Schriftsteller, welcher die gesamte Menschheit umfassen soll, darf eine einzige wesentliche
Anlage derselben nicht so einseitig auf Unkosten
der übrigen ausbilden, wie es dem eigentlichen
Sittenlehrer und Sittenkünstler von Rechtswegen erlaubt ist. Forster erkennt einen Werth,
auch jenseits der Gesetze des Katechismus, und
hält echte Größe, troz aller Ausschweifungen,
für Größe. Der erste Keim dieser natürlichen,
aber seltnen Urtheilsart, lag schon in seiner al-
gemeinen Vielseitigkeit, scheint sich jedoch erst
später ganz entfaltet zu haben.

Seine Anbetung unerreichbarer und in ihrer Art einziger Vortreflichkeit, kan schwär-
merisch scheinen. Ja, man könnte ihm wirkliche
Grundsätze der geistigen Gesetzlosigkeit aufzei-

gen; wenn jeder Zweifel, jeder Einfall, jede Wendung (wie Kl. Schr. VI. 96) ein Grundsatz wäre. Nur darf man nicht jeden übertriebenen Ausdruck gleich für ein Kennzeichen weichlicher Hingebung erklären; wiewohl er sich dem Genuß der schönen Natur leidend (Ans. III. 190.) hingab, und hier die Zergliederung des Eindrucks für des Genusses Grenze hielt. Vieleicht nicht mit Unrecht. Seine bestimmte und bedingte Würdigung großer Menschen und Menschenwerke aber, die man nicht wie Natur genießen soll, ist ein Beweis von selbstthätiger Rückwirkung. Es darf nicht für Schwärmerei gelten, demjenigen einen unbedingten Werth beizulegen, was nur diesen oder gar keinen haben kan; oder an menschliche Größe überhaupt zu glauben, und zum Beispiel die Sittlichkeit der übergesetzlichen Handlungen des Brutus (Kl. Schr. IV. 367.) und Timoleon (Kl. Schr. VI. 298.) anzuerkennen.

Auch muß man nie über einzelne Worte mit ihm mäkeln. Leser, welche nicht dann und wann durch einen Hauch beleidigt werden, und über ein Wort mäkeln können, sind gewiß auch für die Schönheiten von der feineren Art stumpf. Nur soll man nicht alle Gegenstände durchs Mikroskop betrachten. Man sollte sich ordent-

lich kunstmäßig üben, eben sowohl äußerst langsam mit steter Zergliederung des Einzelnen, als
auch schneller und in einem Zuge zur Übersicht
des Ganzen lesen zu können. Wer nicht bei-
des kan, und jedes anwendet, wo es hingehört,
der weiß eigentlich noch gar nicht zu lesen.
Man darf mit Grund voraussetzen, daß Forster oft auch mit polemischer Nebenabsicht gegen die herschende Mikrologie und Unempfäng-
lichkeit für genialische Größe, den Ton hoch
angab. Denn bei seiner Vielseitigkeit konnte
ihm die »Rückseite des schönen Gepräges«
(Ans. I. 68.) selten ganz entgehen. Er kannte
zum Beispiel die Grenzen von Gibbons Werth
recht wohl (Kl. Schr. II. 289.) ohngeachtet er
seine Verkleinerer so unwillig straft. Denn
nichts konnte ihn mehr aufbringen, als eine
solche Verkennung des echten Verdienstes, welche
neben der Beschränktheit und Verkehrtheit auch
üblen Willen verräth. Wenn er diese Saite
berührt, so bekommt seine sonst so friedliche und
milde Denkart und Schreibart ordentlich
schneidende Schärfe und polemischen Nerf.
Edler, rühmlicher Eifer für alles Große, Gute
und Schöne! Und ohne alle einseitige Vorliebe für eine Lieblingsgattung. Bereitwillig
huldigte er dem echten Genie jeder Art. Frank-

lin und Mirabeau, der Schauspieler Iffland
und der sokratische Hemsterhuys, Raphael,
Cook und Friedrich der Große, fanden in einem und demselben Manne einen doch nicht
oberflächlichen Bewundrer.

Wenn die sittliche Bildung alle Wollungen,
Begehrungen und Handlungen umfaßt, deren
Quelle und Ziel die Foderung ist, alles Zufällige in uns und außer uns durch den ewigen
Theil unsres Wesens zu bestimmen, und demselben zu verähnlichen: so gehört dazu auch vornehmlich diejenige freie Handlung, durch welche
der Mensch die Welt zur Gottheit adelt.
Auch bei Forster ging der gegebne Glaube
voraus, und veredelte sich erst später in einen
freien, dem er aber nie untreu ward. Er ver-
abschente auch hier die Geistesknechtschaft, und
haßte die geistliche Verfolgungssucht, samt ihrem gehässigen Unterschiede zwischen Orthodoxie
und Heterodoxie (Ans. I. 95 — 98.). Der
gänzliche Mangel an Schönheitsgefühl (Ans.
I. 134.), und die marklose Schwäche des Ka-
rakters, (Ans. I. 209.), welche sich in der
Frömmigkeit nur allzuvieler Gläubigen zeigt,
konnte ihm keine Achtung einflößen. Er hielt
das Schwelgen in himmlischen Gefühlen, sehr
richtig für entmannende Seelenunzucht (Ans. I.

29 — 32.), aber er glaubte ſtandhaft an die
Vorſehung. Es iſt nicht bloß die unendliche
Lebenskraft der allerzeugenden und allnährenden
Natur, über die er ſich oft mit der Begeiſt-
rung ihrer geweihteſten Prieſter, eines Lukrez
oder Büffon, in Bewunderung ergießt. Auch
die Spuren von dem Endzweck einer allgütigen
Weisheit verfolgt er in der umgebenden Welt
und in der Geſchichte der Menſchheit mit wahrer Liebe und mit jener nicht bloß geſagten,
ſondern tief gefühlten Andacht, welche einige
Schriften von Kant und Lichtenberg ſo
anziehend macht.

Aber nicht bloß dieſe und jene Anſicht, ſondern die herſchende Stimmung aller ſeiner
Werke, iſt echt ſittlich. Sie iſt es von der
jungfräulichen Scheu vor dem erſten Fehltritt
und der erbaulichen Nutzanwendung in
Dodds Leben, welches man nicht ohne das
Lächeln der Zuneigung über ſeine jugendliche
Arglofigkeit leſen kan, bis zu ſeinen merkwür-
digſten Empfindungen und Gedanken über die
furchtbarſte aller Naturerſcheinungen der ſittli-
chen Welt, welche, außer dem Anſchein der
größten weltbürgerlichen Wichtigkeit, ſchon
durch ihre Einzigkeit und an Ausſchweifungen
jeder Art ergiebige Größe, die vollſte Theilnahme

nahme seines Beobachtungsgeistes an sich ziehn mußte, in den Parisischen Umrissen, und in den letzten Briefen.

Was soll man an diesen Briefen mehr bewundern und lieben? Den Scharfsinn? den großen Blick? Die rührende Herzlichkeit des Ausdrucks? Die unerschütterliche Rechtlichkeit und Redlichkeit der Denkart? Oder die sanfte, milde Äußerung des tiefsten, oft Verzweiflung scheinenden Unmuths? — Am achtungswürdigsten ist es vieleicht, daß bei einem Anblick, wo hohle Vernünftler, wie der Pöbel, sobald es über eigne Gefahr und Klugheit hinausgeht, nur über das Unglück zu deklamiren pflegen; wo Menschen, die nur gutartig, nicht sittlich sind, sich höchstens bis zum Mitgefühl mit der leidenden Thierheit erheben; er nur um die Menschheit trauert, und allein über die sittlichen Greuel zürnt, deren Anblick sein Inres zerriß. Das ist echte Männlichkeit.

Wenn die rückständigen Briefe diesen entsprechen: so wird die deutsche Literatur durch die vollständigere Samlung der Forsterschen Briefe, zu der bei Bekantmachung der letzten Hofnung gegeben ward, mit einem in jeder Rücksicht lehrreichen, köstlichen, und in seiner Art einzigen Werke bereichert werden.

D

Man hat es unbegreiflich gefunden, daß
die Parisischen Umrisse parisisch sind, daß
sie Farbe des Orts und der Zeit verrathen;
und unverzeihlich, daß der denkende Beobachter
das Unvermeidliche nothwendig fand. Es ist
nicht bloß von den armen Sündern *) die
Rede, welche Forsters Schriften nach seinen
bürgerlichen Verhältnissen beurtheilt haben.
Menschen, deren erstes und letztes Prinzipium
alles Meinens und Handelns, deren Gott die
Wetterfahne ist, verdienen kaum Erwäh-
nung, geschweige denn zergliedernde Widerle-
gung. Selbst von gebildeten, denkenden Männern erwartet man oft vergebens, daß ihnen
der himmelweite Unterschied zwischen der Sittlichkeit eines Menschen und der Gesetzmäßig-
keit seiner Handlungen geläufig wäre. Sogar
ein, wie es scheint, rechtlicher, aber wenigstens
hier oberflächlicher Beurtheiler hat die Umrisse unsittlich, die letzten Briefe leichtsinnig
gefunden **). Und es ließ sich doch mit einem einzigen Blick auf den ganzen
schriftstellerischen Forster erkennen, daß

*) Wie der Rezensent der Ansichten in der Jenaischen
A. L. Z. 93. nro. 202. 203; und der Erinnerungen eben
daselbst, 94. nro. 62.

**) In der Anzeige der Friedenspräliminarien in
der Jen. A. L. Z. 94. nro. 371. 372.

man hier kein Wort genauer nehmen dürfe,
als wir es im raschen Gedränge des Lebens
und im lebhaften Gespräch zu nehmen pflegen.
»Ist es nicht Thorheit, sagt er einmal in den
Ansichten (III. 218.), die Schriftsteller richten
zu wollen, wegen einzelner Empfindungen eines
Augenblicks, wo man vielmehr ihre Offenher-
zigkeit, das Herz des Menschen aufzudecken,
bewundern sollte? Die schnellen tausendfachen
Übergänge in einer empfänglichen Seele zählen
zu wollen, die sich unaufhörlich jagen, wenn
Gegenstände von außen, oder durch ihre lebhafte Fantasie hervorgerufen, auf sie wirken,
wäre wirklich verlorne Mühe. «

Für ein Lehrgebäude mag die gänzliche
Freiheit auch von den geringsten Widersprü-
chen die wesentlichste Haupttugend sein. An
dem einzelnen ganzen Menschen aber im handelnden und gesellschaftlichen Leben entspringt
diese Gleichförmigkeit und Unveränderlichkeit
der Ansichten in den meisten Fällen nur aus
blinder Einseitigkeit und Starrsinn, oder wohl
gar aus gänzlichem Mangel an eigner freier
Meinung und Wahrnehmung. Ein Widerspruch vernichtet das System; unzählige machen
den Philosophen dieses erhabenen Namens nicht
unwürdig, wenn er es nicht ohnehin ist. Wi-

derſprüche können ſogar Kennzeichen aufrichtiger
Wahrheitsliebe ſein, und jene Vielſeitigkeit
beweiſen, ohne welche Forſters Schriften nicht
ſein könnten, was ſie doch in ihrer Art ſein ſollen und müſſen.

Mannichfaltigkeit der Anſichten ſcheint
flüchtigen, oder an Lehrgebäude gewöhnten
Beobachtern gern gänzlicher Mangel an feſten
Grundbegriffen. Hier war es aber wirklich leicht, diejenigen wahrzunehmen, welche unter dem Wechſel der verſchiedenſten Stimmun-
gen, und ſelbſt bei entgegengeſetzten Standpunkten, in den Umriſſen wie in den Briefen,
unveränderlich bleiben. Und welche Grundbe-
griffe ſind es, an denen F. ſo ſtandhaft aus-
hielt? — Die unerſchütterliche Nothwendigkeit der Geſetze der Natur, und die un-
vertilgbare Vervollkomnungsfähigkeit
des Menſchen: die beiden Pole der höhern
politiſchen Kritik! Sie herſchen allgemein in
allen ſeinen politiſchen Schriften, welche
deshalb um ſo mehr Werth für uns haben
müſſen, da auch viele unſrer beſſeren Geſchichts-
künſtler nur wie Staatsmänner die Klugheit
einzelner Entwürfe und Handlungen würdigen,
zu wenig Naturforſcher ſind. Die gründlich-
ſten Naturrechtslehrer hingegen ſind oft im

Gebiet der Erfahrung am meisten fremd, in deren Labyrinth man sich doch nur an dem Leitfaden jener Begriffe finden lernt.

In dem Wesentlichsten, dem Gesichtspunkt, sind also diese hingeworfnen Umrisse ungleich historischer, als manches berühmte und bändereiche Werk über die französische Revolzion. Über einzelne Äußerungen kan natürlich jeder, der die Zeitungen inne hat, jezt Forstern eines Bessern belehren. Der Werth seiner treffendsten und feinsten Beobachtungen aber kan nur von wenigen erkannt werden, weil ihre Gegenstände zugleich sehr geistig und sehr umfassend sind. Ist seine Ansicht aber auch durchaus schief und unwahr: so ist sie doch nicht unsittlich. Dieselben Verbrechen und Greuel, welche dem beobachtenden Naturforscher mit Recht nur für eine Naturerscheinung galten, empörten sein sittliches Gefühl. Nirgends hat er nur versucht, sie wegzuvernünfteln; oft selbst in den Umrissen laut anerkannt. Auch konnte ihm wohl die leichte Bemerkung nicht entgehen, daß der stete Anblick vergossenen Menschenbluts, Menschen, die nur zahm, nicht sittlich sind, fühllos und wild mache. Nur mußte er es freilich beschrenkt finden, daß so viele in der reichhaltigsten aller Naturerscheinungen nur allein das wahrnehmen wollten (Kl. Schr. VI. 383.). Hatte er so ganz Unrecht zu glauben, daß man vieles zu voreilig den Handelnden zurechne, was aus der Verkettung der Umstände hervorging (Kl. Schr. VI. 347 385.)? Doch war er nicht von denen, welche die Naturnothwendigkeit bis zum Unsittlichen anbeten, und im dumpfen Hinbrüten über ein hohles Gedankenbild von unerklärlicher Einzigkeit endlich selbst zu forschen aufhören. Er unterschied das Zufällige, und sagt ausdrücklich: »Was die Leidenschaften hier unter dem Mantel der unerbittlichen Nothwendigkeit gewirkt haben mögen, wird der Vergeltung nicht entgehen« (VI. 384). Welche Eigenschaften sind es denn, die er am meisten rühmt, deren Annäherung er wahrzunehmen glaubt, hofft oder wünscht? — Vaterlandsliebe (S. 358.), allgemeine Entsagung, große Selbstverleugnung (S. 380.), Unabhängigkeit von leblosen Dingen (S. 355.) Einfalt in den Sitten (S. 356.), Strenge der Gesetze (S. 357.). — Darf man auf den endlichen Umsturz des allgemeinen herschenden Egoismus (S. 351. 352.) auch nicht einmal hoffen? Oder ist vielleicht schon das ein Verbrechen, daß die französische Revoluzion samt allen ihren Greueln, Forstern den festen

Glauben an die Vorsehung dennoch nicht zu entreißen vermochte? Daß er es, was von diesem Glauben unzertrennlich ist, mit der Beobachtung der Weltbegebenheiten im Großen und Ganzen hielt (Kl. Schr. VI. 365. 366)?

Daß er auch hier die »Rückseite des Gepräges« kannte, läßt schon jene Vielseitigkeit seines Geistes erwarten, womit er unter andern in der merkwürdigen Stelle einer frühern Schrift, nachdem er die engländische Verfassung so eben mit Wärme gepriesen hat, auf »den Gesichtspunkt deutet, aus welchem ihre Vorzüge zu unendlich kleinen Größen hinabsinken« (Anf. III. 159. 160.). Die gleichzeitigen letzten Briefe beweisen es. Denn wahr ists, in den Umrissen sucht er alles zum Besten zu kehren. Auch nimt er bis auf die geringsten Kleinigkeiten absichtlich die Person und den Ton eines französischen Bürgers an. Das letzte ist nur eine schriftstellerische Wendung, um lebhafter zu polemisiren: denn in den letzten Briefen redet ein echter Weltbürger, deutscher Herkunft. Überhaupt liebte er es auch in allgemeinen Abhandlungen nicht, allein zu lehren. Seine dramatisirende Einbildungskraft schuf sich gern Gegner, wenn er einen Gegen-

stand von mehr als einer Seite beleuchten
wollte (Kl. Schr. VI. 262.). Und nicht zum
Schein: er lieh ihnen starke Gründe und leb=
hasten Vortrag. Diese Manier seines Geistes
kan man unter andern auch in dem Aufsatz
über die Beziehung der Staatskunst
auf das Glück der Menschheit stu=
diren.

Wenn man nicht gar leugnen will, daß es
für einige Gegenstände verschiedne Gesichtspunkte
gebe: so muß man auch zugeben, daß ein red=
licher Forscher solche Gegenstände absichtlich aus
entgegengesetzten Standorten betrachten dürfe.

In Rücksicht auf die alles zum Besten
kehrende im Großen und Ganzen neh=
mende Art zu sehen und zu würdigen,
sind, so paradox es auch klingen mag, die
kritischen Annalen der englischen Lite=
ratur die beste Erklärung und Rechtfertigung
der Parisischen Umrisse. Sie herscht auch hier,
und mit Recht; denn nichts ist unhistorischer,
als bloße Mikrologie, ohne große Beziehungen
und Resultate. Doch nie greift er zu solchen
Lizenzen, wie sich Philosophen der alten und
neuen Zeit, und solche, die des Namens gewiß
nicht am unwürdigsten sind, in der Erklärung
heiliger Dichter und alter Offenbarungen er=

laubt haben. Es war nicht Zufall. Er wußte
recht gut um die »Lindigkeit, mit der er hier
das kritische Zepter führte« (Kl. Schr. V.
199.). Man vergleiche nur einige seiner eigentlichen Rezensionen mit den ungleich mil-
deren Urtheilen in jenen allgemeinen Übersich-
ten; zum Beispiel die von Robertsons Werk
über Indien. Viele sind mehr Anzeigen als
Beurtheilungen; einige beweisen, daß er auch
streng würdigen konnte, und daß er in jenen
Jahrbüchern nicht bloß aus Karakter, sondern
aus Grundsatz, so mild urtheilt. Aus diesem
Gesichtspunkt muß man auch einige Äußerungen über verschiedene Gegenstände der deutschen
Literatur nehmen, deren schwache Seiten er
übrigens sehr gut kannte (Kl. Schr. V. 31. 32.
41 — 63. folg.).

Solche kritische Annalen in großem
Stil und Gesichtspunkt, wären eins der drin-
gendsten, aber schwerer zu befriedigenden Bedürfnisse der deutschen Literatur. Die Deutschen sind ein rezensirendes Volk; und in den
sämtlichen Werken eines deutschen Gelehrten
wird man eine Samlung von Rezensionen eben
so zuversichtlich suchen, als eine Auswahl von
Bonmots in denen eines Franzosen: aber wir
kennen fast nur die mikrologische Kritik, welche

sich mit einer mehr historischen Ansicht nicht
verträgt. Die allzu große Nähe des beson=
dern Gegenstandes, worauf die Seele jedes Ein=
zelnen, als auf ihren Zweck, sich konzentrirt,
verbirgt ihr auch des Ganzen Zusammenhang
und Gestalt. Vielleicht sind beide Arten von
Kritik gleich nothwendig; gewiß aber sind sie
subjektiv und objektiv durchaus verschieden, und
sollten daher immer ganz getrennt bleiben. Es
ist nicht angenehm, da, wo man gründlich, ja
mikrologisch zergliedernde Prüfung erwartete,
wenn etwa ein Günstling an die Reihe kommt,
mit weltbürgerlichen Frasen und den Manie=
ren der Historie abgefertigt zu werden.

Eben so widersinnig ist es, wenn man ohne
Vorkenntnis der einzelnen Schrift eines Autors
rezensirend zu Leibe geht, für den, vielleicht
eben darum, weil er Karakter hat, nur durch
wiederholtes Studium aller seiner aus und in
einem Geist gebildeter Werke, der eigentliche
Gesichtspunkt gefunden werden kan, auf den
doch alles ankommt. Auch ohne Leidenschaft
oder üblen Willen muß das Urtheil dann
wol grundschief ausfallen. Nur das Gemeine
verkennt man selten. Es wäre endlich Zeit, dem
Gegenstand, welchen die Beurtheiler so lange
nur seitwärts angeschielt haben, auch einmal
von vorn grade ins Auge zu schauen.

Es ist das allgemeine und unvermeidliche
Schicksal geschriebner Gespräche, daß ih=
nen die Zunftgelehrten übel mitspielen. Wie
breit und schwerfällig haben sie zum Beispiel
von jeher die Sokratische Ironie misdeutet
und mishandelt, auf die man anwenden könnte,
was Plato vom Dichter sagt: Es ist ein zar=
tes, geflügeltes und heiliges Ding. Auch For=
ster kennt die feinste Ironie, und von groben
Händen wird sich der flüchtige Geist seiner ge=
schriebenen Gespräche nie greifen lassen.
Denn das sind alle seine Schriften, fast ohne
Ausnahme; ohnerachtet der Ausdruck noch lange
nicht so abgerissen, hingeworfen und keck ist,
wie in ähnlichen Geisteswerken der lebhafteren
Franzosen: sondern periodischer, wie es einem
Deutschen ziemt.

Es verlohnt sich wohl der Mühe, Forsters
Schriften nicht zu verkennen. Wenige deutsche
sind so allgemein geliebt. Wenige verdienen es
noch mehr zu werden. Sie vollständig zerglie=
dern, hieße den Begrif eines in seiner Art vor=
treflichen gesellschaftlichen Schriftstel=
lers entwickeln. Und in weltbürgerlicher Rück=
sicht stehen diese, deren Bestimmung es ist, alle
wesentlichen Anlagen des Menschen anzuregen,
zu bilden und wieder zu vereinigen, oben an.

Diese für das ganze Geschlecht, wie für Einzelne, unbedingt nothwendige Wiedervereinigung aller der Grundkräfte des Menschen,
welche in Urquell, Endziel und Wesen Eins
und untheilbar, doch verschieden erscheinen, und
getrennt wirken und sich bilden müssen, kan
und darf auch nicht etwan aufgeschoben
werden, bis die Vervollkomnung der einzelnen
Fertigkeiten durchaus vollendet wäre; das hieße,
auf ewig. Sie muß mit dieser zugleich, als
gleich heilig, und zu gleichen Rechten, verehrt
und befördert werden; wenn auch nicht durch
dieselben Priester. Weltbürgerliche, gesellschaftliche Schriften sind, also ein eben so unentbehr-
liches Mittel und Bedingnis der fortschreiten-
den Bildung, als eigentlich wissenschaftliche und
künstlerische. Sie sind die echten Prosaisten;
wenn wir nehmlich unter Prosa die grade allgemeine Heerstraße der gebildeten Sprache
verstehn, von welcher die eigenthümlichen Mund-
arten des Dichters und des Denkers nur nothwendige Nebenwege sind.

Die allgemeine Vorliebe für Forsters
Schriften ist ein wichtiger Beitrag zu einer
künftigen Apologie des Publikums gegen
die häufigen Winke der Autoren, daß das
Publikum sie, die Autoren, nicht werth sei. Je-

der, vom Größten zum Geringſten, meint auf
das wehrloſe Geſchöpf unritterlich und unbarm-
herzig losſchlagen zu müſſen. Mehrere haben
ihm ſogar ins Ohr geſagt, was der Gottes-
leugner bei Voltaire dem höchſten Weſen:
»Ich glaube, du exiſtirſt nicht.« — Indeſſen
ſtehn doch nicht bloß einzelne Leſer auf einer
hohen Stufe, wo ſie der Schriftſteller nicht
gar viele antreffen möchten. Selbſt das große,
allgemein verachtete Publikum hat nicht ſelten,
wie auch hier, durch die That richtiger geurtheilt, als diejenigen, welche die Fabrikate ihres Urtheilstriebes öffentlich ausſtellen. — Freilich mögen viele wol nur blättern, um die
Zeit zu tödten, oder um doch auch zu hören,
und mitſprechen zu können. Die Gründlicheren
hingegen leſen oft zu kaufmänniſch. Sie
ſind unzufrieden mit einer Schrift, wenn ſie
nicht am Ende ſagen können: Valuta habe
baar und richtig empfangen. Kaum
können Autoren, die ſich nur durch bedingtes
Lob geehrt finden, ſeltner ſein, wie Leſer, die
ohne Paſſivität bewundern, und dem in ſeiner
beſtimmten Art Vortrefflichen die Abweichungen
und Beſchränkungen verzeihen können, ohne die
es doch nicht ſein würde, was es Gutes und
Schönes iſt, und ſein ſoll.

Je vortrefflicher etwas in seiner Art ist, je
mehr ist es auf sie beschränkt. Fodert von Forsters Schriften jede eigenthümliche Tugend ihrer Gattung; nur nicht auch die aller übrigen. An der vornehmsten kommt kein andrer
deutscher Prosaist ihm auch nur nahe; an
Weltbürgerlichkeit, an Geselligkeit. Keiner hat
in der Auswahl der Gegenstände, in der Anordnung des Ganzen, in den Übergängen und
Wendungen, in Ausbildung und Farbe, so sehr
die Gesetze und Foderungen der gebildeten Gesellschaft erfüllt und befriedigt, wie er. Keiner
ist so ganz gesellschaftlicher Schriftsteller, wie er
Lessing selbst, der Prometheus der deutschen
Prosa, hat seine genialische Behandlung sehr
oft an einen so unwürdigen Stoff verschwendet,
daß er scheinen könnte, ihn aus echtem Virtuosen-
eigensinn eben deswegen gewählt zu haben.

Wie in einem streng wissenschaftlichen und
eigentlich künstlerischen Werke vieles sein muß,
was der gebildeten Gesellschaft gleichgültig oder
anstößig ist: so darf auch das gesellschaftliche
Werk nach jenem Maßstabe in Gehalt und
Ausdruk vieles zu wünschen übrig lassen, und
kan doch in seiner klassisch, korrekt und selbst
genialisch sein.

Die Meisten können sich das Klassische

gar nicht denken, ohne Meilenumfang, Zentner-schwere und Aeonendauer. Sie fodern die Tugend ihrer Lieblingsgattung auch von allen übrigen. Sie könnens nicht begreifen, daß ein Gartenhaus anders gebaut werden müsse, wie ein Tempel. — Einen Tempel baut man auf Felsengrund; alles von Marmor, aus dem ge-diegensten und vornehmsten Stoff; den festen Gliederbau des einfachen und großen Ganzen in Verhältnissen, welche nach tausend Jahren so richtig und schön sind, wie heute. Also auch umfassende Werke geschichtlicher Kunst, die Einigen das Höchste scheinen, was der menschliche Geist zu bilden vermag. In einem solchen würde freilich der lose Zusammenhang des im-mer verwebten Besondern und Allgemeinen in Forsters Schriften schlaff und unwürdig schei-nen. Manches, was hier an seiner Stelle eben das Beste ist, wie die Einleitungen zu Cook, der Entdekker, Botanybay und dem Auf-saz über Nordamerika, würde dort ein un-verzeihlich üppiger Auswuchs sein.

Noch eher leidlich ist jene Verkehrtheit wol, wenn sie aus einseitiger Liebhaberei für eine besondre Art entspringt. Oft sind es aber ge-wiß die nehmlichen, die Forstern, als zu leicht für sie, zurükschieben, welche auch Winkel-

manns und Müllers Meisterwerke wegen
der Schwerfälligkeit vernachläſſigen. Sie wol=
len Roſen vom Eichbaum pflücken, und weh=
klagen, daß man aus Roſenſtöcken keine Kriegs=
ſchiffe zimmern könne:

— — unkundig deſſen, was möglich
Sei, und was nicht: auf welcherlei Art die Gewalt
einem Jeden
Sei umſchränkt, und wie feſt ihm die ſcharfe Grenze
geſteckt ſei.

Dem Vorurtheil, daß ſolche leichte geſell=
ſchaftliche Werke, deren Leichtigkeit nicht ſelten
die Frucht der größten Kunſt und Anſtrengung
iſt, überhaupt nicht dauern könnten, wider=
ſpricht die Geſchichte beſonders derjenigen alten
Urſchriften, die immer noch neu ſind. Die
zarten Gewebe der Sokratiſchen Muſe
zum Beiſpiel, an die wir uns in einer Karak=
teriſtik der Forſterſchen Schriften wohl erinnern
dürfen, haben viele Jahrhunderte wirkſam ge=
lebt, und ſind nach einem langen Winterſchlaf
wieder zu neuer Jugend erwacht, während ſo
manche ſchwere Arbeit in dem Strom der Zeit
unterſank.

Aber ich möchte das doch zweifelhafte und
ominöſe Merkmal der Unſterblichkeit am lieb=
ſten ganz aus unſerm Begriff vom Klaſſiſchen
entfernt

entfernt wissen. Möchten doch Forsters Schriften recht bald so weit übertroffen werden, daß sie überflüssig und, nicht mehr gut genug für uns wären; daß wir sie von Rechtswegen antiquiren könnten!

Bis jezt aber ist er in den wesentlichsten Eigenschaften eines klassischen Prosaisten noch nicht übertroffen; in andern kan er mit den Besten verglichen werden. Jene Eigenschaften sind um so nachahmungswürdiger, da es dieselben sind, welche am sichersten allgemein wirken, und doch im Deutschen am seltensten und am schwersten erreicht werden können. Forster bewies auch darin seine universelle Empfänglichkeit und Ausbildung, daß er französische Eleganz und Popularität des Vortrags, und engländische Gemeinnützigkeit, mit deutscher Tiefe des Gefühls und des Geistes vereinigte. Er hatte sich diese ausländischen Tugenden wirklich ganz zugeeignet. Alles ist aus Einem Stück in seinen Schriften, und hat deutsche Farbe. Denn er blieb ein Deutscher; noch zulezt in Paris fühlte er seine Deutschheit sehr bestimt.

Will man nur das Fehlerfreie korrekt nennen: so sind alle vom Weibe Gebohrnen nothwendig inkorrekt;

So ist es jezt, so war es zuvor, und so wird es
stets sein.

Ist aber jedes Werk korrekt, welches dieselbe Kraft, die es hervorbrachte, auch wieder
rückwirkend durchgearbeitet hat, damit sich Inres und Außres entspreche: so darf man in
F's. Schriften auch nur jene gesellschaftliche Korrektheit suchen, welche die glänzende
Seite der französischen Litteratur und in ihr
einheimisch ist. Man wird sie auch in F's
Schriften nicht vermissen: er hatte sie an der
Quelle studirt (Kl. Schr. V. 261. 266. 344.
345.). Sie ist es, die, wie sich auch an manchem Französischen Produkt bewährt, an
echt künstlerischen oder wissenschaftlichen Werken
oft eben das Beste abschleifen würde. Einige
deutsche Autoren hätten daher nicht versuchen
sollen, was doch vergeblich war: sie da zu erreichen, wo sie nicht hingehört: denn Anmuth
läßt sich nicht errechnen, noch eine ungesellige
Natur durch Zwang plözlich verwandeln.

Zwar verliert sich sein Ausdruck je zuweilen ins Spizfündige und Geschrobene. Das ist
nicht Affektazion, wie es mir scheint: sondern
es entsprang lediglich aus dem arglosen und
herzlichen Bestreben, sich ganz und offen mitzutheilen, und auch das Unaussprechliche aus-

zusprechen. Wenn er hie und da seine Andacht lauter verrichtet, als es Sitte ist: so darf uns das wohl ein Lächeln abnöthigen. Nur beklage ich den, welcher diese liebenswürdige kleine Schwachheit von jener eigentlichen Schminke nicht unterscheiden kan, in der eine tief verderbte Seele auch vor sich selbst im Spiegel ihres Innern erscheinen muß! — Vorzüglich finden sich solche Gezwungenheiten, worein auch wol sonst natürliche und nicht ganz unbeholfne Menschen im Anfange eines Gesprächs aus gegründeter Furcht vor dem Platten zu verfallen pflegen, in den Einleitungen und Eingängen, oder wo er seines Tons noch nicht ganz Meister war. So ist weit mehr Koketterie in dem Aufsaz über Lekkereien sichtbar, als in den Erinnerungen, die von ähnlicher Manier und Farbe der Schreibart, aber ungleich vollendeter sind. Dieses Werk, in der ganzen deutschen Litteratur das einzige seiner Art, übertrift alle übrigen an Glanz des Ausdruks, an feiner Ironie, und an verschwenderischem Reichthum überraschend glücklicher Wendungen. Und doch war es keine leichte Aufgabe, sich hier zwischen Scylla und Charybdis durchzuwinden, nie die Aufrichtigkeit zu beleidigen, und doch keine Schicklichkeit zu verlezen! — Gewiß aber ist in

Forsters Schriften nur sehr Weniges, was nicht in der besten Gesellschaft gesagt werden dürfte. Der Ausdruck ist edel, zart, gewählt und gesellig. Er läßt uns oft wie ein heller Kristall auf den reinen Grund seiner Seele blicken.

Der Gehalt eines gesellschaftlichen Schriftstellers darf eben so wenig nach streng wissenschaftlichem und künstlerischem Maßstabe gewürdigt werden, wie der Ausdruck. Der gesellschaftliche Schriftsteller ist schon von Amtswegen gleichsam verpflichtet, wie ich weiß nicht welcher Magister seine Dissertazion überschrieb, von allen Dingen, und noch von einigen andern, zu handeln. Er kan gar nicht umhin, ein Polyhistor zu sein. Wer nirgends fremd ist, kan auch nirgends ganz angesiedelt sein. Man kan nicht zugleich auf Reisen sein, und seinen Akker bestellen. — Auch wird der freie Weltbürger sich schwerlich in eine enge Gilde einzunften lassen.

Kenner und Nichtkenner haben Forsters Kunsturtheile vielfältig, hart, und zwar im Einzelnen getadelt. Man hätte lieber kürzer und strenger gradezu gestehen sollen, daß ihm eigentliches Kunstgefühl für die Darstellungen des Schönen, welches einer isolirten Aus-

bildung durchaus bedarf, ganz fehle; auch in
der Poesie. Keine Vollkommenheit der Dar=
stellung konnte ihn mit einem Stoff aussöhnen,
der sein Zartgefühl verlezte, seine Sittlichkeit
beleidigte, oder seinen Geist unbefriedigt ließ.
Immer bewunderte und liebte er im Kunstwerk
den großen und edlen Menschen, die erhabene
oder reizende Natur. Denn wie tief und leben=
dig das von jenem Kunstgefühl wesentlich ver=
schiedne Naturgefühl in ihm war, davon
geben viele unnachahmlich wahre Ergießungen
in seinen Schriften vollgültiges Zeugnis. Auch
für schöne dichterische Naturgewächse hatte er
viel Sinn. Das beweist schon die Art, wie er
eins der köstlichsten, die Sakontala auf vater=
ländischen Boden verpflanzte.

Als eigenthümliche Ansicht dagegen ist For=
sters Kunstlehre sehr interessant; schon
darum, weil sie so ganz eigen und selbst gefühlt
ist; vornehmlich aber, weil sie ihren Gegen=
stand aus dem nothwendigen Gesichtspunkt der
gebildeten Geselschaft betrachtet, welche es nie
weit genug in der Kennerschaft bringen wird,
um über den künstlerischen Werth, die Gerecht=
same und Foderungen der Sittlichkeit und des
Verstandes zu vergessen. So wird der gesell=
schaftliche Mensch im Wesentlichen immer den=

ken; und als die deutlich ausgesprochne Stimme einer so ursprünglichen und ewigen Klasse
der freien Natur hat F's. Kunstansicht einen
sehr allgemeinen, bleibenden Werth. Jenes all-
gepriesene Kunstgefühl aber dürfte ein Rigorist
selbst bei vielen vermissen, die stets Gedichte
schreiben; bei vielen, die, was jene gearbeitet
haben, wenn es gedrukt ist, erläutern.

Die wesentlichen Grundgesetze derjenigen
künstlerischen Sittlichkeit, ohne welche
der Künstler auch in der Kunst sinken, und seine
künstlerische Würde und Selbständigkeit verlieren muß, hat F. nicht nur mit der Wärme
eigner Empfindung vorgetragen, sondern auch,
in so fern er selbst ein Künstler war, treu be-
folgt. Er durfte sagen: »Der Künstler, der
nur für Bewunderung arbeitete, ist kaum noch
Bewunderung werth.« (Ans. I. 127.). »Ihn
muß vielmehr, nach dem Beispiele der Gottheit,
der Selbstgenuß ermuntern und befriedigen, den
er sich in seinen eignen Werken bereitet. Es
mus ihm genügen, daß in Erz, in Marmor,
auf der Leinwand oder in Buchstaben seine große
Seele zur Schau liegt. Hier fasse, wer sie fassen kan!« (Ans. I. 84. 85. 176. 177.)

Auch von der Kunst selbst hatte er so hohe,
würdige Begriffe, wie sich mit jener gesellschaft-

lichen Vielseitigkeit nur immer vertragen. Solche herschen auch in dem Aufsatz: die Kunst
und das Zeitalter. Die darin entworfene
Ansicht der Griechen, die er vorzüglich von
Seiten der urbildlichen und unerreichbaren Einzigkeit ihrer Kunst faßte, mag im Ganzen genommen, unter den oberflächlichen leicht am
richtigsten treffen. Bei seiner ursprünglich na-
turwissenschaftlichen und gesellschaftlichen Bildung; bei seinen herschenden Grundgedanken
von Fortschreitung und Vervollkommnung bleibt
es eine herrliche Bestätigung seiner unglaublich
großen Vielseitigkeit, daß er die Begriffe von
urbildlicher Schönheit, und unerreichbar einziger
Vollendung so lebendig auffassen, und seinem
Wesen gleichsam ganz einverleiben konnte; ohngeachtet er die lähmende Idee des Unverbes-
serlichen mit Recht verabscheute, und behauptete, »daß, wenn ein solches Unding, wie ein
vollkomnes System, möglich wäre, die Anwendung desselben für den Gebrauch der Vernunft dennoch gefährlicher als jedes andere werden müßte.« — Das Einzelne aber in jener
Ansicht der Griechen sollte man ihm um so weniger strenge auf die Wage legen, da es ohnehin eine allgemeine Liebhaberei der deutschen
Autoren ist, die Geschichte des Alterthums zu

erfinden; auch folcher, die in der gefellfchaftli-
chen Natur ihrer Schriften durchaus keine
Entfchuldigung finden können. *) — Warum
will man doch Alles von Allen fodern! — Soll
die Philologie als ftrenge Wiffenfchaft und
echte Kunft getrieben werden: fo erfodert fie
eine ganz eigene Organifazion des Geiftes; nicht
minder, als die eigentliche Philofophie, bei der
man es doch endlich einzufehn anfängt, daß fie
nicht für jederman ift.

Unleugbar aber war Forfter ein Künftler
im vollften Sinne des Worts, wenn man es
nur überhaupt in feiner Gattung fein kan.
Selbft das wirkliche Gefpräch kan ein Kunftwerk fein, wenn es durch gebildete Fertigkeit
zur höchften Vollendung in feiner Art geführt
wird, und in Stoff und Geftalt urfprüngli-
chen gefelligen Sinn und Begeifterung für die
höchfte Mittheilung verräth. Ein Kunftwerk:
eben fo gut, wie das auch vorübereilende Schau-
fpiel; der Gefang, welcher felbft verhallend nur
in der Seele bleibt; und der noch flüchtigere
Tanz. Von einem folchen Gefpräch kan gelten,

---

*) Auch folcher, die fich ausdrücklicher zu Alterthumsleh-
rern aufwarfen. Moriz zum Beifpiel würde vortrefflich
über die Alten gefchrieben haben, wenn er fie gekannt hätte:
aber es fehlt nur wenig, daß er fie gar nicht kannte.

was F. so köstlich von der »Vergänglichkeit ge=
sagt hat, welche der Schauspielkunst mit jenen
prachtvollen Blumen gemein ist, deren Fülle
und Zartheit alles übertrift, die in einer
Stunde der Nacht am Stengel der Fackeldi=
stel prangen, und noch vor Sonnenaufgang
verwelken« (Anf. I. 87. 88.). Wer es vollends
versucht, dem schönen Gespräch, dieser flüchtig=
sten aller Schöpfungen des Genius, durch die
Schrift Dauer zu geben, muß eine ungleich
größere Gewalt über die Sprache, dieses un=
auslernbarste und eigensinnigste aller Werk=
zeuge besitzen, indem er die Nachhülfe der mit=
sprechenden Gebehrde, Stimme und Augen
entbehrt. Auch muß er, um die Bestandtheile,
die er aus dem Leben nahm, oder die in seiner
dramatisirenden Einbildungskraft von selbst ent=
standen, zu ergänzen und zu ordnen, mehr
oder weniger auch erfinden, absichtlich darstellen,
dichten.

Wenn aufrichtige und warme Wahrheits=
und Wissenschaftsliebe, freier Forschungsgeist
und stete Erhebung zu Ideen; wenn ein gro=
ßer Reichthum der verschiedenartigsten Sach=
kenntnisse, die vielseitigste Empfänglichkeit und
rückwirkende Selbstthätigkeit eines hellen Ver=
standes, feine Beobachtungsgabe, Entwicklungs=

fertigkeit, gesunde Vernunft, ein nicht bloß
kühn, sondern auch treffend verbindender Witz,
bei einem hohen Maaß geistiger Mittheilungs=
fähigkeit; kurz, wenn die wesentlichsten Vorzüge
der echten Lebensweisheit auf diesen schönen
Namen hinreichende Ansprüche geben: so war
Forster ein Philosoph.

Seine Gründlichkeit in den Naturwissenschaf=
ten, wo er wol die ausgebreitetsten und ge=
nauesten Sachkenntnisse besitzen mochte, über=
lasse ich der Beurtheilung der Kenner. Seine
hervorspringendsten Eigenschaften, die große
Übersicht (Kl. Schr. I. 410.), der Blick ins
Ganze, der feine Beobachtungsgeist, glänzen
hier unstreitig nicht minder, wie überall sonst.
Durch seine weltbürgerliche und geistvolle Be=
handlung und Darstellung, hat er die Natur=
wissenschaften in die gebildete Gesellschaft ein=
geführt. Durch vielfache Verwebung mit an=
dern wissenschaftlichen Ansichten, hat er sie, wo
nicht erweitert, doch verschönert; wie hinwie=
derum das Interessante seiner politischen
Schriften durch ihren naturwissenschaft=
lichen Anstrich ungemein erhöht wird. F.
hat auch das Verdienst um deutsche Kultur,
daß er zur Verbreitung einer zweckmäßigen
Lektüre in Reisebeschreibungen, die im Ganzen

genommen doch ungleich nahrhafter ist, als die
der gewöhnlichen Romane, so viel wirkte. —

Indessen würde es mir doch eine unerklär-
liche Ausnahme vom Karakter seines Geistes
scheinen, wenn er grade nur hier die Fähigkeit einer ganz wissenschaftlichen, durchgreifen-
den und streng durchgeführten Methode beses-
sen hätte, die sich sonst nirgends zeigt. Denn
so voll seine Schriften auch sind von geistigen
Keimen, Blüten und Früchten: so war er doch
kein eigentlicher Vernunftkünstler; auch
würdigte er die Spekulazion aus einem kosmo-
politischen Gesichtspunkt (Kl. Schr. II. 9.).
Er ist nicht von denen, die mit schneidender
Schärfe, in senkrechter Richtung, grade auf
den Mittelpunkt ihres Gegenstandes losdringen,
und, ohne zu ermatten, auch die längste Reihe
der allgemeinsten Begriffe fest an einander ket-
ten und gliedern können.

Ihm fehlte das Vermögen, sein Innres
bestimmt zu trennen, und sein ganzes Wesen
wiederum in eine Richtung zusammenzudrängen
und ausdauernd auf einen Gegenstand beschränken zu können; ja überhaupt die gewaltige
Selbständigkeit der schöpferischen Kraft,
ohne die es unmöglich ist, ein großes wissen-
schaftliches, künstlerisches oder geschichtliches
Werk zu vollenden.

Doch möchte ich darum das Genialische
seinen Schriften nicht absprechen, wenn diejeni=
gen Produkte genialisch sind, wo das Eigen=
thümlichste zugleich auch das Beste ist; wo alles
lebt, und auch im kleinsten Gliede der ganze
Urheber sichtbar wird, wie er, um es zu bil=
den, ganz wirksam sein mußte; wie bei F.'s
Werken so offenbar der Fall ist. Denn Ge=
nie ist Geist, lebendige Einheit der verschie=
nen natürlichen, künstlichen und freien Bil=
dungsbestandtheile einer bestimmten Art. Nun
besteht aber das Eigenthümliche eben nicht in
diesem oder jenem einzelnen Bestandtheil, oder in
dem bestimmten Maaß desselben: sondern in
dem Verhältnis aller. Grade diese ursprüng=
lichen und erworbenen Fähigkeiten mußten in
diesem Maaß und in dieser Mischung zusam=
mentreffen, damit unter dem beseelenden Hauch
des Enthusiasmus, welchen allein weder
Natur noch Kunst dem freien Menschen geben
können, etwas in seiner Art so Vortreffliches
entstehen konnte. Eine so glückliche Harmo=
nie ist eine wahre Gunst der Natur; unlern=
bar und unnachahmlich.

Dieselbe gesellige Mittheilung befremdete
also noch die einfachsten Bestandtheile seines in=

nerſten Daſeins, welche in ſeinen Schriften
lebt, und immer ein unter den mannichfachſten
Geſtalten oft wiederkehrender Lieblingsbegrif
ſeines Geiſtes war. Man könnte dieſe geſellige
Wendung ſeines Weſens ſelbſt noch in dem
glänzend günſtigen Lichte zu erkennen glauben,
worin er den Stand erblickt, welchen der Aus=
tauſch ſinnlicher Güter vorzüglich veranlaßt
und begünſtigt, den Verkehr auch der geiſtigen
Waaren und Erzeugniſſe, in ſich, am freieſten
und gleichſam in der Mitte aller übrigen
Stände, auszubilden, und in der umgebenden
Welt zu befördern (Anſ. I. 304. 305.). —
Die Verwebung und Verbindung der verſchie=
denartigſten Kenntniſſe; ihre allgemeinere Ver=
breitung ſelbſt in die geſellſchaftlichen Kreiſe,
hielt er für den eigenthümlichſten Vorzug un=
ſers Zeitalters (Anſ. I. 65. folg.), und für
die ſchönſte Frucht des Handels (Anſ. II. 426
— 429.). In dem thätigen Gewühl einer
großen Seeſtadt erblickt er ein Bild der fried=
lichen Vereinigung des Menſchengeſchlechtes
zu gemeinſamen Zwecken des frohen, thä=
tigen Lebensgenuſſes (Anſ. II. 373.). Die
Wiedervereinigung endlich aller weſentlich
zuſammenhangenden (Kl. Schr. V. 23.),

wenn gleich jetzt getrennten und zerstückel-
ten Wissenschaften (Kl. Schr. III. 311 —
314. IV. 378.) zu einem einzigen un-
theilbaren Ganzen, erscheint ihm als das
erhabenste Ziel des Forschers.

# IV.

## Ansicht der Lage des Berliner Nazionaltheaters, beim Schluße des Jahres 1796.

Ut potero, explicabo: non tamen ut Pythius Apollo, certa ut sint et fixa quae dixero, sed ut homunculus, probabiliorum conjecturam sequens.

CICERO.

Die gegenwärtige Verbindung deutscher Schauspieler in Berlin, die den Namen eines königlichen Nazionaltheaters führt, kan als eine Fortsetzung der Gesellschaft angesehen werden, welche Döbbelin hieher brachte, der nach Kochs Abschiede das sogenannte erste preußische Privilegium, das heißt, das Vorrecht erhielt, in Berlin und Potsdam zu spielen. Döbbelin war ein Schauspieler nach altem Schlage, und ein Direktor, wie es keinen geben sollte. Bei unleugbarer Lebhaftigkeit des Geistes, Reizbar-

keit der Empfindung, leicht entflammter Einbil=
dungskraft, und mancherlei körperlichen Vorzü=
gen, die seine Jugend schön, sein Alter liebens=
würdig machen konnten, fehlte ihm durchaus die
Beurtheilungskraft, ohne welche, wie es scheint,
der wohlthätige Gebrauch aller Gaben der
Natur und des Glüks, für die Gesellschaft
und für den Besitzer, unmöglich wird. Viel=
jährige Erfahrungen verdienten Unglüks und
unverdienten Glüks, Kameradschaft und fort=
gesezter Umgang mit den vorzüglichsten Künst=
lern und Gelehrten seines und jedes demselben
verwandten Faches, Bekantschaft mit der großen
Welt aller Stände, deren Vornehmste ihm den
Zutrit verstatteten, kurz alles, was einen voll=
kommenen Schauspieler ausbilden mag, ging
an ihm verloren, weil er die Urtheilskraft nicht
besaß, ohne welche man kein guter Schauspie=
ler wird. Eitelkeit war das Siegel aller seiner
Handlungen, Gedanken und Worte; eine so
übertriebene Eitelkeit, daß ganz gewöhnliche
Züge derselben in einem Roman zu unwahr=
scheinlich, in einer Posse zu grell geachtet wer=
den dürften; daß sie den Menschenkenner zwang,
selbst Äusserungen der Gutmüthigkeit nicht im=
mer zu trauen, die der Kluge sonst gerne für
das gelten läßt, wofür sie sich geben, um eine

seltne

seltne Münze nicht ganz außer Umlauf zu
bringen; daß sie den Mann von mancherlei
Fähigkeiten verleitete, selbst seine nicht verwerf=
lichen, ihn von manchen seiner Kunstgenossen
auszeichnenden Schulkenntnissen, und seine An=
lage zur Dichtkunst, die in der That nicht ge=
ringer war, als eine geläuterte Kritik bei ih=
rem Jünger anzutreffen bedarf, um ihm Ehre
und sich Genüge zu erwerben, die auch, bei
allem Übergewicht seines bösen Dämons, aus
einzelnen glücklichen Zügen und Gleichnissen
seiner schwülstigen Dunstgestalten hervorblitzt,
zu Erfindung unerhörter Rodomontaden aufzu=
bieten, die ihn dem Unglück Preis gaben,
das Gespött der Dummköpfe zu werden, und
bessere Richter in die peinliche Lage versetzten,
den Dummköpfen Recht geben zu müssen. Was
ließ sich von einem Schauspiel = Direktor er=
warten, der einen so feindseligen Rathgeber in
seinem eignen Busen trug, und, anstatt in dem
Publikum einen schwer zu befriedigenden Gläu=
biger zu ahnen, einen insolventen, aber höchst
erkenntlichen Schuldner in ihm erblickte, dem er
sich zur gnädigen Nachsicht anempfahl? Er
spielte in der Behrenstraße, bei Monbijou, und
im ehemaligen Reußischen Garten, auf Bühnen,
die von einigen Marionettentheatern übertrof=

fen wurden. Er spielte mit seiner Kunst, mit
seiner Zeit, mit seinem Gelde, mit seiner Gesundheit, und verlor manches, was er aufs
Spiel setzte. Er warb aus allen Provinzen
Deutschlands Schauspieler, bildete kein einziges
Talent, verbildete mehr als eines, gebrauchte
nur wenige wie er sie gebrauchen sollte, und
diese wenigen mehr aus Eigensinn und Träg-
heit, als aus richtiger Überzeugung, blieb hinter einer mittelmäßigen französischen Gesellschaft
weit zurück, ward, da ihn endlich der Ausbruch des bairischen Successionskrieges von diesen beschwerlichen Nebenbuhlern befreite, durch
das allgemeine Gefühl seiner Unzulänglichkeit,
auch ohne Nebenbuhler überwunden, machte größere Einnahmen, als, außer dem Wiener Hoftheater, einer Schaubühne Deutschlands zu Theil wurden, und bezahlte nie zu rechter Zeit. Was Wunder, daß ihn jeder Schauspieler verließ, dem
sich irgend ein andres Unterkommen zeigte?
Es verdient vielmehr, als ein seltnes Beispiel
der Anhänglichkeit für ein Publikum, gerühmt
zu werden, daß diese stark genug war, Personen, die nicht zu Döbbelins Familie gehör-
ten, Herrn Reinwald, einen sehr verdienten
Künstler im komischen Fach, und Herrn Fleck,
der vortrefliche Naturgaben nach Reinekens
und Schröders Vorbilde entwickelt hatte,

und zu den besten tragischen Helden gehörte, unter einem solchen Direktor in Berlin zurück- zuhalten. Es schien sogar, als wäre Herrn Fleck ein noch größeres Verdienst aufgespart. Er hatte bereits in Hamburg derjenigen unter- geordneten Leitung der Theatergeschäfte, die man unter dem Namen Regie begreift, der Anstellung und Ordnung von Proben, der Aufsicht über die Aufführung selbst, der Theil- nahme an Bestimmung der Vorstellungen, und der dazu nöthigen Erfordernisse u. s. w., nicht ohne Dank und Beifall vorgestanden, und Döbbe- lin erlaubte ihm für seine Bühne ein gleiches zu thun. Der vortheilhafte Einfluß davon blieb nicht unbemerklich. Manche Vorstellung ging runder und rascher; und es gelang der Aufmerksamkeit des jungen Mannes, viele bis- her ungerügte kleine Mängel abzustellen, be- ren vereinigte Kraft dem Ganzen ungemein nachtheilig war. Aber die Hauptfehler dauer- ten fort. Was ließ sich Würdiges auf Pup- pentheatern vorstellen, deren Niedrigkeit und Schmalheit wohlgewachsenen Menschen das Ansehn gab, als habe irgend ein seltsam ge- launter Zauberer sich eine Gesellschaft Schau- spieler, nach dem Maaßstabe des Kolosses von Rhodos zusammengehext; oder wenigstens, als

F 2

habe Admiral Byron, auf seiner Reise um die
Welt, eine gewisse Anzahl Patagonier zu die=
sem Behuf in Sold genommen, die er jetzt in
einem Entresol zur Schau gebe?

Die Einnahme hatte Döbbelin sich vor=
behalten, seine Privatausgaben erhielten keine
Verminderung, der Zustand der Kasse blieb
zerrüttet, und die welche sie füllten, waren die
letzten, daraus befriedigt zu werden. Herr
Fleck blieb nicht nur ohne den versprochenen
Lohn seiner Bemühungen, sondern ward auch,
in deren Ausübung, auf so mannichfache Weise
gehindert und gekränkt, daß ihn Gerechtigkeit
gegen sich selbst verband, zu einer Zeit seinen
Abschied zu nehmen, wo eine sehr geschwächte
und untergrabene Gesundheit ihm allen ander=
weitigen vortheilhafteren Gebrauch seiner Ta=
lente unmöglich machte. Jugendkraft trug
über eine Krankheit den Sieg davon, die
Kummer und Verdruß zu ihren Bundesgenos=
sen hatte. Die allgemeine Stimmung des
Publikums zwang den Direktor, die erste Stütze
seiner Bühne wiederherzustellen; doch verdankte
man ihm eine Nachgiebigkeit wenig, deren
Ausübung, ohne Ungerechtigkeit, als Befrie=
digung seines Eigennutzes angesehen werden
durfte. Die Zahl der Theaterfreunde nahm

täglich ab, und diejenigen, welche eine Kunst zu lieben fortfuhren, deren Genuß ihnen verbittert wurde, erhoben ihre Beschwerden immer lauter. Friedrich der Zweite, dem die zarte Pflanze des Geschmacks in Deutschland nicht heimisch schien, der langgenährte unüberwindliche Zweifel hegte, ob sie je unter nordischem Himmel gedeihen könne, hatte, durch die Äußerung solcher Gesinnungen (da billigdenkende und weltkluge Männer an einem großen, guten und festen Willen auch das zu verehren wissen, was mit ihrer Überzeugung nicht übereinstimmt, und durch Vorstellungen, deren Fruchtlosigkeit sie vorher sehen, den Eindruck derjenigen nicht schwächen mögen, welche eine höhere Pflicht ihnen auflegen kan) diese Beschwerde allein von dem zugänglichsten Thron, dessen die Geschichte Meldung thut, entfernt, diese einzige Angelegenheit seiner sonst zuvorkommenden Sorge entzogen. Doch erzählt man, auch er habe über Unordnungen, die ihm nicht gänzlich verborgen bleiben konnten, sein Misfallen bezeugt; und es ist wenigstens gewiß, daß sich einer seiner Minister, der verstorbene Michaelis, mit dem ernstlichen Wunsch beschäftigte, der Berliner Schaubühne einen besseren Vorsteher anzuweisen. Die Wahl des Man-

nes, auf welchen er sein Augenmerk richtete,
konnte schwerlich weiser getroffen werden. Er
wandte sich, bereits im Frühjahr 1780, noch
ehe Herr Fleck die Berliner Bühne betreten
hatte, an Herrn Schröder, der damals, bei
seiner Durchreise durch Berlin, eine unüber-
treffliche Kunstgeschicklichkeit bewährte, und in
der Mittagshöhe des Ruhmes stand, für welchen kein Abend hereingebrochen ist, und den, wenn
das Zeugnis der Kenner etwas gilt, keine
Nacht bedecken soll. Herr Schröder ward,
durch Bewegungsgründe der Schonung, die
der Kunstfreund verehren muß, wieviel er auch
ihrentwegen verlor, abgehalten, sich auf diese
Unternehmung einzulaßen. Sieben Jahre
später gehörte die Verbesserung der immer
schlechter gewordenen Bühne, die Umwandlung
ihrer Verfassung, die sich nicht länger erhalten
konnte, zu den Wohlthaten einer neuen Regierung. Friedrich Wilhelm der Zweite versetzte
das Nazionaltheater, aus seinen bisherigen
Buden, in das Haus, welches sein Vorgänger
zum Behuf französischer Schauspieler erbaut
hatte, und ertheilte ihm dadurch wenigstens den
Schein eines anständigern Aufenthalts. Ein
andrer wichtigerer Schrit erfüllte bald die
Hofnungen, welche der erste erweckt hatte. Das

Eigenthum des Theaters war für Döbbelin
mehr Last als Vortheil. Er hatte ein Privilegium: aber dieses Privilegium konnte doch
unmöglich zur Absicht haben, der Hauptstadt
ein schlechtes Schauspiel, den Schauspielern ein
ungewisses Einkommen aufzubürden. Selbst
die auf Lebenszeit angesetzten Beamten eines
Landes, wo jedes gesetzliche Wort nur buch-
stäblicher Auslegung fähig ist, genießen dieser
Ansetzung bloß quamdiu bene gesserint. Es
wäre unverantwortlich, in irgend einem Staat,
einen Bürger mehr zu begünstigen. Der Pfle-
ger des preußischen vereinigte Schonung und
Liebe für den Einzelnen mit der Gerechtigkeit
gegen Alle. Döbbelin ward, was er auf
keinem andern Wege jemals werden konnte,
zum wohlhabenden Manne; indem seine Pri-
vatschulden von ihm genommen und der Thea-
terkasse aufgelegt wurden, wodurch er den schul-
denfreien Besitz zweier ansehnlicher Wohnhäu-
ser erhielt, bekam auf Lebenszeit ein Gnaden-
gehalt von 1,00 Rthlr., wovon 600 nach seinem Sterbefall der Tochter zugesichert wurden,
und sah diese Tochter und seinen Sohn, unter
vortheilhaften Bedingungen, bei dem neu er-
richteten Nazional - Hof - Theater angestellt.
Der Sohn, ein guter Karikaturenspieler, er-

hielt bald darauf das Privilegium, in denjeni=
gen preußischen Städten, welche keine stehende
Bühne hätten, Schauspiele zu geben, und er=
richtete eine eigne Gesellschaft. Was den Sit=
ten und dem Vergnügen eines Volks ein wich=
tiges Bedürfnis ist, hörte auf, in Berlin der
Pachtung, und durch sie dem Eigennuß eines
Einzelnen unterworfen zu sein, und ward, wie
das Augenmerk, so das Eigenthum des Staats.
Die Führung desselben, den Händen des bishe=
rigen Steuermanns zu schwer, erhielt ein Den=
ker, den der Genius der Kunst, und der laute
Wunsch aller Kunstverehrer, zu dieser Bestim=
mung beriefen. Herr Professor Engel, wel=
chen eine seltne Vereinigung oberer und niede=
rer Seelenkräfte mit der Fähigkeit ausrüstete,
in jedem Fache des Wissens eine hohe Stufe
zu erreichen, dessen prüfender Blick längst die
Schaubühne als Studium erkoren hatte, dem
nur die Bescheidenheit, womit er sich begnügte,
Viel in Wenigem zu geben, zum Vorwurf ge=
reichen könnte, wenn diese Bescheidenheit nicht
ein nothwendiges Bedingnis seiner übrigen Tu=
genden wäre, ward, ohne sein Zuthun, von
seinem Monarchen als der Mann ausersehen,
der einem solchen Geschäfte gewachsen sei, und
opferte Bedenklichkeiten, die ihm höchst verzeih=

liche Liebe zur Ruhe, und Rücksicht auf seine
Gesundheit eingaben, dem ehrenvollen Vertrauen
seines Fürsten. Von Eigennutz so weit entfernt, daß ihm, unter allen nützlichen Kennt-
nissen, die des Geldbedürfnisses fremder war, als
sie hätte sein sollen, begnügte er, dem die Foderung frei stand, für das übernommene, Aufwand
erheischende Geschäft, sich mit einem unzureichen-
den jährlichen Gehalt von 800 Rthlr. Als Mit-
direktor ward ihm Herr Professor Ramler
zugegeben, der ihm jedoch die eigentliche Führung größtentheils überließ. Auch war der
Herr Geheimefinanzrath von Beyer eine
Zeitlang Mitglied der Direkzion, von der er
sich jedoch bald wieder entfernte. Der jetzige
Herr Geheimerath Bertram ward expediren-
der Sekretär des Theaters, und hatte, als solcher, auch die Kasse unter sich, deren Führung
er aber, nach kurzer Zeit, dem Herrn Kam-
mersekretär Jacobi überließ. Inspektor ward
Herr Lenz. Justiziarius und Konsulent des
Theaters, der Herr Geheimerath von Warsing.

Herr Professor Engel leistete in der That
mehr, als Kenner der Schwierigkeiten, die er
zu bekämpfen hatte, fodern durften. Es ist
für die Bildung derjenigen, die von einem sol-

chen Muster zu lernen fähig sind, sehr zu bedauern, daß seine äußerste Abneigung von aller
Ruhmsucht und Eitelkeit ihm nicht erlaubt hat,
eine Darlegung seiner Verwaltung abzufassen.
Der Raum dieser Blätter gestattet, aus vielen
Verdiensten nur einiger zu erwähnen, wie sie
einem wenig haltbaren Gedächtnisse die Einge-
bung des Augenblicks in die flüchtige Feder
führt. Der neue Direktor erhöhte den Werth
der Gesellschaft, indem er derselben Talente zu-
führte und ausbildete, die noch jetzt zum Theil
ihre Zierde sind. Er gebrauchte diese Talente
so, daß ihre gegenseitige Unterstützung dem
Kenner nicht selten den lang erwünschten Genuß
einer geründeten in einander greifenden Vorstellung gewährte. Er erweckte und nährte das
Gefühl für richtige Deklamazion, für den feinen ungekünstelten Ton der Unterhaltung, für
wahren und anständigen Ausdruck der Leidenschaft. Er traf eine geläuterte Wahl der
Stücke, er wachte für den Dichter, in Augenblicken wo dieser geschlafen hatte, verbesserte
mit eben so schonender als weiser Hand, was
den Dichtungen abging, um den billigen Foderungen des Geschmacks zu genügen, und war
immer bereit, ihre versteckten schwer zu errei-
chenden Schönheiten, seinen Schauspielern zu

entwickeln, und diese zu belehren, was sie thun
müßten, um sich und den Werken, deren Aufführung ihnen vertraut war, Ehre zu machen.
Diese letzte Geschicklichkeit, deren Erwerbung
ihm vieleicht nicht sauer geworden war, weil es
ihm eben so leicht fiel, fremde Gedanken zu fassen, als die seinigen verständlich zu machen,
glänzte vor allen übrigen seiner Eigenschaften
hervor, und war unstreitig sein gemeinnützig-
stes Verdienst, von welchem sehr zu wünschen
ist, daß es jeder Direktor erreichen möchte, das
aber schwerlich einer übertreffen wird. Wie es
scheint, waren die Zuschauer scharfsichtiger dafür, als die Schauspieler. Wenigstens ge-
brauchten diese, wie reiche Leute zu thun gewohnt sind, nicht jederzeit den ihnen offen ste-
henden Schatz; und nur ein schöner weiblicher
Genius, an dem selbst der Eigensinn reizend
gewesen sein würde, ließ sich keine Anstrengung
verdrießen, jede Anlage, mit welcher die Natur sie so reichlich ausgestattet hatte, nach den
Regeln der Kunst in sich auszubilden, und den
Vorschriften der Kritik bis dahin zu folgen,
wo die glückliche Besiegung aller vor ihr auf-
gestellten Schwierigkeiten den Kenner wie den
Laien zur Bewunderung hinreißt. Aber wir
dürfen hier der Versuchung nicht erliegen, über

die Schülerin den Lehrer zu vergessen. Er
sorgte für die Befriedigung des musikliebenden
Publikums durch Annahme vorzüglicher Sänger und Sängerinnen, durch Vermehrung und
bessere Bezahlung des Orchesters, durch Ansetzung eines neuen Musikdirektors, des Herrn
Wessely, und da dieser allen Obliegenheiten
seines Amtes nicht vorkommen konnte, durch
Hinzufügung eines ungemein thätigen, seine
Kunst leidenschaftlich liebenden Mitdirektors,
des Herrn Weber. Ein sehr glücklicher Ver-
sifikateur, Herr Herklots, ward Theater-
dichter, und übernahm als solcher, nicht nur die
Verfertigung einiger gelegentlicher Theaterreden
und Prologe, sondern übersetzte auch einige der
besten italienischen und französischen Opern, und
legte fremder Musik einen bessern Text unter,
als womit das übrige Deutschland sich begnügen muß. Endlich sorgte Herr Professor Engel, bei der Kleinheit des Hauses, der Beschränktheit der Bühne, und den mannichfachen
Fehlern ihres Baus, die allen Äußerungen der
Pracht zu widersprechen schienen, dennoch auch
für die Befriedigung des Gesichts. Das Studium des Herrn Rektor Meil unterstützte ihn
in einer so richtigen und geschmackvollen Angabe des Kostüme, als außerhalb Paris wol

schwerlich statt findet, und selbst auf den ersten Pariser Theatern nicht immer mit gleicher Treue beobachtet wird; und an Herrn Verona entdeckte er einen Theatermaler, dessen Einbildungskraft mit seiner Praktik gleichen Schrit hielt, der in der Ausführung so schnell und unermüdet war, als in der Erfindung, dem der Verstand nur seine Foderungen vorlegen durfte, um auf Befriedigung rechnen zu dürfen, der den Zuschauern, nach einem Gleichnisse Hamlets, in der Einsperrung einer Nußschale, die Herrschaft über einen unendlichen Raum vorzuspiegeln wußte, auf der allerwiderstrebendsten Bühne Erscheinungen hervorgebracht hat, die für das Werk einer Zauberei gelten mögen.

Was fehlte einem solchen Vorsteher, um selbst dem scharfsinnigsten Tadel alle Zufuhr abzuschneiden? — Ein Schauspielhaus und Gesundheit.

Das Haus auf dem Gendarmenmarkte war, wie schon erwähnt ist, zum Behuf französischer Schauspiele erbaut, die wenig Personen haben, keinen weiten Umfang erfodern, und in einem Lande, wo die französische Sprache zwar bekant, aber nicht einheimisch ist, bei weitem so viel Zuschauer aus den niedern

Ständen nicht anlocken, als ein National-
Schauspiel, welches außer dem Verstande auch
zu den Sinnen redet, und nicht bloß das Ohr,
sondern auch das Auge beschäftigt. Es genügte
selbst seiner ursprünglichen Bestimmung nicht.
Es ist zu wünschen, daß es einem vollkommneren
Gebäude Platz mache, daß aber ein treuer Ab-
riß desselben als belehrendes Muster aufgestellt
werde, welche Fehler ein Baumeister vermeiden muß, der ein Schauspielhaus zu errichten unternimmt; denn es ist, wenn wir nicht
sehr irren, ein ziemlich vollständiger Inbe-
griff aller möglichen Unvollkommenheiten. Der
Platz für die Zuschauer ist klein, und man hört
schlecht und sieht bei weitem nicht überall. Die
Bühne ist weder breit noch tief, aber die Öff-
nungen, in welchen die Kulissen fortgeschoben
werden, sind es so sehr, daß ein ausgleitender
Fuß den Körper bis an die Mitte hineinstürzen
und Beinbrüche verursachen kan; von Verren-
kungen hat man Beispiele. Das Haus ist hoch,
und doch läßt sich keine Erleuchtung desselben
anbringen, ohne den oberen Sitzen die Aussicht
auf das Theater zu erschweren; so daß diese
Welt im Kleinen, wie man der Welt im Großen vorwirft, nur zwischen Verblendung und
Verfinsterung zu wählen hat. Die Länge der

Schaubühne kan nicht über vier Kulissen aus-
gedehnt werden; und doch ist das Proszenium so
schmal, daß die Stimme, anstatt vorwärts
geleitet zu werden, zurückfällt. Die Kulissen
selbst sind so wenig breit, daß man ihr Ende bemerkt, und doch ist zwischen ihnen und der Grenz-
mauer des Gebäudes der Raum nicht hinlänglich, daß zwei Personen bequem neben einander
gehen könnten. Es läßt sich keine Versenkung
von irgend beträchtlicher Größe anbringen, weil
die Balken unter der Bühne, welche man doch
undurchsägt lassen muß, nicht in die Breite,
sondern in die Länge laufen. Die Vorhänge
liegen so dicht auf einander, daß sich ihre Stri-
cke fast bei jedem Gebrauch verwirren, und Vor-
hang und Strick zerrissen werden, um der Zö-
gerung ein Ende zu machen. Die Garderoben
sind nicht hinter der Bühne, sondern hinter den
Plätzen der Zuschauer, und setzen, aller andern
Unbequemlichkeiten zu geschweigen, die leichtbe-
kleideten erhitzten Schauspieler an jedem kühlen
Tage der Erkältung aus, indem sie einen langen Gang antreten müssen, um zu einer hin-
reichenden Bedeckung zu gelangen, oder sich um-
zukleiden. Das Haus hat an jedem seiner vier
Seiten nur einen Ausgang; und doch kan
keine Thür sich öffnen, ohne unangenehmen

Durchzug der Luft zu erregen; doch zittert der
Zuschauer im Winter vor dem Hinaufrollen
der Decke, die zwischen ihn und die Absicht
seines Besuchs trit.   Man könnte ohne Zweifel noch mehrere unheilbare Fehler dieses Gebäudes angeben; aber diese sind schon hinlänglich es zu verdammen; und wem sie es nicht
sind, dessen danaidisch leere Schale mag wahrscheinlich durch kein hinzu gefügtes Gewicht
zum Sinken gebracht werden.   Ueber die Mängel eines solchen Hauses kan sich vieleicht der
Zuschauer teuschen, dem ein guter Platz zu
Theil ward, aber der Schauspieler und der
Schauspieldirektor kan es nicht.   Sie sind seiner Kunst, seiner Gesundheit, seiner Einnahme,
und daher in jeder Rücksicht der guten Laune
hinderlich, ohne welche die Hervorbringung eines schönen Kunstwerks nicht gelingt.   Es hieße
den Verstand der Leser beleidigen, wenn man
ihnen erst beweisen wollte, wie viel folglich auch
das Publikum dabei verliert.   Doch erfodert
die Gerechtigkeit, Eines Nachtheils besonders zu
erwähnen, weil er oftmals Beschwerden gegen
die Direkzion veranlaßt, welche aller Billigkeit
nach größtentheils das Haus treffen sollten.
Die oftmalige schnell auf einander folgende
Wiederholung neuer, mit Beifall aufgenom-
mener

mener Stücke, welche Personen, die das Thea=
ter gern zu ihrer täglichen Unterhaltung ma=
chen möchten, wider ihren Willen aus demsel=
ben entfernt, und kunstliebenden Schauspielern
selbst Ekel gegen Rollen einflößt, die ihnen zu
mechanisch werden, um eine angenehme unwill=
kürliche Anstrengung ihres Geistes zuzulassen,
und sie zu dem Trägheits = Gefühl des Hand=
werkers verleitet, ist eine Folge der Nothwen=
digkeit, den Ansprüchen einer großen Stadt zu
genügen, die auf einen kleinen Raum beschränkt,
nur nach und nach befriedigt werden kan.
Daß eine solche auf Pflicht gegründete Ge=
wohnheit endlich Liebe zur Unthätigkeit weckt
und nährt, wo sie/ nicht statt finden sollte;
daß ein lange verdrängtes altes Meisterstück
aus der Reihe der gangbaren verschwindet, und
ein mittelmäßiges allmählich zum Nachtheil der
Kasse seine Stelle einnimmt, die es zum Vor=
theil derselben erhielt; ist freilich leicht zu er=
messen, aber unstreitig auch leichter zu tadeln
als abzuändern, so lange Verhältnisse stärker
als Menschen sind. Sogar Stücke die mis=
fallen, dürfen bloß in sehr entschiedenen Fällen,
nach der ersten ungünstigen Aufnahme bei
Seite gelegt werden, weil der Theil des Publi=
kums, welcher sie verwarf, ein zu geringes

Häufchen gegen die Menge ist, welche Recht
und Willen hat, darüber zu urtheilen; und
weil, wenn irgend Kosten auf ein Stück verwandt wurden, Eine Vorstellung desselben
durchaus nicht hinreicht, die Direkzion, welche
bei ihrer Wahl gewiß durch die Erfahrung
geleitet ward, daß nicht bessere Kunstwerke Bil-
ligung und Zulauf erhielten, zu entschädigen.
Rechnet man hinzu, welchen Verlust die Thea-
terkasse durch Zurückweisung der Zuschauer er-
leidet, die an festlichen, der Volksmuße geweih-
ten Tagen, bei Vorstellung beliebter Stücke,
oder dem Auftrit berühmter Schauspieler, keinen Plaz finden, und durch öftere Erfahrungen fruchtloser Versuche wol gar auf alle Fol-
gezeit entfremdet werden; so ergiebt sich, daß
Berlin manchen trefflichen Künstler entbehren
muß, dessen Ansprüche seine Beiträge reichlich
befriedigen würden, wenn es dem einzigen
Schauspielhause, dessen Zugang gegen Bezahlung offen steht, nicht an Raum zur Aufnahme williger Besucher gebräche; und daß der
Preis des Parterre, welchen eine ziemlich allgemeine Übereinkunft in Deutschland auf einen
halben Gulden gesezt hat, in dem sonst nicht
übertheuerten Ort, auf einen halben Thaler
erhöht werden mußte, damit die Einnahme der

Ausgabe einigermaßen gleich gestellt würde.
Aber Herrn Professor Engel erlaubte seine
Gesundheit, die durch Geistesanstrengung und
den Besuch eines solchen Hauses immer mehr
gefährdet ward, keinen ihm genügenden Ge=
brauch, selbst der beschränkten Mittel, die ihm
zu Gebote standen. Zu seiner Erleichterung
übertrug er zwar Herrn Fleck die Regie, und
erhielt an ihm einen treuen Theilnehmer seiner
Sorge. Da er sie aber immer noch mit gan=
zer Seele umfaßte, so ward sie deswegen nicht
leichter. Unzufriedenheit, deren gerechte Quellen
er nicht abzuleiten vermochte, Undankbarkeit,
die vielleicht um so viel schmerzlicher war, weil
er das Bewußtsein hegte, sie nicht veranlaßt zu
haben, machten ihm jede Beschäftigung mit der
Bühne zuwider, und bewogen ihn zu dem leb=
haften Wunsch, seines Vorsteheramtes entlassen
zu werden. Er äußerte ihn mehr als einmal,
und drang endlich so sehr auf die Erfüllung
seines Gesuchs, daß es dem gern erhörenden
Monarchen unmöglich fiel, ihn länger vergeb=
lich bitten zu lassen. Er bewilligte zugleich,
auf Herrn Professor Engels Vorschlag, daß
Herr Professor Ramler als Direktor, und
Herr Fleck als Regisseur, die Bühne, bis zur
vorbehaltenen Ansetzung eines neuen Direktors,

G 2

fortführen durften, und gestattete Herrn Professor Ramler, sich, zur Bestreitung der ökonomischen Angelegenheiten, der Beihülfe des Herrn Geheimeraths von Warsing zu bedienen. Um zu beurtheilen, was diese für die Bühne gethan haben, ist es unvermeidlich, einen Blick auf die vorzüglichsten Mitglieder der Gesellschaft zu werfen, welche Herr Professor Engel hinterließ, und auf den Gebrauch, den er von ihnen machte.

Im Schauspiel theilten Madam Baranius und Madam Unzelmann die Rollen der ersten Liebhaberinnen und glänzenden Subretten; und es würde selbst der Einbildungskraft schwer fallen, ein Paar anzugeben, das im Lustspiel auf eine angenehmere Weise gegen einander abstäche.

Madam Baranius ist eine entschiedene Blondine, und besitzt alle Reize, welche dieser Frauenzimmergattung zukommen. Eine blendend weiße Haut, jugendlich gefüllt und gewölbt, ein unschuldiges freundliches hellblaues Auge, das selbst dem Ausdruck des Muthwillens einen verführerischen Anstrich von Heiligkeit giebt, Haar, dessen Farbe neben jener Haut dunkel scheint, und, bei allen Vorzügen der Weichheit und Glätte, den Fehler vermei=

det, dem Gesicht einen Ausdruck der Mattig-
keit und Erschlaffung zu geben, sind freilich
Schönheiten, die immer mehr gewinnen, je
näher man ihnen steht, und gewisse Feinheiten
der Züge gehn in einiger Entfernung durchaus
verloren. Doch würde Guido nach einem solchen Modell für die Gottverwandte gegeizt
haben, die er am liebsten malte, und ohne
Maler zu sein, ist das, was man sieht, wie
weit man auch davon getrennt ist, immer noch
bezaubernd, zumal, da eine gewisse Weichheit
und Rundung der Bewegungen, die nur auf
der Bühne einen so freien Spielraum haben,
nur hier Gelegenheit finden, in so mancherlei
fantastischem Gewande zu erscheinen, und der
Silberlaut einer nie kreischenden, auch in ihren tiefsten Tönen rein und klingend ausspre-
chenden Stimme, dieser Gestalt zusagen, und
mit ihr im vollendetsten Ebenmaaße stehn.
Sanfte Rollen der leidenden innigen Liebe, einer Desdemona, einer Ines, konnten daher
schwerlich eine bessere Repräsentantin erhalten;
und wo es der Vortheil des Dichters erfoderte, daß die Heldenzüge, welche er seinen
Frauenzimmern nicht immer behutsam genug
verliehen hatte, vor aller Ausartung in männliche Unverschämtheit gesichert bleiben sollten,

zum Beispiel in der Elvira in Rolla's Tode, und in der Virago des Meißnerschen Johann von Schwaben, da wurden sicherlich durch diese Schauspielerin seine kühnsten Wünsche und Erwartungen übertroffen. Auch lebhafte Rollen entkleidete sie von allem Verdacht der Bosheit; die Akzente ihrer Unschuld waren so rein von allem Doppelsinn, wie der Aufblick ihres Auges; und die treuherzige Einfalt, in deren Darstellung sie so glücklich war, erregte immer den Wunsch und die Gewißheit, sie belehren zu können, und sank nie zu dem Ausdruck der stumpfsinnigen Dummheit hinab, an deren Ausbildung man verzweifeln muß. Sie war Meisterin in den Äußerungen der Koketterie, von welcher es scheint, daß sie die Natur dem weiblichen Geschlecht verliehen habe, um die Männer glücklicher zu machen, eines Wunsches zu gefallen, der wohl etwas mehr verspricht als hält, und den Fehler, wenn es einer ist, mit der Sonne gemein hat, daß er seine freundlichen Stralen, deren der Gute kaum würdig genug ist, etwas zu freigebig auch über die Bösen verbreitet: aber von aller Herzlichkeit entfremdet durften diese Äußerungen nicht sein, wenn sie ihr gelingen sollten; ein bloßer flüchtiger Sinnenrausch, der Ehr=

sucht und dem Stolz untergeordnet, und von
Ausbrüchen gehässiger Leidenschaften begleitet,
widersprach den Anstrengungen ihrer Kunst;
und wir sehen z. B. in ihrer Adelheid von
Weißlingen eine reizende Witwe, des benei-
denswürdigen Franz Geliebte, aber nicht den
Teufel, der Adelberts Leben vergiftete, nicht
die ränkevolle Leiterin eines geistlichen Hofes,
und die hochfahrende Beherrscherin eines kaiser-
lichen Gemüths.

Madam Unzelmann hat lichtbraunes
Haar, ein großes durchdringendes dunkelblaues
Auge, und eine so zierliche Gestalt, daß es
gänzlich von ihr abhängt, wie viel jünger sie
auf der Bühne scheinen will als sie ist, und
daß höchst wahrscheinlich irgend jemand, der
gern die Gegenstände beim rechten Namen
nennt, ihrentwegen den Ausdruck schönes
Kind erfunden haben würde, wenn ihn die
Sprache nicht schon gehabt hätte. Lebhafte
Rollen, deren Lebhaftigkeit größer ist als ihre
Unschuld, ohne diese jedoch verdächtig werden
zu lassen, der Ausdruck des heiteren unbefangenen Witzes, die Naivetät, die mit dem Bewußtsein einer unfehlbaren Herrschaft über
Männerherzen verbunden, kein großes Gewicht
auf leichte Siege legt, keinen Fallstrick befürch-

tet, und wenn ein solcher unverschämt genug
ist, sich zu zeigen, ihn mit einem einzigen
Blick zerreißt, und sich aller Vorzüge des großen Tons zu bedienen weiß, den sie nie ver-
leugnet, sondern sich seiner höchstens nicht bedient, wenn sie dessen nicht bedarf, um ihn zu
rechter Zeit desto geltender zu machen, kan unmöglich reizender dargestellt werden. Wie viel
das Lustspiel durch sie gewinnen müsse, bedarf
keines Erweises. Eine bessere Minna ist nicht
zu wünschen. In solchem Munde wird nichts
gemein. Die zweideutigste Rede ist keiner andern Auslegung fähig, als die ein reiner un-
befangener Blick ihr ertheilt. Gurli und das
Mädchen in Göthens Geschwistern sind schöne
Beispiele für die Wahrheit dieser Bemerkung.
Aber jugendliche Rollen im Trauerspiel, wenn
ihr Heldenmuth nur nicht immer allein spricht
sondern seine Waffen von der Liebenswürdigkeit entlehnt, und mit Gefühlen der Liebe ab-
wechselt, oder auf seiner höchsten Stufe einen
Anstrich derselben beibehält, die Kora in Ko-
tzebue's Sonnenjungfrau, Unzers Leonora, die
Konstanze in Hagemeisters Johann von Pro-
cida, Zschokkens Zauberin Sidonia, geben ihr
nicht minder Gelegenheit zu bewähren, zu welcher Vollkommenheit natürliche Anlagen, durch

Beihülfe der Kunst ausgebildet werden können.
Die wahnsinnigen Szenen der Ophelia sind
ihr Triumf. Der erfahrne Beobachter der
Verrücktheit mag an ihrer allgemein bewun-
derten Nina vieleicht etwas zu viel Bewußtsein
bemerken, und den Kuß, der ihren Sinnen die
Eintracht wiedergiebt, für die Hervorbringung
einer solchen Wirkung etwas zu kurz ausgedrückt finden: immer bleibt es ausgemacht, daß
keine entsprechendere Gestalt, kein zugleich so
wahrer und so reizender Ausdruck für ein
Mädchen in dieser Stimmung angegeben werden könnte; und die bedächtige Schauspielerin
mag dem Tadler antworten, daß sie den tiefe-
ren Eindruck, dessen alle Herzen fähig sind,
einer Nachbildung vorziehen dürfe, deren
Ähnlichkeit nur wenige Kunstverständige ermes-
sen können; und daß die Pflicht, der Schicklichkeit mehr noch als der Wahrheit treu zu
bleiben, sie bewogen habe, den wiedergefun-
denen Geliebten keinen Augenblick länger zu
umarmen, als dem tragischen Gefühl erlaubt
ist, ohne dem Verdacht der Beimischung einer
wollüstigen Empfindung ausgesetzt zu sein.
Überhaupt muß man sich sehr in Acht nehmen, diese Schauspielerin nach der ersten Bekantschaft mit ihr beurtheilen zu wollen.

Denn schon die große Leichtigkeit ihrer Bewegungen, ihre von aller Ziererei entfernte Deklamazion, die kluge Aufsparung ihrer Kräfte
für große Wirkungen, und ihre sorgfältige
Befolgung der Regel Hamlets, daß die Bescheidenheit der Natur nicht überschritten werden dürfe, und mitten in dem Strom, dem
Sturm, und, wenn der Ausdruck erlaubt ist,
dem Wirbelwinde der Leidenschaften eine Mäßigung beobachtet werden müsse, die alle zu
scharfen Ecken ausschließt, können sie, in Vergleich mit Schreihälsen, die eine Leidenschaft in
Fetzen zerreißen, das Trommelfell der Gallerie
zersprengen, das Gekreisch der Poltergeister
überschmettern, und den Herodes überherodiren,
leicht etwas zu zahm, und disseits des Karak-
ters erscheinen lassen, welchen sie zu schildern
übernommen hat. Dazu kommt noch eine
Feinheit, deren sie sich vielleicht selbst nicht einmal deutlich bewußt ist, welcher sie aber unwillkürlich treu bleibt, und die der Kenner
um keinen Preis vermissen möchte, wenn er
gleich die Künstlerin zuweilen weniger glänzen
läßt, als sie glänzen könnte. Nehmlich die
Lebhaftigkeit ihres Spiels steht immer im Verhältnis mit dem ihres Mitspielers, den sie
gern parodirt, wenn es ihre Rolle erlaubt, und

zu dem sie sich zuweilen herabläßt, wenn es ihr
unmöglich fällt, ihn zu sich empor zu heben.
Dadurch sichert sie den angenehmen Eindruck
der Teuschung, den sonst große Schauspieler
leicht zerstören, und, indem sie Bewunderung
erwerben, die Theilnahme schwächen, welche
dem Ganzen gebührt. Aber eben deswegen kan
der fremde Zuschauer, der sich erinnert, eine besser
unterstützte Schauspielerin hervortretender erblickt
zu haben, in seiner Meinung die Bescheidene der
Glücklicheren nachsetzen. Er wird aber seinen
Irrthum einsehen, sobald eine veränderte Beset-
zung der Nebenrollen jene in den Stand setzt,
mit dieser zu wetteifern, ohne ihre Gefährten
aus dem Auge zu verlieren; und, bei näherer
Vertraulichkeit mit einem Spiel, das seine
kleinsten Züge nicht ohne Bedeutung ausspen-
det, auch in sich selbst einen zarteren Sinn für
Wahrheit und Schicklichkeit ausbilden, und
dem Verlangen nach greller Farbenmischung
entsagen lernen, das von jeher das Kennzeichen
eines ungeläuterten Geschmackes war. Eine
anhaltende Heiserkeit, von der Madam Unzelmann vor einigen Jahren befallen ward,
hat sich so gänzlich verloren, daß sie ihr jetzt
nur die Übernahme großer Singrollen untersagt, und folglich, höchst erwünschter Weise,

dem Schauspiel, das ihrem Talente eine wür=
digere Gelegenheit sich zu entwickeln beut, ei=
genthümlicher macht, als den faden Operetten=
rollen, an denen sie, aus zu weit getriebener
Gefälligkeit für den Geschmack des Publikums,
ihre schöne Kunst mit vorzüglicher Liebe ver=
schwendete. Ein gerechtes Lob, das ihr und
der Madam Baranius in gleichem Grade
zukommt, ist die Bemerkung des unermüdlichen
Eifers, womit beide, mehrere Wochen hinter
einander, ohne die Rast eines einzigen dazwi=
schen fallenden Tages zu genießen, in Haupt=
rollen auf der Bühne erschienen, und sich we=
der durch deren häufige Wiederholung, noch
durch ein oftmals leeres Haus, abhalten lie=
ßen, den ganzen Zauber ihrer Geschicklichkeit
aufzubieten, oder höchstverzeihlicher Laune
Raum zu geben, und sich durch Vorwand ei=
ner erheuchelten Unpäßlichkeit dem Vergnügen
der Zuschauer zu entziehn. Vielmehr haben
beide oft durch den Schein eines Wohlbefin=
dens geteuscht, dessen sie nicht genossen, und
ihre Gesundheit mehr aufs Spiel gesetzt, als
sie vor sich selbst verantworten konnten, wie
denn z. B. die vorerwähnte Heiserkeit der Ma=
dam Unzelmann eben dadurch so gefährlich
ward, weil sie den ersten Anmeldungen dersel=

ben über Vermögen widerstand. Auch sind
beide Meisterinnen in der Kunst sich zu kleiden, und weichen keiner Schauspielerin auf den
größten Theatern Europens an geschmackvoller
Wahl und glänzender Pracht, zu deren Kosten die Garderobengelder freilich nicht hinreich-
ten, und durch die ihr in Deutschland nicht
unbeträchtlicher Gehalt sehr zusammenschmolz.
Der strenge Kunstrichter schüttelte zuweilen den
Kopf darüber; aber die große Welt, die Jugend und das schöne Geschlecht sprachen laut
dafür: und wo ist die Brust, in welcher nicht
eine dieser Stimmen etwas gelten sollte?

Madam Herdt ist vortheilhaft gewachsen,
hat aber weder Gewalt der Stimme, noch
Theaterfestigkeit, und wird daher in neubesetz-
ten Stücken nur zu Nebenrollen gebraucht.

Madam Müller tritt selten im Schauspiel auf, aber gefällt, wenn sie auftritt. Jugendliche, unbefangene Liebhaberinnen, die
Tochter im Kind der Liebe, das neugierige
Fräulein in Siri Brahe, haben ihr den Beifall der Kenner erworben.

Mamsell Zützel besaß Gestalt, Lebhaftigkeit und Sprache, um eine vortreffliche Subrette zu werden, und verdiente in der That
schon eine gute Subrette zu heißen. Auch

lag etwas sehr rührendes in dem Ton ihrer
Stimme, die in der Tochter in Allzuscharf
macht schartig, und in Scheinverdienst, grade
zum Herzen ging.

Madam Fleck war, als Herr Professor
Engel die Direkzion niederlegte, nur noch Anfängerin, versprach aber sehr viel, und hat in
zärtlichen naiven Liebhaberinnen des Lustspiels,
z. B. in der Tochter der Natur, in der er-
kannten Tochter der ehelichen Vergeltung, in
kurzer Zeit, viel geleistet. Ihre unschuldsvolle
sanfte Bildung, ihr liebliches Organ, ihre vor-
wurfsfreie Lebhaftigkeit, ihr reiner Sinn, berechtigen zu noch größeren Erwartungen, und
werden sie wahrscheinlich auf einer Stufe des
Verdienstes nicht stehn lassen, die für manchen
andern schon sehr erwünscht sein würde.

Mamsell Altfilist besitzt viel von der
Natur; ein sprechendes Auge, eine wohlge-
zeichnete Stirn, eine Fülle rabenschwarzen
Haares, eine höchst angenehme Tiefe der
Stimme, einen gesunden Wuchs. Nichts fehlt
ihr als Kenntnis ihrer Kräfte und Vertrauen
zu ihnen, um glückliche Fortschritte in einer
Kunst zu machen, zu deren Studium sie beru-
fen scheint. Die Klippe, vor der sie sich in
Acht zu nehmen hat, ist die Gefahr, eine Blö-

digkeit, welche ihr im Wege ist, mit einer
Dreistigkeit zu vertauschen, die den Ausdruck
des Trotzes und des Muths, der aus ihren
Zügen so stark hervortritt, leicht jenseits der
Grenzen der anständigen Weiblichkeit verfüh-
ren könnte. Gelingt ihr die Haltung der Mit-
telstraße, und bildet sich ihre Deklamazion zu
einer verständlichen Leichtigkeit, so muß sie als
kecke muthwillige Zofe eben so sehr gefallen,
wie sie jetzt als rasches Bauermädchen, z. B.
als Röse in der Tochter der Natur, wenig zu
wünschen übrig läßt. Bis dahin sind Kna-
benrollen, denen ihr Wuchs in höchster Vollkommenheit entspricht, ihre vorzüglichsten, und
es ist vielleicht unmöglich, den Reitersjungen
Georg in Götz von Berlichingen, wo sie durch
Lebendigkeit und Wahrheit ihre Mitspieler
fast verdunkelte, treffender darzustellen.

Madam Böheim spielt Bürgerfrauen mit
Innigkeit und Einsicht. Diese Einsicht ver-
leugnet sich auch in Damen von Stande und
tragischen Müttern nicht; aber es ist etwas in
ihrem Benehmen, und selbst in dem Ton ihrer
Stimme, das ihr nicht erlaubt, dem Ideal zu
genügen, welches ihr unverkennbar vorschwebt,
und das den Zuschauer unbefriedigt läßt. Doch
bleibt sie rein von aller Übertreibung, und be-

schränkt sich klüglich lieber auf die Wirkung,
die ein besonnener Vorleser hervorbringen würde,
als daß sie durch übermäßige Anstrengung, die
Gesahr untergehen sollte, widrige Empfindungen zu erregen.

Mamsell Döbbelin hat Verstand, aber
ein nicht ganz reines Organ, und seit mehreren Jahren zuviel Fülle des Körpers für tragische oder rührende Rollen. Sie spielt daher
am liebsten Karikaturen, und wird am liebsten darin gesehen.

Madam Greibe hat eine glückliche Gestalt, Sprache und Gewandheit zu niedrig komischen Weibern.

Herr Fleck ist allgemein bekant. Ein
eben so angenehmes als starkes Organ von selt-
nem Umfange, ein funkelndes Auge, ein bedeutender männlicher Kopf, eine feste Gestalt, und
ein anhaltendes eifriges Studium des Gebrauchs solcher, für die Bühne höchst wünschenswürdigen Eigenschaften, berechtigen ihn zu
den ersten tragischen, und zu den Karakterrol-
len des Lustspiels, und erwerben ihm Beifall.
Er hat eine sehr natürliche Sprache in seiner
Gewalt, eine große Mannigfaltigkeit; er wagt
kühne Übergänge, und führt sie mit unerschüt-
terlicher Gewißheit aus; sein Feuer verläßt ihn
nie,

nie, und sein immer reger Beobachtungsgeist
und Scharfsinn überraschen den erstaunten Zuschauer oft durch genialische Züge, durch Deklamazion und Spiel, deren sich der Leser schwerlich versehen hätte. Oft überzeugt die Wahrheit seines Gefühls; nicht selten dessen verdiente
Autorität; und wer gewisse lang genährte Vor-
urtheile selbst einem solchen Beispiele des Gegen-
theils nicht aufzuopfern vermag, sieht sich wenigstens genöthigt, das Gewicht der Gründe zu
ehren, die seiner Meinung widersprechen, und
solche einer neuen Prüfung zu unterwerfen. Die
Angabe seiner vorzüglichsten Rollen würde das
Verzeichnis der besten Schauspiele umfassen.
Der unangestrengten Erinnerung sei es genug,
Schillers Fiesko, Meißners Palm, Jfflands
Oberförster, als solche zu nennen, in denen er
ungetheilte Bewunderung erhielt. Eine ganz
niedrig komische Rolle, die keinen Zusatz solcher
Eigenschaften hat, welche einen Schauspieler,
der Herz oder Geist geltend zu machen gewohnt
ist, reizen können, sie zu übernehmen, Brandes
geadelter Kaufmann, wird gern von ihm gesehen. Auch gefällt er in ländlichen Alten, die
er im schlesischen Volksdialekte spielt, z. B. im
Amtmann in Jfflands alter und neuer Zeit,
und besonders in dem treuherzigen Schulmeister

in Engels Geburtstage, einer Nachspielsrolle, die durch Flecks Darstellung, keiner eines größeren Stückes weicht.

Herr Mattausch spielt erste feurige Liebhaber, und weicht an schöner Gestalt, an Freimüthigkeit, an Lebhaftigkeit, keinem Liebhaber der deutschen Bühnen; er übertrift vielleicht alle an glücklicher Gabe, niemals, auch nicht in der längsten deklamatorischen Rede, in den Predigerton zu verfallen.

Herr Czechtizky spielte gesetzte Liebhaber. Ein durchbringendes Auge, ein äußerst wohlklingender, in seinen leisesten Tönen durchaus verständlicher Tenor, der Anstand eines Weltmanns, durch immer geschmackvolle und zierliche, nie gezierte Wahl der Kleidung unterstützt, für deren Pracht, wo sie seiner Rolle entsprach, ihm keine Ausgabe aus eignen Mitteln zu hoch schien, ein gesunder Wuchs, dem die Fülle eines derben Fleisches nicht übel ließ, ein Gedächtnis von seltner Fassungskraft und Treue, und eine unerschütterliche Theaterfestigkeit, erwarben ihm, besonders in Rollen, die Witz und Laune erforderten, z. B. in dem launichten Liebhaber in der Entführung, im Hauptmann in stille Wasser sind tief, in dem Sohn in Allzuscharf macht schartig, verdienten Beifall; weil ein flüchtiger

Wink, ein unerkünstelter Tonfall, eine leichte
Bewegung, bei ihm bedeutend wurden, und sich
stark genug auszeichneten, um Verlegenheit,
Verwunderung, Misbilligung, oder Jronie dem
Zuschauer sichtbar werden zu lassen, ohne daß
er dabei so lange verweilen durfte, daß es un-
natürlich gewesen sein müßte, wenn solche nicht
auch seinen Mitspielern aufgefallen wären.
Eben deswegen gelangen ihm auch die Rollen
der feinen, gewandten, leise auftretenden wollüstigen Bösewichter; indem man wirklich an ihnen
gefällige Vorzüge des Geistes, des Körpers und
der Erziehung bemerkte, die es bedauern ließen,
daß eine unglückliche Richtung der Grundsätze
ihnen nicht gestattete, zum Guten zu wirken.
Sein Jago, sein Sekretär Wurm in Kabale
und Liebe, waren glücklich ausgeführte Gemälde
in dieser Gattung. Wußte er aber so viel Leben in die Ruhe zu bringen, so darf man sich
nicht wundern, wenn seine Heftigkeit einem
Theile der Zuschauer dann und wann zu leidenschaftlich, sein Ausdruck der Erhabenheit zu
pomphaft, seine Überredung zu redverisch, wenigstens sein Benehmen und seine Deklamazion
gegen die seiner Mitspieler zu abstechend, oder
sein sprechender Blick, wo er sich nur mit seiner
geheimen Seele berathschlagen sollte, zu mitthei-

lend schien; indessen er, des innern Gefühls, das
ihn durchströmte, sich bewußt, der Wahrheit
selbst zu huldigen glaubte, da er jenen Einge-
bungen sich überließ.

Herr Bettmann spielt jugendliche Liebhaber, wobei ihm eine hübsche Figur zu Statten kommt.

Herr Unzelmann ist einer der ersten komischen Schauspieler Deutschlands, und würde
auf jeder Bühne gefallen. Ein Anstrich der
Wohlhabenheit und Rechtlichkeit giebt seiner
Darstellung niedriger Stände etwas, das man
gern hat und alle Gemeinheit von ihm entfernt,
ohne der Wahrheit Eintrag zu thun, welche
die Bühne nachahmen darf. Gute Laune,
Treuherzigkeit, einfältige Verschlagenheit, Neu-
gier, Verlegenheit, die gerade so aussieht als
wäre sie das Element des Mannes, der sich in
ihr befindet, leichter Sinn, Schwaßhaftigkeit,
die zwar dann und wann den Souffleur erwartet, aber seinen Vorschuß eben so schnell aus-
giebt als sicher empfängt, und was sonst das
Zwerchfell erschüttern und die Stirn entrunzeln
kan, wird treffend in ihm dargestellt; und nur
zuweilen, aus zu großer Nachgiebigkeit gegen
Personen, die lieber aus vollem Halse lachen
als scharfsinnig beobachten, mit stärkeren Far-

ben aufgetragen, als die treue Befolgung der
Kunst erfodert. In den Jahren männlicher
Kraft, und mit beneidenswürdiger Mannigfal=
tigkeit spielt er alle Rollen, die keine zu frühe
Jugend oder eine gewisse Schlankheit erfodern,
welche durch Gewandheit des wohlgenährten
Körpers nicht ersetzt werden kan; gefällt auch
in ernsten, vorzüglich in Rittern des Mittelal=
ters, und würde sogar in tragischen und vor=
nehmen, seiner Einsicht, seiner Vertraulichkeit
mit der Bühne und seines wohlgewählten An=
zuges wegen, ungetheilteren Beifall erhalten,
wenn die unvergeßliche Erinnerung an komische,
vielleicht vor wenig Abenden von ihm durchge=
führte Karaktere, die Teuschung nicht zerstör=
ten, die ein minder bekanter Schauspieler mit
solchen Mitteln hervorbringen würde. In der
That scheint seiner Versatilität alles möglich,
außer der Vorstellung eines Menschen, der dem
Hungertode nahe wäre, oder dem kein Tropfen
Wein mehr schmecken wollte. Seine eigenthüm=
liche Garderobe weicht an Reichthum und Voll=
ständigkeit gewiß nicht einer irgend eines seiner
Kunstgenossen auf den glänzendesten Schaubüh=
nen Europens. Sein Anzug und seine Gestalt
sind oft malerisch. Er putzt sich gewiß wo es erlaubt
ist, mit unter auch wol wo es nicht erlaubt sein sollte

Herr Kaselitz hat weniger Mannigfaltigkeit, aber wenn er an seinem Platze steht,
nicht geringere Wahrheit des Spiels; weniger
Prachtliebe, aber eben so viel Geschicklichkeit
sich zu kleiden, und durch seine bloße Erscheinung, den Karakter anzukündigen, dessen Darstellung er übernommen hat. Er ist das eigentliche Gegenbild des Vorhergeschilderten, und
beider Vorzüge werden nicht sichtbarer, als
wenn sie nebeneinander stehn. Lang, hager,
starr, unbehülflich, taub, trocken, einfältig, an-
staunend, rechtschaffen, unbestechlich, gläubig, —
das Gespenst eines Invaliden an Leib und
Seele! Dieser Anschein der Beschränktheit des
Geistes ist eben so sichtbar, wenn er ehrliche
Männer, als wenn er solche vorstellt, die es
nicht sind, und gereicht beiden zu einer Entschuldigung, die der Menschenkenner statt finden
läßt. Man sieht, es kommt nur auf die Stimmung der Umstände an, ob ein so organisirter
Mensch den letzten Heller, ohne für sich zu sorgen, hergeben, oder glauben soll, den Besitz einer
Tonne Goldes durch Hinzufügung eines Hel-
lers vermehren zu müssen. Wenn diese Storch-
beine gelenkig werden, so verlieren sie nichts von
ihrer Steifheit, und der ganze Körper wird
nicht bewegt, sondern wie ein Gliedermann fort-

geschoben. Man glaubt einen Elefanten auf
dem Seile tanzen zu sehen. Man erinnert sich
mit dieser Figur, die so befremdlich näher schreitet, vorlängst auf der alten wollenen Tapete eines verwüsteten Schlosses Bekantschaft gemacht
zu haben, und erwartet immer, daß die Einfas-
sung nachkommen werde. Mit einem Wort,
das Ganze ist eine vollendete Karikatur, oder
ein treffender wahrer Abdruck des alten Lebens,
über welches die scharfe Sichel der Zeit gefahren ist; und man kan nicht umhin, dem Künstler zuviel Bescheidenheit beizumessen, wenn er
der Unfehlbarkeit seines Eindrucks mistraut,
und, durch zu häufige Abwechslung und Anstrengung der Geberden, den Zuschauer bemerken läßt, daß er nicht die Handlung selbst, sondern eine gesuchte Nachahmung derselben vor
Augen habe.

Herr Reinwald steht keinem der Genannten an komischer Stärke nach, und hat eine
ganz eigne Manier, mit dem höchsten Ernst
und der abgemessensten Wichtigkeit, die in ihrem Leben nicht gelacht zu haben scheint, mit
der bescheidensten, keinem Mitspieler vorgreifen-
den Haltung, ohne alle Zusätze und Übertreibung, in der anspruchlosesten Kleidung, die im
gemeinen Leben nicht einfacher sein könnte, das

schallendste Gelächter zu erregen. Seine Bedienten, seine Wirte, seine Pedanten, seine
Schmaroßer, worin er dem Publikum seit meh-
rern Dezennien bekant ist, wirken durch ihre
einfache Wahrheit, mit aller Kraft der Neuheit, und konnten durch keines der vielen Talente, die neben ihm auftraten, verdunkelt werden. Diese Einfachheit läßt keine große Ver-
schiedenheit zu, hat kein unermeßliches Feld,
und bringt, bei verwandten Rollen, eine gewisse Familienähnlichkeit hervor, die vieleicht
dadurch vermehrt wird, weil das Gesicht des
Schauspielers ihm nicht erlaubt, auffallende
Veränderungen damit vorzunehmen; doch läßt
er in jeder einzelnen Rolle nichts zu wünschen
übrig; und man erinnert sich überdem, daß
die komischste aller Rollen, auf ihrer einheimi-
schen Bühne, bei dem Volke, dem nichts zu lächerlich ist, und das wir Deutsche in diesem
Fache sicherlich nicht übertreffen werden, immer
die nehmliche Larve, immer die nehmlichen Un-
terkleider trägt, und die nehmlichen Lazzi beobachten muß. Auch Chevaliers, Escrocs und
Glücksritter aller Art spielt Herr Reinwald
mit Einsicht; und wenn sich vermuthen läßt,
daß er solche gern einem jüngeren Nachfolger
überlassen werde, so muß man herzlich wün-

schen, daß dieser sie eben so richtig verstehen
möge. In ernsthaften Rollen kan er, um
durch Verwandschaft der Ideen keine Störung
hervorzubringen, nur selten auftreten, oder wenigstens neue dieser Gattung nicht wohl übernehmen; doch trift diese Nothwendigkeit nicht
seine Kunst, sondern das Bedürfnis, Verhältnissen nachzugeben, und es wird z. B. viel leichter sein, den Rosse in Shakespear's Macbeth
einem andern Schauspieler anzuvertrauen, als
für eine Nebenrolle den Mann zu finden, der
die Schilderung von Schottlands Unglück, am
Schluß des vierten Aufzuges, mit eben so tiefer Empfindung und mit eben so angemessenem
Ausdruck eines witzigen Schmerzes, vortrage.

Herr Herdt hat eine sehr gute Gestalt für
gesetzte Männer und Alte. Er gefällt mehr
im gemäßigten Ausdruck der Leidenschaften, als
in heftigen, wo es seiner Stimme an Metall
fehlt, und seine zu ängstliche Gestikulazion
Nachahmung eines fremden Spiels scheint, das
ihm wohl geläufig, aber nicht natürlich ist, oder
wenigstens, durch ein ungetreues Gedächtnis verlassen, zu einem solchen Verdacht Gelegenheit
giebt. Der Ausdruck des Eigensinns und der
Rastlosigkeit steht ihm zu Gebot. Der alte
Busch im Räuschchen, der Hofkammerrath in

Allzuscharf macht schartig, sind in seiner Darstellung was sie sein sollen.

Herr Böheim hat etwas Leidendes in seiner Gestalt und auf seinem Gesicht, das ihn
zu Rollen, welche diesen Anstrich erlauben, vorzüglich geschickt macht. Er spielt ernste Männer und Alte. Einsicht und Fleiß sind an ihm
unverkennbar.

Herr Berger spielt entlarvte Bösewichter
niedrer Gattung mit so sichtbarem Ausdruck,
daß er eine dauernde Erinnerung zurückläßt,
und uns manche ehrliche Nebenrolle verdächtig
macht, die er übernehmen muß.

Die Herren Benda, Rüthling, Bes-
sel der ältere und jüngere, spielen untergeord-
nete, mehrentheils komische Rollen, nicht selten
zur Zufriedenheit der Zuschauer, und zur glücklichen Rundung des Ganzen.

In den ersten Rollen des Singspiels wech-
selten Madam Müller und Madam Unzelmann. Die erste hat keine starke, aber
eine sehr gebildete und angenehme Stimme, viel
Kunstfertigkeit, einen richtigen Vortrag, und
die seltne Gabe einer überaus verständlichen
Aussprache. Ihr bescheidenes Spiel, ihre
schlanke zierliche Gestalt, erregen einen vortheilhaften Eindruck, wenn gleich eine Schüchtern-

heit, deren sie nicht Ursach hätte, sie abhält,
sich einer gewissen Leichtigkeit zu überlassen, die
bei ihrem Verstande gewiß nicht irre führen,
und das Vergnügen des Zuschauers erhöhen
würde. So aber scheint sie freilich nicht im=
mer was sie sein kan, und gewinnt nur, wenn
man sie öfter hört und sieht, oder andre mit
ihr vergleicht, die das gewähren, worauf sie
Verzicht leistet, ohne ersetzen zu können, was
man bei ihr antrift. Madam Unzelmann
hatte eine noch schwächere aber wohlklingende
Stimme, und viel Geläufigkeit bei minderer
Musikkentnis. Was man von Seiten des Ge=
sangs bei ihr nicht suchen durfte, gewann man
so reichlich von Seiten des Spiels, daß es dem
Publikum selten einfiel eine bessere Prima
Donna zu wünschen, bis anhaltende Heiserkeit
es ihr zur Pflicht machte, sich diesem Posten
zu entziehn, und bei aller Lebhaftigkeit des Ge=
fühls dessen, was wir an ihr verloren, das
große Talent einer der ersten Sängerinnen
Deutschlands, uns das Verdienst einer Geschick=
lichkeit bemerken ließ, auf welche Madam Un=
zelmann niemals Anspruch gemacht hatte.
Seit der Zeit trit diese bloß in solchen Rollen
auf, deren Gesang dem Spiel untergeordnet
ist, in der Rosine im Barbier von Sevilla, in

der Gigania in den neuen Arkadiern, im Sohn
des Kerkermeisters in Raoul von Crequi, im
lebhaften Savoyarden, und ähnlichen, und hat
durch diese bescheidne Enthaltsamkeit nichts von
ihrem Werth in unsern Augen, oder von ihrer
Gewalt über unsern Beifall verloren.

Madam Baranius besitzt den seltnen Vorzug eines eben so süßlautenden Tons für den
Gesang als für die Sprache, und könnte bei
ihrer reinen Intonazion und Festigkeit, die sie
z. B. als Susanne in einem schweren Finale
in Figaros Hochzeit an den Tag legte, in der
Oper nicht weniger als im Schauspiel glänzen, wenn eine unüberwindliche Schüchternheit,
die vieleicht daher kam, weil sie sich nicht von
Jugend auf mit der Musik beschäftigte, ihr
erlaubt hätte, ihre Stimme auf dem Theater
wie im Zimmer geltend zu machen. Wie es
nun war, sang sie mehrentheils zweite, oder wenigstens in Ansehung des Gesangs minder glänzende Rollen, und erreichte darin zwar nicht
das Verdienst dessen sie fähig gewesen wäre,
aber bewirkte sicherlich ein so hohes Vergnügen
der Zuschauer, als keine andre gewähren konnte,
und schmückte auch hier den Muthwillen mit
allen Reizen der Zartheit, und die unbedeuten-
deste Rede einer schlecht geschriebenen Rolle mit

einer Freundlichkeit, die den Rezensenten in dem
Nebelkreise ihrer hochliegenden Gemächer nicht
vorkommen dürfte, wenn sie nicht Winkelmaaß
und Richtschnur darüber aus der Hand fallen
lassen sollten.

Madam Lippert hatte eine volltönende
reine starke Bruststimme von großem Umfange
und war sehr musikfest; doch, ungeachtet ihrer
Jugend, besonders im Verhältnisse zu ihren
Mitspielerinnen, für jugendliche Liebhaberinnen
etwas zu voll gebaut. Dagegen berechtigte sie
eben diese Gesundheit ihres Wuchses, und dieses Ansehn von Stärke, zu Frauen = und Mut-
terrollen, die sicherlich nie gefallender vorgestellt,
noch kräftiger gesungen sind, obgleich es einer
jungen Frau schwer fallen mag, in dieses Fach
überzugehen, und sehr zu verzeihen ist, wenn sie
lieber mit etwas getheilterem Beifall in jungen
Rollen vorlieb nehmen will.

Madam Böhm war schon seit einigen
Jahren in das Fach der Mütter und alten
Jungfern übergegangen, und erinnerte auch
hier noch an ein Talent, das ehemals in ersten
Rollen geglänzt hatte.

Madam Greibe singt niedrig komische
Mütter in der Oper, und wiederholt die Bra

vourarien der Mutter Anne immer auf lautes
Begehren.

Mamsell Bützel und Altfilist sangen
kleine Rollen. Über die erste ließ sich noch nicht
entscheiden; die andre machte das Glück der
weiblichen Chöre in der Zauberflöte, und bewies
auch bei andern Gelegenheiten so viel Tiefe
und Wohlklang der Stimme, daß eine größere
Unterstützung und Benutzung ihrer Anlage sehr
zu wünschen wäre.

Herr Ambrosch, ein äußerst geschmackvoller
kunstvollendeter Sänger, der alle Foderungen
des Kenners befriedigt, singt erste Tenorrollen.
Sein Spiel und seine Deklamazion beweisen
einen verständigen Mann, der die Kunst des
Schauspielers nicht vernachläßigt, und ihre
Schwierigkeiten überwunden hat.

Herr Lippert hat einen Umfang der
Stimme, wie er wenig Menschen zu Theil
ward, viel Musikfertigkeit, viel Feuer, Eifer,
gute Laune und Gabe der Nachahmung und
Erfindung. Nur lodert dieses Feuer zuweilen
heftiger auf, als auf kaltem nnvulkanischem Boden herkömmlich ist; auch äußert sich diese Laune
mehr dem Geschmack des süblichen als des nörd-
lichen Deutschlands gemäß, und wir hören in
der Aussprache, besonders seines Gesanges, manch-

mal Diphthongen, wo wir uns nur auf Vo=
kale eingerichtet hatten.

Herr Franz hat eine musikalische Baß=
stimme, nicht von außerordentlicher, aber
runder und wohlklingender Tiefe, und äußerst
angenehmen Mitteltönen. Ernste zärtliche Vä=
ter singt er am liebsten. Ihn unterstützt dabei
eine Gestalt, der es nicht schwer fällt, in den
besten männlichen Jahren, das Ehrwürdige ei=
nes ungeschwächten Alters anzunehmen.

Herr Kaselitz ist kein studirter Sänger,
besitzt aber Gelehrigkeit und Festigkeit, schwere
Bufforollen theils in seinem natürlichen Baß,
theils in einer angenommenen Fistel vorzutra=
gen. Was von ihm bei Gelegenheit des Schau=
spiels gesagt ward, gilt auch bei der Oper.
Seine Karikaturen haben einen Reichthum
echtkomischer Züge, denen keine grießgramige
Laune widersteht. Nur die Pflicht, einem schlech=
ten Machwerk aufzuhelfen, und ein ungegrün=
detes Mistrauen gegen die unwiderstehliche Ge=
walt, mit welcher ein ruhiger Gebrauch seiner
Kräfte wirken müßte, verleitet ihn zu Verschwen=
dungen, die den Thaler zum Gulden herabsetzen,
und lassen ihn zuweilen zu dem verdorbenen Ge=
schmack der Menge herabsinken, statt dem edlern
Beruf zu genügen, dieselbe zu sich hinauf zu ziehn.

Herr Unzelmann hat die Gefälligkeit zu
singen; eine Gefälligkeit die ihm viel kosten
muß, da seine Unbekantschaft mit den Regeln
der Tonkunst, der Beobachtung einer richtigen
Intonazion, des erfoderlichen Zeitmaaßes, und
des gehörigen Verhältnisses zu den Stimmen
seiner Mitsänger, zu Zeiten unüberwindliche
Schwierigkeiten in den Weg legen, und den,
der im Schauspiel auf der höchsten Stufe gerechten Beifalls steht, in die Nothwendigkeit
versetzen, sich im Singspiel mit einer ungleich
niedrigern begnügen zu müssen. Sein unverkennbarer Eifer, alles was in seinem Vermögen
steht, zum Vergnügen des Publikums aufzubieten, tröstet ihn auch darüber, und die nie versiegende Lebhaftigkeit und Reichhaltigkeit seines
Spiels erwirbt ihm, selbst in diesem Fach, nicht
selten unzweideutigen Beifall. In der That
fehlt ihm, um der beste Buffo Deutschlands zu
sein, nichts als Kunst des Gesanges; und wenn
gleich die Erwerbung derselben seinen Jahren
unmöglich ist, wäre es doch ein unersetzlicher
Verlust, wenn er der Übernahme solcher Rollen
entsagen wollte, deren Gesang dem Spiele untergeordnet ist, z. B. einiger Alten in den französischen oder Dittersdorfischen Volksoperetten,
und einiger pedantischen Karikaturen, des Amts-

raths

raths Knoll in der schönen Müllerin, des Amt-
manns in den Savoyarden, und ihresgleichen.
Jugendlicheren widerspricht seine volle Gestalt;
und die Meister des höchsten italischen Wol-
lauts, Salieri, Martin, Paesiello, Mozart
und deren glückliche Nachahmer, berechneten
freilich die Wirkung ihrer Kunstwerke zu sehr
auf ineinandergreifende Harmonien, als daß
die Störung derselben über der vollkommen-
sten Erreichung einer Nebenabsicht vergessen werden könnte.

Herr Bianchi, ein Italiener, der einen
sehr angenehmen, obgleich keine große Tonleiter
umfassenden Baritono, Musikfertigkeit, eine gefällige Leichtigkeit im Vortrage tändelnden Gesangs, einen glücklichen Körperbau, und die
Geschicklichkeit besitzt, einzelne, trefflichen Komi-
kern unter seinen Landsleuten abgesehene Szenen, mit teuschender Gewißheit nachzunahmen,
gefiel in diesen Szenen, die er, zu einem kleinen
Ganzen gemacht, als komische Melodramen
vorstellte, außerordentlich. Das Publikum
wünschte seine Annahme; und Herr Professor
Engel machte den Versuch, ihn in deutschen
Rollen auftreten zu lassen, welche er schon bei
der Großmannischen Gesellschaft übernommen
hatte. Aber die Schwierigkeiten unsrer Spra-

che überstiegen die Kräfte des Ausländers.
Seine Aussprache, und die durch sie verursach=
ten Zweideutigkeiten, erregten wohl Lächeln, ho=
ben aber zugleich alle Teuschung auf, und
machten, da auch seine wenigen Intermezzi zu
veralten anfingen, die Entschließung nothwen=
dig, ihn der Opera Buffa des Hofes abzutre=
ten, die noch jezt eines angemessenen Gebrauchs
seiner Talente genießt.

Herr Greibe singt zweiten Tenor und
Baritono, und hat eine verständliche Ausspra=
che. Bäurischen Alten kommt die Wahrheit
seines Spiels zu statten.

Herr Benda singt Nebenrollen, die zuwei=
len durch eine glücklich angenommene Karika=
tur Aufmerksamkeit erregen. Sein Tollhaus=
wärter in der Liebe im Narrenhause ist ein
Gemälde in Flamländischem Geschmack.

Herr Leidel hat ein freundliches Gesicht
und eine angenehme Baßstimme. Nähere Be=
kantschaft mit dem Theater, und Gelegenheit
sich zu üben, könnten ihn über die Sfäre un=
tergeordneter Rollen erheben. Sein bisheriges
größtes Verdienst war die Anführung des
Chors, in welchem sich noch manche gute
Stimme, manche glückliche Gestalt befindet,
die dereinst vielleicht mehr hervortreten, und

worunter besonders einige junge Knaben viel
versprechen. Es bedarf kaum der Bemerkung,
daß, wo es an Personen fehlt, die angeführten
Sänger im Schauspiel, wie die angeführten
Schauspieler im Singspiel, auftreten. Beson=
ders haben die Herren Lippert und Böheim
in einem ihnen eigentlich fremden Fach einige
Rollen von Bedeutung übernommen, und nicht
ohne Beifall ausgeführt.

# V.

## Ausstellung

einer Szene aus dem musikalischen Drama

# Romeo und Julie,

von

# Georg Benda *).

Herrn Professor Engel gewidmet.

Es hat allerdings etwas Unangenehmes, sich das Vergnügen, welches ein Kunstwerk gewäh‐ ren soll, vorrechnen zu lassen. Das Reden und Erklären über Genie‐ und Geistesprodukte ist so gefährlich, daß mancher bessere Mann dadurch eher am Genuß gehindert als verständigt wird, wenn nicht die Erklärung selbst in seiner Art ein schönes Werk ist. Indessen kan die Be‐ trachtung einzelner Theile eines Kunstwerks, das

*) Der Verf. dieses Aufsatzes führte diese Szenen vor einer Versamlung von Freunden und Kennern auf, und las solchen bei dieser Gelegenheit an Ort und Stelle vor.

vorher einen vortheilhaften Eindruck gemacht, unsere Freude daran vollkommen machen, wenn wir dadurch die nehmliche Uebereinstimmung an den einzelnen Theilen gewahr werden, die uns das Ganze so werth machte.

Es ist kein geringes Vergnügen, wenn wir inne werden, daß das Genie, dessen Werk wir mit heiliger Ehrfurcht huldigen, unseres gleichen ist; wenn dieses Genie in seiner menschlichen Gestalt hervortrit, und uns mit dem Erkenntnis gleichsam überrascht; wie natürlich alles zuging, und wie nahe uns das Schöne war, das wir ohne die Kunst nicht sahen.

Man kan erstaunen, wenn man bedenkt: daß ein von allen Göttern begünstigtes Individuum dazu gehöre, uns eine einfache kurze Freude an gewöhnlichen Gegenständen zu machen; und doch lehrt die Erfahrung, daß die Natur, die wir täglich und von Jugend auf vor Augen haben, so selten rein nachgeähmt wird, was doch die eigentliche Funkzion der schönen Künste ist. Wer von uns allen würde sich nicht in die Lage eines edeln Mädchens hineindenken können, die bei einer natürlichen tugendhaften Liebe zu einem edeln Manne mit Widerwärtigkeiten zu kämpfen hat, die eben so natürlich sind? Man wird vermuthen, daß ich auf das be-

kante Drama: Romeo und Julie hin-
weise.

Die arme Julie ist in einer traurigen Lage.
Ein unerbittlicher Vater, eine schwache Mutter,
die gern helfen möchte und nicht kan; ein ver-
bannter Liebhaber, die einzige Hoffnung des
Mädchens; kurz, alles, was allein ihr Glück
machen könnte, ist zu ihrem Unglück verschwo-
ren. Ich zweifle nicht, daß viele unter uns,
mit dem heimlichen Gefühl der schönen Nachahmung im Herzen, bei sich denken werden:
Ja, wärst du nur ein Maler oder Schauspieler; das wolltest du so natürlich machen, du
wolltest die leidende Unschuld so rein darstellen,
— und doch! Jeder verständige Künstler mag
sich selbst hierauf antworten; ach! und jeder
wird die Antwort leicht finden.

Es war eigentlich nicht meine Absicht, mich
in diese allgemeinen Betrachtungen zu versteigen;
ich wollte bloß versuchen, unserer edeln Gesellschaft das nähere Anschaun einiger einzelnen
Theile eines schönen Kunstwerks zu gewähren,
und habe dazu zwei Arien und ein Rezitativ
aus dem genannten Drama gewählt. Die unglückliche Lage des armen Mädchens ist uns
bekant. In dieser Noth erscheint hier der
Pater Lorenzo, der einzige hülfreiche Freund

der Liebenden. Er hat ein Mittel ausfündig
gemacht, die Unglücklichen zu retten, und kömmt,
um es Julien anzubieten. Aber welch' ein
Mittel für ein furchtsames Mädchen? Er selbst
findet Bedenklichkeiten, es ihr zu eröfnen. Er
versucht zuerst ihre Standhaftigkeit, und findet
sie bereit, für ihre Liebe, zu sterben. Dies gibt
ihm Muth, und er thut zu dem Ende die
Frage an Julien: was sie wol im Stande
wäre, für ihren Romeo zu thun? Die Antwort darauf ist die Arie, welche wir jetzt hören
werden.

»Ihn wieder zu sehn, meinen Romeo?
»Meinen Romeo zu sehn?
»Spräng' ich in schäumende Fluten!
»Kämpfte mit reißenden Thieren!
»Stieg' ich zu Todten ins Grab!
»Führe zum Sitz der Verdammten hinab!
»Alle Gedanken verlieren
»Sich in den Wonnegedanken
»Meinen Romeo zu sehn!

Dies also ist Juliens Erklärnng auf Lorenzo's
Frage, die mit allen Liebeserklärungen das gemein hat, daß nur getrennte Verliebte sie verstehn mögen.

Es hat manchen verständigen Mann gegeben, der sich nicht in unsern Kunstgebrauch hineindenken konnte: auf eine gesprochene Frage

eine gesungene Antwort zu statuiren; und diese
Einwendung geht von guten Gründen aus.
Der scharfe augenblickliche Abstand von der
Sprache zum Gesange ist fast niemals natür=
lich. Er hindert den Fortgang der Empfin=
dung, und setzt eine Scheidewand von ganz he=
terogener Natur mitten auf die Stufen der
anstrebenden Leidenschaft; dadurch wird das
fortschreitende Gefühl gehemmt und zugleich ge=
kränkt. Hier scheint mir dieses nicht der Fall
zu sein, und Juliens gesungene Antwort auf
eine gesprochene Frage kömmt mir eben so vor,
als wenn sie den Fragenden gleich durch die
That, und nicht durch Worte, von der Wahr=
heit und Stärke ihrer Liebe überzeugen wollte.
Was sie zu antworten hat, läßt sich mit kei=
nen Worten, mit keiner Menschenzunge aus=
sprechen; ihre Antwort ist gleichsam ein plötz=
licher Ausbruch lichter Flammen, der mit einer
Art von Explosion in dem nehmlichen Augen=
blick in die Höhe schnellt, als sich ihrer Fan=
tasie ein heller Blick in die Zukunft zeigt; und
nur die Kunst mit ihrem sympathetischen Zau=
berpinsel kan dem ergriffenen Herzen das Bild
eines ergriffenen Herzens malen. Ihr ganzes
innerstes Wesen schlägt bei dem Gedanken,
ihren Romeo zu sehn, hoch auf, wie ein Fisch,

der plötzlich ins Waſſer geworfen wird. Die
Liebe nähert ſich ihrem Element, ſprengt die
irdiſchen conventionellen Bande ſogenannter An-
ſtändigkeit auseinander, und flattert in Freiheit
und Wonne, gleich der Lerche im ſanften Hauche
des Frülings, umher. Und wenn die Muſik
eine Nachahmung der Leidenſchaften ſeyn ſoll;
wenn ſie, nach des großen Luthers Meinung,
da anfängt, wo die Sprache aufhört; ſo wäre
die Muſik hier an ihrem Ort, und ich zweifle,
daß eine andere ſchöne Kunſt das hier thun
könnte, was die Muſik thut. Sonach wäre
unſere geſungene Antwort auf eine geſprochene
Frage gerechtfertigt, wenn ſie nicht gar ein ſo
großer Meiſtergriff iſt, als die Dichtkunſt, wie
alt ſie auch ſei, aufweiſen mag.

Die zweite Einwendung, welche von guten
Kennern, mit ſo vielem Rechte, den Melismen,
Paſſaggien und Colleraturen gemacht wird, iſt
nicht minder wichtig. Dieſe Colleraturen und
Paſſaggien ſind nichts anders als Exerzierexem-
pel für die Sänger, die oft nachher damit auf
Theatern, Muſikſälen, ja ſogar im Tempel
des Herrn, einen ſo unnatürlichen Unfug trei-
ben, daß dadurch aller wahre Sinn an der
Kunſt weggeſcheucht wird. Allein auch dieſe
Melismen ſind hier ſehr glücklich angebracht.

Julie bedient sich, wie wir eben gehört, der
stärksten Worte und Bilder, die die Sprache
und Imagination anstreiben können, ihre Liebe
auszudrücken'; allein diese sind bei weitem nicht
hinlänglich, und so bleibt die Zunge auf einem
Worte lallend stehn, und der frische kraftvolle
Geist fliegt mit Nachtigalltönen zum Äther
hinauf. Auf Erden ist für das Glück ihrer
Liebe kein Raum; nur das Universum mag die
Seligkeit fassen, die in den Worten liegt:
meinen Romeo zu sehn! bis das Gefühl
menschlichen Jammers ihr wieder irdische Sprache gibt, mit der sie irdische Herzen zum Antheil an ihrem Unglück auffodert:

> Ach! Nur getrennte Verliebte
> Können dich Wonnegedanken verstehn!

Es wird die Arie gesungen:
Meinen Romeo zu sehn!

Man wird in dieser Arie, die sich auch in Absicht der Form von andern Arien unterscheidet,
wahrscheinlich den Ausdruck einer zerreißenden
Leidenschaft und fester Entschlossenheit wahrgenommen haben. Auch Lorenzo ist davon er-
schüttert, der nun mit seinem guten Rath ans
Licht kömmt; und dieser besteht in nichts gerin-
germ, als Julien durch einen Schlaftrunk auf
eine Zeitlang dem scheinbaren Tode zu über-

geben, um dadurch entweder den aufgebrachten
Vater zur Einwilligung in ihre Liebe zu bewegen, oder Julien von ihrer unglücklichen Leidenschaft abzubringen. Und so geht er von
dannen, übergibt ihr das Fläschchen, und überläßt sie ihren ernsthaften Betrachtungen.

Auf den gewaltigen Sturm einer zerstören-
den Leidenschaft, dem Julie hier hingegeben
war, mußte nothwendig Erschöpfung und gänz-
liches Hinsinken erfolgen. Die Einsamkeit führt
das stille Nachdenken herbei; und erst jetzt ist
sie im Stande, den sehr ernsthaften Vorschlag
des Freundes gelassen zu überlegen. Dieser,
nachdem er ihr den Trank gereicht, verließ sie
mit den freundlichen Worten: Schlummre
sanft, meine Tochter! Nach einem kurzen
bedeutenden Stillschweigen faßt sie den angenehmen Wunsch des Freundes auf, und wiegt sich
mit dem schönen Gedanken: im Arm ihres
Romeo vom Tode zu einem Leben der Herrlich-
keit zu erwachen. Doch, nicht lange; so steigen
nach und nach alle grauenhafte Vorstellungen
der Kindheit und weiblicher Furcht vor ihrer
unglückahnenden Seele, wie Gespenster aus
ihren Gräbern, herauf:

»Wie, wenn ich nicht erwachte? — wenn der Trank
»Gift wäre? — Wenn Romeo beim Erwachen, oder

«Lorenzo nicht erschienen? — Um Mitternacht; —
»allein; — in einem Sarg! — umringt von Grä-
»bern der Väter, die sich öffnen; — aus denen die
»Geister der Abgeschiedenen empor steigen! — Unter
»ihnen der ermordete Tebaldo, der erzürnt und dro-
»hend auf seine frische Wunden zeigt! —

Und so treibt dies Spiel einer tragischen Fantasie die arme Julie wieder auf den Gipfel der
Zerrüttung, wo sie nichts sieht als ihr Unglück,
und endlich wie ein Boot auf den gethürmten
Wogen des ergrimmten, ungeheuern, unabseh-
baren Meeres, in gänzlicher Hülflosigkeit und
Angst ihres Herzens, ausruft:

»Wo bist du, Romeo!
»Zu Hülfe mir Armen!
»In Höhlen des Todes,
»Verzweifelnd, verlassen
»Verlang' ich nach dir!

Die musikalische Kompofizion dieser Szene scheint
mir vom Künstler überaus glücklich und meisterhaft getroffen. Die ruhige dankvolle Erge-
bung, womit Julie des Freundes schönen
Wunsch und den bittern Trank zugleich auf-
nimmt; das Vorgefühl des ewigen Lebens: im
Arm des Geliebten zu erwachen; die nach und
nach aufsteigenden Besorgnisse: ob auch alles
glücklich ablaufen werde? und endlich die völ-
lige Auflösung aller Bande zwischen Leiden-

schaft und Vernunft; die Angst, mit welcher
alle ihre Hoffnung allein auf den Einzigen,
Verbannten hinfällt; ihr abgebrochenes Rufen
um Hülfe zu dem, der sie nicht hört; und zu=
letzt die Entschlossenheit, mit der sie den Trank
faßt, und gleichsam in frohem Triumf auf
die Gesundheit des Geliebten ausleert: — alles
dieses zusammengenommen, scheint ein einziger
wohlgelungener Guß einer großen tragischen
Dichterfantasie zu seyn, der so gewiß auf die
Nachwelt kommen wird, als zu Perikles Zeiten
Dichter und Künstler waren.

———

Es könnte sein, daß jemand von dem hier
Gesagten manches in der Arie vermissen wollte.
Darauf antworte ich getrost: daß jeder, der ein
Kunstwerk genießen will, nothwendig seine eigne
Imaginazion und ein reines Herz mitbringen
müsse, wenn er Anspruch auf Genuß und auf
die Achtung des Künstlers haben will.

Wir sind nur in sofern zu achten,
als wir zu schätzen wissen! sagt ein vor=
trefflicher Schriftsteller mit Recht. Wenn je=
mand sich mit übereinander geschlagenen Armen
vor den Künstler hinstellen und sagen wollte:
Da bin ich, rühre mich einmal! so würde

dies eine lächerliche und abgeschmackte Fode=
rung sein, an der kein rechtschaffener Künstler
seine Kunst wegwerfen wird. Die Kunst läßt
sich nicht aushängen und Preis geben. Bloß
deswegen knüpft sie sich gern an den Faden
einer Begebenheit, um nicht frei und frech zu
erscheinen, und ungesehn frei und sicher wirken
zu können. Es gibt Leute, die die Rede nicht
hören können, ohne den Redner zu sehn, und
die Sache und das Mittel so mit einander ver=
wechseln, daß sie alle Augenblicke eins für das
andere nehmen. Mit diesen habe ich nichts zu
streiten. Wer gerührt und ergriffen werden soll,
muß es seyn wollen; er muß ein Herz voll De=
muth und Liebe mitbringen, sonst ist an ihm
alle Arbeit verloren, und die Kunst wirkt zurück.
Wer in seine Andacht seine Zweifel und Muth=
maßuugen mischt, für den ist kein Gebet; und
wer ins Schauspiel eilt, um seine Bravo und
ein unwürdiges Händegeklatsch auszuüben, für
den ist keine Kunst. Diese verlangt, (das ein=
zige was sie verlangt) Hingebung und zärtliche
sorgsame Erwartung. Freilich darf der Künst=
ler diese Erwartung nicht teuschen und jene
Zweifel veranlassen; sonst erregt er Unwillen
und eine Heterogeneität von Gefühlen, die sei=
nen Werth herabsetzen. Die Kunst geht dann

zurück und überläßt den schwachen Künstler
allen Folgen seiner Unfähigkeit und Ohnmacht.

Aber diese Szene, so meisterhaft sie
ist, hat doch ihre offenbare Fehler!
höre ich mir zurufen. Allerdings hat sie deren!
Allein, womit wollt ihr den trefflichen Künstler
belohnen, wenn ihr nur seine Schwächen seht,
die er selbst um so härter fühlt, je treuer er
euch das Schöne darstellt? Wie viel schwerer
ist es, das Vortreffliche vernünftig und gehörig
zu loben, und wie viel emsiger wird er sein,
allen Anstoß aus dem Wege zu räumen, wenn
ihr das Schöne recht empfindet?

Es würde demnach nicht schwer gewesen sein,
an dieser Szene mehrere kleine Flecken zur
Schau zu geben; diese liegen so klar und offenbar da, daß sie jeder, ohne meine Hülfe, gewahr werden kan, der sich auf Akzentuazion
und Skansion der Sprache versteht. Auch
könnte manchem das frische Leben in der Arie:
»Meinen Romeo zu sehn!« eine Ausartung in Lustigkeit dünken; oder die kleinen ab-
gerissenen Frasen in der Instrumentalbegleitung der Arie: »Wo bist du? Romeo!«
ein Stein des Anstoßes werden. Alles dieses
sind Nebensachen, deren Fehlerhaftigkeit nichts
weniger als ausgemacht ist, weil sie dem Haupt-

eindruck des Ganzen so wenig hinderlich sind, daß man vielmehr daran die begeisterte Hastig= keit eines Meisterpinsels gewahr wird, wo die Natur allein, sich selbst überlassen, frei ohne Nebenklang und Sprachgebrauch wirken will und soll, und eher strebt, die Last der Instru= mentalbegleitung abzuwerfen, als sich dahinter zu verkriechen. — So stelle ich mir diese Feh= ler vor, woran ein gemeiner Kritikus seine Freude oder seinen Ärger haben mag. Was mir sonst bei der Sache oblag, war nichts weiter, als: das Andenken eines Mannes bei uns aufzufrischen, der noch nicht vergessen wer= den muß, wenn wir uns nicht den gerechten Vorwürfen der Nachwelt Preis geben wollen. Geschrieben Berlin im December 1796.

Zelter.

VI.

# VI.

## Anekdoten *)

### aus

## dem Leben Georg Benda's.

Als Benda noch Violinist in der Berlinischen Kapelle war, gab er sich nebenher auch damit ab, mit
Opernsängern und Sängerinnen am Flügel ihre Rollen einzustudieren. Diesen Dienst erwies er auch der

---

*) Diese Anekdoten waren für den musikalischen Almanach
bestimmt, der im vorigen Jahre zuerst bei Unger in Berlin
herauskam, und sollten eben so der kurzen Schilderung zu
einigem Belege dienen, wie die dort abgedruckten Anekdoten
aus Abels und der Bache Leben, die den Schilderungen von
diesen berühmten Männern beigefügt, sind. Sie wurden
aber noch zurückbehalten, weil der Herausgeber die Aussicht
hatte, das vollständige Leben Georg Benda's, von ihm selbst
entworfen, zu erhalten. Der edle Mann starb gleich nach
dem Abdruck jener Schilderung, und da es dem Herausgeber bis jetzt, ohnerachtet aller angewandten Mühe, ganz
unmöglich geworden ist, auch nur einige Nachricht von dem
Schicksale jener Selbstbiographie zu erhalten; so mag er
diese Anekdoten nicht länger zurückbehalten, so wenig sie
auch hinreichend sein mögen, einen vollständigen Begriff
von dem echt genialischen Wesen des großen Künstlers zu
geben. Es sei ihm indeß erlaubt, zu besserer Bestimmung

Lyceum. 1ster Th.     K

berühmten Sängerin Aſtrua, die in der ſchönſten
Epoche der Berliniſchen Oper durch ihre große, ſchöne
Stimme und edle Akzion alle Ohren und Herzen be-

---

des Geſichtspunkts, jene kurze Schilderung hieher zu
ſetzen.

»Von der Natur mit hellem Kopfe, warmem Herzen
und einer für die Kunſt entſcheidenden glühenden Sinnlichkeit ausgerüſtet, kam unſer Benda früh in die große Schule,
die ſich gegen die Mitte dieſes Jahrhunderts in Berlin bildete, und wurde bald ein mitwirkendes Glied derſelben.
Die zahlreichen Inſtrumental- und Singkompoſitionen, die
er in der erſten Hälfte ſeiner Künſtlerlaufbahn in Berlin
und Gotha ſchrieb, tragen daher alle mehr oder weniger
das Gepräge dieſer großen Schule. Eine Reiſe nach Italien gab ſeiner Einbildungskraft, welche die Beſchränktheit
der bis dahin vor ihm obgewalteten Formen vielleicht zu
wenig beſchäftigt haben mochte, einen neuen Schwung.
Neuere italieniſche Opern und Operetten, die nach den Begriffen der gelehrteren Schule leer an guter Arbeit und ohne
Vollendung waren, die anfänglich ſeine Geduld ermüdeten
und ihn unbefriedigt ließen, wurden ihm bald von Seiten
des Effekts merkwürdig. Sein natürlicher Beobachtungs-
geiſt erkannte bald deutlicher das eigentliche Weſen der
Theatermuſik, die von der Kammermuſik nicht weniger verſchieden iſt, als es die Dekorationsmalerei von der Minia-
turmalerei iſt; und der ſtärkſte leidenſchaftliche Ausdruck
mancher Szene hieß die Kritik, die oft eben ſo fälſchlich
Muſik mit den Augen beurtheilt, als der darſtellende Künſtler ſelbſt oft den Ausdruck, den ihm das Herz verſagt, mit
Anſtrengung des Kopfs vergeblich ſucht, wenigſtens in den
Augenblicken tiefer Rührung ſchweigen, oder hieß ſie doch
beſſer aufſchauen, und nicht bloß unter ſich, ſondern auch
über ſich und nach allen Seiten ſehen. Benda kehrte, mit
neuangefachtem Leben im Innern, nach Gotha zurück.
Perſönliche Neigungen, Lokalereigniſſe, mancherlei zu-
ſammentreffende Umſtände haben in allen Künſten oft ſchöne
und bleibende Meiſterwerke erzeugt. So auch hier. Die
brave deutſche Schauſpielerin Brandes erzeugte in unſerm

zauberte, demohngeachtet aber, nach der Weife der meiſten italieniſchen Sänger und Sängerinnen dieſes Jahrhunderts, ſo wenig muſikaliſch war, daß ſie ſich, gleich den andern von ihrem Akkompagniſten, auch

---

Benda zuerſt die Idee, ihre Kunſt als Schauſpielerin mit der Kraft der Muſik zu verbinden. Sängerin war ſie nicht, aber in den Augen Benda's eine vortreffliche Deklamatorin und Pantomimikerin. Es entſtand die Idee in ihm zu dem Monodroma: er theilte ſie Engeln, der damals in Gotha ſich aufhielt, und Gottern mit. (Von dieſem ſeinem Freunde erfuhr Benda erſt, daß Rouſſeau bereits einige Jahre früher dieſelbe Idee gehabt, und in ſeinem Pygmalion, wiewohl nur ſchwach, ausgeführt hatte). Engel entwarf, nach Benda's Idee, den Plan zur Ariadne auf Naxos, Gotter führte ihn aus, und unſer Benda beſeelte ſie mit Tönen, deren Erinnerung gewiß jeden, der dieſes lieſt, mit inniger Rührung durchdringt. Eine ſo echt genialiſche Muſik war in den Mauern unſerer deutſchen Schauſpielhäuſer noch nicht erſchollen. Ganz Deutſchland weiß auch, welche allgemeine, im deutſchen Publikum bis dahin unerhörte Wirkung ſie von Wien bis Hamburg, von Berlin bis Manheim, und auf allen großen und kleinen Theatern überall hervorbrachte. Dieſem Meiſterwerk folgte bald Medea, von gleicher Kraft, wenn gleich, der großen Verſchiedenheit des Gegenſtandes gemäß, nicht von gleicher Schönheit; und ſo ergoß ſich das in ſeine höchſte Fülle eingetretene überſtrömende Genie dieſes echt begeiſterten Künſtlers einige Jahre lang in eine Reihe von Meiſterwerken: Romeo und Julie, Walder, der Jahrmarkt, Pygmalion — lauter Werke echt deutſcher Art und Kunſt. —

Nachdem Benda in Berlin, Wien, Paris und andern großen Städten die Wirkung ſeiner Meiſterwerke genoſſen hatte, beſtand er, als er nach Gotha zurückkehrte, auf eine gänzliche Reträte vom Hofe, um in philoſophiſcher ländlicher Ruhe ſich ſelbſt zu leben; und ſo lebt er ſeit länger als zehn Jahren mit einer Hofpenſion, die ihm als Kapelldirektor des Herzogs von Gotha blieb, ganz einſam in einer ſchönen Gegend des ſchönen Altenburgiſchen Landes. Es iſt

die Veränderungen und Kadenzen zu ihren Opern=
arien aufsetzen lassen mußte.  Da sie nun zu ihren
Kadenzen immer etwas neues und auffallendes haben
wollte, und Benda es ihr nie gut genug machen
konnte; so nahm er einst für diese Mäkelei fremder
Federn, mit denen sie öffentlich glänzte, eine echte
Künstlerrache.  Zu einer sehr rührenden Arie schrieb
er ihr zur Kadenz, die doch eigentlich den Ausdruck
des Ganzen aufs nachdrücklichste vollenden sollte, ein
trocknes Fugenthema auf, das er in der Quinte,
Quarte und Octave wiederholte, um es recht hervor=
stechend lächerlich zu machen; und die berühmte ver=
götterte Sängerin besaß so wenig Einsicht und Ge=
schmack, daß sie bei der ersten Vorstellung, die Kadenz,
zur großen Belustigung des Orchesters und der Ken=
ner, wirklich absang.

––––––––

Als Benda nach Italien kam, und die erste Oper
von Galuppi hörte, ward er, der an die fleißig ge=
arbeitete Berlinische Musik gewöhnt war, so unwillig
über das leere Tongeklingle, wie er es nannte, daß
er nach dem ersten Akte hinauslief.  Sein Freund,
der Musikdirektor Rust aus Dessau, der mit ihm
war, hatte indeß die Oper nicht nur mit Vergnügen
bis zu Ende angehört, sondern er ging auch den

––––––––

ein freier Selbstdenker, wie sehr wenige Künstler es sind;
und so kan es ihm nie und nirgend an der Geistesbeschäfti=
gung fehlen, die allein den denkenden Mann im Alter wür=
dig beschäftigt.«  G. musikalischer Almanach, herausgegeben
von J. F. Reichardt. Berlin 1796. bei J. F. Unger.

folgenden Tag wieder hinein; und da dieser auch
den dritten Tag wieder hinging, und Benda'n der
vorige Abend zu Hause lang geworden war, ging
er mit, wiewohl in dem Vorsatze, bald wieder hin=
auszugehen. Aber er blieb nicht nur bis ans Ende,
sondern ging auch zur vierten und zu allen folgen=
den Vorstellungen wieder hin, und gestand am Ende
seinem Freunde, ihm sei über den Effekt wahrer
Theatermusik in der klaren durchsichtigen Manier des
Italieners ein neues Licht aufgegangen.

An die Kastraten auf dem Theater konnte er sich
in Italien so wenig gewöhnen, als in Berlin, und
er machte sich oft lustig darüber, daß ein Kastrat in
Italien vorzugsweise Musiko genannt wird. Er
pflegte zu sagen: ein Kastrat könne nur soviel Musi=
kus seyn, als er Mensch sei; mit dieser doppelten
Halbheit, als Künstler und Mensch, gehöre er ganz
eigentlich in die päbstliche Kapelle. Er pflegte den
Kastraten auch einen schreienden Beweis zu nen=
nen, daß alles Predigen und Moralisiren gegen einen
wollüstigen Genuß in der großen Welt nichts aus=
richte.

Benda hatte einen feinen treffenden Witz, und
sagte oft sehr bedeutende Sachen auf seine ganz eigne
Art. Als einst, in einer Gesellschaft, von der italieni=
schen und deutschen Nazion die Rede war, und ein

enthusiastischer Verehrer der Italiener übertrieben viel zu ihrem Lobe und zum Nachtheil der Deutschen gesagt hatte, wendete sich dieser zuletzt an Benda, und rief ihn, als einen, der beide Nazionen kannte, zum Zeugen für seine Meinung auf. Ja, sagte Benda, ich muß gestehen, ich habe in Italien einige vortreffliche Menschen, und in Deutschland einige Schurken gekannt.

---

Einem Fürsten, der den Gesang einer Sängerin, die auch Tänzerin war, mit sehr lebhaften Ausdrücken zu Benda lobte, erwiederte dieser, der eben mit ihrem Gesange unzufrieden gewesen: Ich muß gestehen, ich habe nie eine Sängerin gesehn, die so gut getanzet, und nie eine Tänzerin, die so gut gesungen hätte.

---

Einer deutschen Fürstin sagte eine deutsche Schauspielerin einst sehr plumpe Schmeicheleien vor, und trieb es am Ende so weit, daß sie dabei vor ihr aufs Knie fiel, und lange so fort haranguirte. Benda, der dabei stand, rückte nach und nach der Schauspielerin gegenüber, und rieb sich die Kniee. Er reibt und reibt immer stärker; da sie es aber nicht versteht, fährt er endlich, die Kniee immerfort reibend, laut auf: Ich bitte Sie um Gotteswillen, Madame, stehen Sie auf; mir thun meine Kniee ganz entsetzlich weh.

---

Sulzer eiferte einst in Benda's Gegenwart gegen alle eigentliche musikalische Malerei, und wollte die Singemusik auf den einfachsten Ausdruck der Empfindung beschränkt wissen. Benda, der sich durch einige starke und beißende Ausdrücke des geraden, unsanften Schweizers getroffen fühlte, fuhr endlich mit sehr bedeutender Übertreibung auf: »Wenn mir nun aber der Dichter die Empfindung in einem Bilde gibt, soll dann ich das Gegentheil davon ausdrücken, damit das Bild im Dichter nur ja nicht wahrgenommen wird?«

———

Ein musikalischer Dichter sprach sehr vieles über die große Mühe, die er es sich kosten ließe, seine Verse recht musikalisch zu machen. Damit thäten Sie mir eben keinen Dienst, rief Benda, dem der ganze Mann nicht auf dem rechten Wege war; meine besten rührendsten Gesänge dank' ich unmusikalischen Versen, die mich zwangen, mich recht zusammen zu nehmen, um den Dichter zu verbessern. Dabei führte er aus seiner schönen Arie: Meinen Romeo zu sehn, die Verse an:

Alle Gedanken verlieren sich
In dem Wonnegedanken:
Meinen Romeo zu sehn u. s. w.

Er lief ans Klavier, und sang die herrliche Arie mit solcher innigen Rührung, daß ihm die hellen Thränen über die Backen rollten, und alle Umstehenden, ohnerachtet seiner ungeheuren Stimme, seiner noch ungeheureren böhmischen Aussprache und heftigen

Gestikulationen und Gesichtsverzerrungen, heiße Thränen vergossen.

———————

Sein höchst lebhaftes, tiefes Gefühl äußerte sich
oft auch im gemeinen Leben auf eine eben so auffallende herzdurchdringende Weise. Einst kam er in ein
sehr armseliges westfälisches Wirtshaus. Ein höchst
magerer Hund fällt ihm in die Augen, und er fragt
die Wirtin: Warum ist der Hund denn so ungeheuer
mager? — Ih, he frett nischt, erwiederte die Wirtin in ihrer platten Sprache. — Warum frißt er
denn nichts? — Ih, wie gewen emm nischt. —
Warum gebt ihr ihm denn nichts? — Ih, wie jan
nischt. — Benda, dem das Blut zu Kopf und das
Wasser in die Augen steigt, holt mit Ungestüm eine
Handvoll Silbermünze aus der Tasche, und wirft sie,
abgewandten Gesichts, dem armen Weibe mit den
Worten hin: Da, gebt dem Hund zu fressen, und
freßt selbst mit.

———————

Benda war, wie ein Mann, dessen ganze Seele
mit Einem interessanten Gegenstande ganz und unab-
lässig beschäftigt ist, auch in hohem Grade zerstreut.
Eine Dame bittet ihn einst, ein neues Instrument
zu versuchen: er setzt sich hin, thut einige Griffe,
springt dann schnell auf, und läuft ins offne Nebenzimmer. Die Dame glaubt, er hole Musikalien. Da
er aber nicht wiederkömmt, geht sie ihm nach, und

findet ihn mitten im Nebenzimmer, mit Anstrengung horchend dastehen. Als er sie erblickt, besinnt er sich, schlägt sich vor die Stirne und ruft: In Gedanken! ich wollte hören, wie es in der Ferne klänge! Vermuthlich wollte er der Dame diesen Rath geben; ging aber in der Zerstreuung selbst hin.

———

Bei seinen Arbeiten pflegte Benda oft einzelne Sätze beim Klavier singend zu versuchen: er lief dann vom Schreibtisch an ein kleines polterndes Klavier, vor dem ein alter breiter Lehnstuhl mit niedriger Lehne stand, und schlug zu seinem enthusiastischen Gesange einzelne Akkorde an, die er wol selbst weniger hörte als unter seinen Fingerspitzen fühlte. Einst läuft er im Eifer von der ungewöhnlichen Seite dazwischen, wirft sich aufs Klavier, und hämmert mit beiden Händen zu seinem Gesange auf der Lehne des Stuhls, bis das Gelächter der anwesenden Frau ihn aus der Zerstreuung weckt.

———

In Berlin wird Benda einst in dem Hause eines Freundes, der neben einer Kirche wohnte, zu einem Mittagsmahl erwartet. Als nun dieser in ungeduldiger Erwartung ans Fenster trit, und nach ihm hinaussieht, sieht er seinen Gast in tiefen Gedanken vor der Kirchthüre stehen, und von Zeit zu Zeit daran pochen.

———

Als Benda einst aus einer lustigen Gesellschaft
spät in der Nacht nach Hause kam, findet er seine
Hausthüre, die er mit dem Schlüssel öffnen will,
schon offen, eben so oben die Stubenthüre. Scheltend
über die Unordnung, ruft er vergeblich nach seinem
Bedienten, der ihn zu erwarten pflegte. Sternenhelle
beleuchtet indeß das Zimmer hinlänglich, um das
Bette zu finden. Er zieht sich aus, und ist eben im
Begrif, ins Bette zu steigen, als eine Kammerjung-
fer mit zwei Lichten in der Hand, und ihr auf dem
Fuße nach ihre Dame, ins Zimmer treten, und ein
entsetzliches Geschrei über den halbnakten Mann erheben. — Es ergab sich am Ende, daß er im Taumel und in Zerstreuung in ein Haus gegangen, wo
er vor einigen Jahren gewohnt hatte.

***

Einst besucht Benda seinen Freund Rust in Dessau. Dieser bewirtet ihn nach bestem Vermögen,
und als sie das Mittagsmahl eingenommen, schlägt
Rust einen Spaziergang nach dem schönen Luisium
vor. Benda stimmt zu, und trinkt sein letztes Glas
Wein. Aus der Hausthüre tretend fragt Benda seinen Wirt: Wo nehmen Sie den guten Wein her?
Aus Bremen, sagt Rust. Aus Bremen? wiederholt Benda in seine gewöhnliche Stellung verfallend,
in welcher er, so oft er in Gedanken versank, mit
halberhobner linken Hand die Bewegung zu machen
pflegte, als griffe er auf der Violine herum. Sie
gehen fort. Rust, der seinen Freund in vielen Jahren nicht gesehen hat, hält diese Gelegenheit für die

schicklichste, ihn von seinen erlebten Schicksalen und
seiner gegenwärtigen Lage recht umständlich zu unter=
halten. So gehen sie eine halbe Stunde fort, und
Rust freut sich des aufmerksamen freundlichen Gehörs.
Sie kommen endlich an das Gitter vor Luisium, und
indem Rust das knarrende Gitter öffnet, fährt Benda
aus seiner Abwesenheit auf, und sagt: Also aus
Bremen? Er hatte wirklich von der ganzen Erzäh=
lung seines Freundes nichts vernommen.

———

Und jetzt von den unzähligen Zügen seiner Zer=
streuung nur noch den Einen, der ihm selbst bald
das Leben gekostet hätte. Er war gewohnt, sich im
Hause durchaus um nichts zu bekümmern, sondern
alles der häuslichen Frau zu überlassen. Er lebte
mit seinem ganzen Gemüthe Tag und Nacht in der
Kunst. Fiel ihm bei der Arbeit irgend etwas ein,
woran er glaubte erinnern zu müssen, so rief er die=
ses der Frau durch eine Zwischenthüre zu, die aus
seinem Arbeitszimmer nach dem ihrigen führte. Diese
ihm unentbehrlich gewordene Frau starb. Er war
untröstlich, kam aber den zweiten Tag schon wieder
ganz in seine gewöhnliche Arbeit hinein. Bei dieser
Arbeit fällt ihm ein, daß der Tod der Frau noch
wol nicht bei seinen Freunden gemeldet sein möchte;
nach seiner alten Gewohnheit öffnet er die Zwischen=
thüre, und ruft der todten Frau, die da auf dem
Brette liegt, zu: sie möchte doch ihren Tod ansagen
lassen. — Man denke sich seinen eignen Schreck!

———

An unserm Benda bewährete sich auch die alte Bemerkung, daß große Komponisten oft große Esser waren. Händel, Jomelli, Gluck, Bach und andere waren längst auffallende Beweise für diese Bemerkung. Es läßt sich aus dem großen Aufwande von Lebensgeistern, den ein thätiger Komponist und feuriger Anführer seiner genialischen Werke macht, wohl begreifen; dazu kömmt, daß wol keine Kunst und kein Geschäft die Sinnlichkeit mehr befördert, als eben die Musik. Bei unserm Benda bewies sich diese große Sinnlichkeit schon früh auf eine sehr auf= fallende Weise. Als er, noch ein Knabe, seinem Vater, einem armen braven böhmischen Landmanne, der wol nicht ahnete, welches genialische Geschlecht er erzeugt und um sich hatte, die m u s i k a l i s c h e Auf= w a r t u n g auf Bauernhochzeiten besorgen half, und so einst bei einem Hochzeitschmause, nahe der Thüre, seine Geige streicht, und nun allerlei fette Schüs= seln, die den Gästen früher als den Spielleuten auf= getragen werden, vor ihm vorbeigetragen wurden, aber auch ein dampfender Schweinebraten seiner Nase vorüberzieht, sahen die Gefährten dem armen Georg Bogen und Geige entsinken und ihn erblassend auf eine Bank zurückfallen. Man wendet alles an, ihn wieder zu sich zu bringen, und als er kaum die Augen wieder öffnet, ruft er mit gebrochener Stimme: Schweinebraten, Schweinebraten! Ein tüch= tig Stück davon hilft ihm denn auch sogleich wieder zu Kräften.

———~———

Eßluſt und Zerſtreuung paarten ſich oft gar ſon-
derbar bei ihm. Davon nur noch einen karakteriſti-
ſchen Zug. Einſt-kommt Benda zur Mittagſtunde in
das Wohnzimmer ſeiner Familie, wo eben eine große
Schüſſel voll gebackenen Obſtes mit Klößen und Speck
aufgetragen wird, um ſich zu einem Mittagsſchmauſe,
außer dem Hauſe, anzukleiden. Während deſſen er
den einen Sohn nach dem Rocke, den andern nach
Schuh und Strümpfen, eine Tochter nach Wäſche,
eine andere nach dem Haarbeutel ſchickt, reizt ihn
der Geruch der nahrhaften Schüſſel, und er ſpießt,
um den Tiſch ungeduldig herumgehend, eine Gabel
voll nach der andern auf, und verſchluckt ſie, ſo daß
die Schüſſel faſt leer wird, ehe alle Kleidungsſtücke
beiſammen ſind. Da nun die jungen Tiſchgäſte ſchon
betrübt in die leer gewordne Schüſſel blicken, und
er, zum Gehen bereit, der Frau in der Thüre begeg-
net, fragt er ſie: Was habt ihr heute zu eſſen? —
Sie, unbekannt mit dem Intermezzo, das die Schüſſel leerte, erwiedert: Backobſt mit Klößen und Speck.
— Ha! verwünſcht! ruft Benda, das hätt' ich wiſſen
ſollen; viel lieber verzehrt' ich die gute Schüſſel mit
euch, als den ganzen adlichen Schmaus.

---

# VII.

# Kunstnachrichten.

## 1) Aus Paris.

Um alle Nazional-Kunstdenkwürdigkeiten, die irgend einigen Bezug auf die französische Geschichte haben, zweckmäßig geordnet aufzubewahren, ist die Kirche der petits Augustins zu einem Museum des monumens françois ausschließlich bestimmt worden, und man hat bereits eine große Anzahl Statüen, Büsten, Urnen, Grabmäler, gemahlte Fensterscheiben aus öffentlichen veräußerten Gebäuden u. d. g. hingeschafft, so daß es schon eine interessante Sammlung ausmacht. Verschiedene egyptische, griechische und römische Alterthümer, die man anfänglich auch dahin gebracht hatte, sind nach dem Louvre, ins große Museum, gebracht worden, welches man als eine Zentralanstalt für die ganze Republik betrachten kan.

---

Im Louvre hat man auch einen großen Saal sehr zweckmäßig zum Studium nach Antiken eingerichtet. Es wird daselbst auch den Künstlern die

Anatomie nach der Natur vorgetragen; eine Einrichtung, von der man sich für die Kunst mit Recht großen Gewinn verspricht. Auch wird, auf Veranstaltung des Direktoriums, an einer großen Anzahl Abgüsse von den schönsten Antiken und Statüen gearbeitet, um solche an alle Departementsschulen der ganzen Republik zu vertheilen.

———

Bisher hat man in Frankreich gewöhnlich nicht nach der Natur, sondern nach einem Gliedermann gezeichnet. Bei der letzten öffentlichen Vertheilung der Preise in der Mahlerschule ward daher eine junge Schülerin des Mahlers Suvée durch öffentlichen Aufruf und durch eine Mappe voll ausgesuchter Kupferstiche dafür belohnt, daß sie ihrem Meister, aus Liebe zur Kunst, drei lange Morgen mit unermüdetem Eifer gesessen, um den aufgegebenen Karakter le ravissement nach ihrem Bilde auszuarbeiten.

———

Der Baumeister Legrand hat dem Direktorium den Vorschlag gethan, das einzige große römische Denkmal, welches Paris in seinen Mauern hat, die Thermen Julians wieder herzustellen. Durch Wegräumung der Mauern, die die Eingänge und das Licht versperren, glaubt er wenigstens einen großen Saal, dessen Gewölbe noch ganz existirt, und vielleicht auch noch andere Partien, von denen man

im Hotel Cluny und in dem Hause der ci-devant
Mathurins Spuren findet, herstellen zu können.

———

Seit dem Anfange der Revoluzion bestand ein
Bureau de consultation in Paris, welches den
Werth aller neuen Entdeckungen und Erfindungen,
und die Ansprüche der Erfinder auf Nazionalbeloh-
nungen zu beurtheilen hatte. Das Direktorium hat
dieses Geschäft anjetzt auch dem Nazionalinstitut für
die Künste und Wissenschaften übertragen, und ihm
besonders anbefohlen, diesen wichtigen Theil seiner
Beschäftigungen dergestalt zu organisiren, daß es die
Entwürfe zu neuen Erfindungen mit möglichster Folge
und Schnelligkeit untersuchen könne, und daß jeder
fleißige, thätige, oft arme Bürger einen allzeit ofnen
zweckmäßig eingerichteten Ort zur Bearbeitung seiner
Ideen, und für die geleistete Arbeit selbst die gerech-
teste Belohnung finde.

———

Der fleißige, seine Kunstforscher und geschickte
Mahler Fauvel, der vor zwölf Jahren von Paris
nach Griechenland ging, und seit der Zeit manche wichtige Entdeckung für die Alterthümer machte, ist noch
immer dort, und fährt mit unermüdetem Fleiße fort,
für das Museum zu sammeln und zu zeichnen. Das
Direktorium hat dem Gesandten der Republik bei der
ottomannischen Pforte Dübayet, bei seiner Abreise
nach Konstantinopel, auch eine weitläuftige Instrukzion

in

in Beziehung auf das Geschäft jenes Malers mitge-
geben, und ihm dringend aufgetragen, alles mögliche
anzuwenden, um dem fleißigen Künstler jede Erleichterung zur Beförderung seines Geschäfts zu verschaffen. Das Museum hofft große und mannichfache
Bereicherung durch ihn zu erhalten.

———————

Das Pariser Nazionalinstitut, welches eine vollständige Ausgabe von Gressets Werken veranstalten
will, und überall nach Manuskripten forschte, die
der Dichter bei seinem Leben nicht zum Druck bestimmte, wohl aber in Abschriften an mehrere Verehrer seiner Muse mittheilte; ersuchte auch den Prinzen Heinrich von Preußen, den sie im Besiz von
Gressets Gedicht, l'Ouvroir glaubte, um die Mittheilung dieses Manuskripts. Der Prinz Heinrich antwortete aber in nachfolgendem Briefe, daß er das
verlangte Manuscript nicht besäße; übersandte indessen dem Institut, um ihm seine Bereitwilligkeit und
Achtung zu bezeigen, das Manuscript von Diderots
Jacques le fataliste, den man denn auch mit möglichster Eile ohne alle weitere moralische und kritische
Rücksicht abgedruckt hat. Ob der Name jenes genialischen Schriftstellers damit geehrt worden, ist wohl
noch eine große Frage; er selbst würde gewiß nie
in den Druck dieses frechen, alle Sittlichkeit verhöh-
nenden Produkts gewilligt haben. Die berühmten
französischen Schriftsteller, die in der großen Welt
lebten, stimmten oft nur zu willig in den frechen
schamlosen Ton des Zirkels, in dem sie zu glänzen

L

suchten und machten sich diesem besonders dadurch an=
genehm, daß sie Aufsätze vorlasen, die dem Tone
des Zirkels zu angemessen waren, als daß nicht je=
der hätte überzeugt sein sollen: Das hätten wir nie
gedruckt zu lesen bekommen. Uneingedenk, daß vor
vielen Jahren ein feiner deutscher Schriftsteller mit
Weglassung des frechsten Theils eine Übersetzung nach
diesem Manuskripte herausgegeben, werden unsre
Übersetzungsfabriken schwerlich ermangeln, dies freche
Vademekum, von welchem Röderer in seinem Jour=
nal sehr naiv sagt, es müßte für alte stumpfe Wüst=
linge sehr wohlthätig sein, — mit Haut und Haar
in's Deutsche herüberzuziehn. Und wenn wir da,
wie's sehr wahrscheinlich ist, nur Haut und Haar
davon erhalten, und das genialische Leben der Dide=
rotschen glühenden und hochaufsprudelnden Diktion
rein verhaucht . . . . !

## Schreiben des Prinzen Heinrichs
### an das Pariser Nazionalinstitut.

Reinsberg, ce lundi 19 août 1796.

J'ai reçu la lettre que vous m'avez adressée.
L'Institut national ne me doit aucune reconnais-
sance pour le désir sincère que j'ai eu de lui
prouver mon estime; l'empressement que j'au-
rais eu de lui envoyer le manuscrit qu'il désirait,
s'il eût été en ma puissance, en est le garant. On
ne peut pas rendre plus de justice aux grandes
vues qui l'animent pour mieux diriger les con-

naissances de l'humanité. Je regrette la perte que fait la littérature de ne pouvoir jouir des oeuvres complètes de Gresset, cet auteur ayant une réputation si justement méritée. J'ai fait remettre au citoyen Caillard, ministre plénipotentiaire de la République Française, le manuscrit de *Jacques le fataliste*. J'espère que l'Institut national en sera bientôt en possession. Je suis avec les sentiments qui vous sont dûs, votre affectionné

*Henry.*

In einer öffentlichen Sitzung des Lyceums der Künste las Desaudray neulich das Lob der Tanzkunst vor. Mit echt griechischer Empfänglichkeit und Lebhaftigkeit richteten sich gleich alle Augen nach der eben anwesenden großen Tänzerin Depreaux, ehemalige Guimard, deren hohe Grazie Alter und Häßlichkeit so ganz vergessen machen, wenn sie als Psyche oder im erster Schiffer Aug' und Herz bezaubert, und überhäuften sie mit den schmeichelhaftesten Lobesbezeigungen.

2) Aus London.

M. Walpole, der den Reisenden auch durch sein sonderbares, ganz im gothischen Geschmack angelegtes Landhaus zwischen London und Richmond bekant ist, schickte kürzlich einen unsrer besten Porträtmaler nach Liverpool zu M. Roscoe, dem Verfasser der Geschichte Lorenz von Medici, und bat

L 2

sich, da Alter und Geschäfte ihn abhielten, selbst zu
ihm zu kommen, sein Bildnis aus, um ihn wenig=
stens so einigermaßen kennen zu lernen, und seine Bib=
liothek damit zu verschönern, wie sein Werk solche
bereits bereichert hätte.

(Aus einem Briefe.)

Mit der Musik steht es hier in London noch im=
mer auf dem alten Fuß. Unzählige einzelne Virtuo=
sen aller Art, so häufig wie gewiß an keinem an=
dern großen Orte, besonders seitdem wir eine
Menge der ehemaligen pariser Virtuosen hier haben
— aber überall und nirgend kein gescheites Ensemble.
Was sich der brave einsichtsvolle und unermüdete Sa=
lomon auch abarbeiten mag, er richtet gegen den
stumpfen Kaufmannssinn der Nation nichts aus. Wie
er den Komtordiener und treuen Hausknecht beurtheilt
und behandelt, so behandelt der Engländer auch den
Virtuosen und feinern Künstler. Wer sich einmal durch
Pünktlichkeit in den Lektionen und musikalischen Auf=
wartungen ordentlich und fein höflich und unterthä=
nig jahrelang bezeigt hat, den sticht kein besserer,
kein zehnmal größerer Virtuose aus; und die alten
Stümper, die einmal im Besitz dieses oder jedes Kon=
zerts oder Theaters sind, wird kein Unternehmer los,
ohn' es mit all' ihren Beschützern durchaus zu verder=
ben. Diese sind zufrieden, wenn zu dem alten grauen
Bestand ein paar neue glänzende Virtuosen hinzuge=
than werden, die pikant, oder wenigstens berühmt
genug sind, sie in den dumpfen Stunden zwischen

Mittagtrunk und Abendtrunk mit unter einige Stunden wach zu erhalten; wozu denn doch immer noch
die reelle Bedienung in der Mitte jedes Konzerts mit
Punsch und Wein und allerlei Leckereien das beste
thut. Denn noch immer herscht hier die alt = englische
Sitte, daß bei dem Abonnement jedes öffentlichen Konzerts auch die körperliche Bewirthung nach der ersten
Abtheilung mit eingerechnet wird. Zu diesem hat sich
natürlich Salomon, wie jeder andere, bei allen seinen
Pantheons = und Theater = und Hannoversquare = Con-
certen verstanden. Die Musik selbst aber nach gewöhnlicher Weise so schlendrianmäßig einzurichten, daß
seine Zuhörer zufrieden gestellt würden und er reich
werden müßte, dazu kan er sich immer noch nicht
bequemen; er kan den für London warlich ganz
ausschweifenden Gedanken, das Kunstpublikum, —
von dem der alte Möser einst sehr treffend sagte, es
hat keine Tangenten fürs Schöne — zu veredeln, noch
immer nicht aufgeben. Ehre der Kunst und Veredlung des Geschmacks sind noch immer seine
Losungen. Das mag höchst rühmlich sein, denn es
ist außer der Güte der Absicht, auch noch eine wahre
Herculean labour. Da es so wenige Menschen
hier giebt, die den geringsten Keim von echtem Kunst-
sinne haben, und noch wenigere von musikalischem
Genie, — und von diesen wenigen haben wieder
sehr wenige eine andere musikalische Bildung gehabt,
als durch die schwachen Werke eines Corelli, Gemi-
niakus, und durch die, besonders für Instrumentalmusik doch nur einseitigen Werke Händels, Bachs
und Abels werden konnte; — so wird es gewiß noch
ein halbes Jahrhundert währen, ehe hier die feinern

und reicheren Schönheiten eines Haydns, Mozarts und
anderer, die sich die Freiheit nehmen, etwas weiter zu
gehn, als jene Herren, durchgängig so erkannt und
genossen werden möchten, als sie es in Paris, Wien,
Berlin und andern großen Städten schon seit langer
Zeit sind. Das Kind kömmt hier selten höher in der
Kenntnis und dem Kunstgeschmack, als Papa und Ma-
ma gekommen waren: was zu ihrer Zeit das Beste
war, muß es auch noch sein; und dabei bleibts.
Wer sollt' es wol auswärtig glauben, daß zwei sehr
mittelmäßige englische Sänger vor einigen Jahren hier
die Unverschämtheit haben konnten neben den großen
Salomonschen Konzerten, die fast alles vereinigten,
was Großes und Schönes an Talenten hier war und
ist, ein Konzert zu errichten, worin nichts als eine
tausendmal gehörte alte Ouverture von Händel und
eines seiner alten Concerti grossi oder dergleichen
Instrumentalstücke von Corelli, Martini, Pasquali u.
d. gl. übrigens lauter chatches und glees (drei oder
vierstimmig gesetzte Lieder, auch wol kanonisch, meist
aber schlecht gearbeitet) neben ein paar alten abge-
droschenen Arien gemacht wurden, und daß diese
Leute, weil sie nur Chorsänger, nebst einer sehr mittelmäßigen englischen Solosängerinn zu bezahlen haben, jährlich an funfzehn hundert Pfund Sterling (gegen neun tausend Thaler) reinen Gewinn haben, da
Salomon, der seit vier Jahren die ersten und folglich theuersten Talente seit der Zeit vereinigt, fast eben
so viel zusetzen mußte, und Gefahr läuft sich zu
Grunde zu richten, wenn er so fortfährt. Den Anfang zu einer Revoluzion in der hiesigen Musik hat
er indeß wirklich dadurch gemacht: das ehemalige

Concert professional hat er vertilgt, und den Unternehmer der italienischen Oper, der die Banti und
Marchesi und David hat, so furchtsam gemacht, daß
er ihm verschiedentlich Anträge zur Vereinigung gethan u. s. w.

⁓⁓⁓

Am achten Merz d. v. J. starb hier Sir Wil-
liam Chambers, der berühmte chinesische Gartenkünst-
ler. Er hatte in China selbst die dortige Baukunst
und Gartenkunst kennen gelernt, und dort, wie gemei-
niglich Menschen, die ohne natürlichen reinen Sinn
fürs Schöne auf außerordentlichen Wegen sonderbare
Dinge kennen lernen, eine ganz übertriebene Vorliebe
für den kindischen und grotesken Geschmack der Chi-
neser bekommen. Es gelang ihm, diesen Geschmack
dem Könige, damaligem Kronprinzen, dessen Zeichen-
meister er war, angenehm zu machen; und als der
König zur Regierung kam, übertrug er seinem Zeichen-
meister die Anlage der Gärten zu Kew. Es wurden
daran größere Summen verwendet, als in neuern
Zeiten vielleicht je zum Behuf einer Anlage in dem
herz- und sinnerfreuenden englischen Landschaftsgarten-
geschmack verwandt worden ist. Diese ungeheuren
Anlagen wurden auch von dem besten Künstler Englands mit großen Kosten in Kupfer gestochen und von
Chambers selbst unter dem Titel: Plans, Elevations.
Sections and Perspective Views of the Gardens
and Buildings at Kew in Surry, 1763 in folio herausgegeben. Früher (1758) hatte er schon sein Werk.
Designs for chinese buildings, und 1795 ein größe-

res Werk unter dem Titel: Treatise on civil Archi-
tecture herausgegeben. 1773 kam seine Abhandlung:
An oriental Gardening heraus, die bei einer zwei=
ten Auflage noch mit an explanatory discourse by
Tan Chan Zva of Quang Chew Fu vermehrt wurde.
Die beste Wirkung, die seine Schriften für den orienta=
lischen Geschmack hervorgebracht haben, ist wol *an
heroic epistle*, ein gegen ihn gerichtetes sehr witziges
Gedicht von Mason, dem lieblichen Sänger der engli=
schen Gärten. — Ohnerachtet nun aber Chambers
auch alle Männer von Geschmack und Kunsteinsicht
gegen sich hatte, blieb der König seinem alten Zeichen=
meister dennoch getreu, und übertrug ihm noch im Jahr
1775 die Vollendung des im großen Stil angefan=
gen Londoner Palastes, Sommersethouse genannt,
durch dessen Verstümmelung er den guten Geschmack
wahrlich nicht ausgesöhnt hat.

# VIII.

Ueber

## Hildegard von Hohenthal.

### I. II. III. Theil.

(Berlin in der Voſſiſchen Buchhandlung 1795. 1796.)

In der Hofnung, daß dem Leſer die beiden Aufſätze über
dies verächtliche Buch, im erſten und dritten Stück von
Deutſchland, eben ſo langweilig und überflüßig gedäucht
haben möchten, als dem Anzeiger ſelbſt die Beſchäftigung
mit demſelben unangenehm geweſen, und der Leſer ſo den
Beſchluß der ſchon zu weitläuftigen Anzeige gerne entbehrte,
verſchob jener ihn auch gerne von einem Stück zum andern.
Von mehreren Seiten erfährt er aber leider, daß auch ſogar dieſes Buch in der galanten, undeutſchen Kunſt- und
Leſewelt ſeine Anhänger gefunden, die noch gar ſehr des
Beweiſes bedürfen, wie jämmerlich es iſt; und ſo muß er
denn wol den Widerwillen überwinden, und den verheiß-
nen Beweis weiter führen.

So wie am Miſerere von Allegri geſchehen, verſprach
er auch an einem von dem Verf. hochgeprieſenen Theater-
ſtück ein Exempel zu ſtatuiren. Da indeß die Muſik ſelbſt
von einem ſolchen nicht ſo leicht den Leſern vorgelegt werden kan, als es dort mit dem Miſerere geſchah; ſo wählen wir von einem Haupthelden des Verfaſſers die Oper,
die von ihm nur allein öffentlich im Druck erſchienen iſt:
die Olimpiade von Jomelli.

Jedermann, dem daran gelegen ist, die Urtheile mit der
Partitur zu vergleichen, kan die Oper in Stuttgard vollständig gedruckt finden. Der Verfasser der Hildegard gibt
diese Nachricht selbst, setzt aber von dieser fast einzigen
aller beurtheilten italienischen Opern, die sich jeder deutsche
Leser verschaffen kan, wenn er will, gar poßierlich hinzu:
«Wer sie, wie einige der Folgenden, nicht kennt, kan, wenn
er will, die wenigen Blätter, die sie betreffen, überschlagen.» Nun möchte man wol die Blätter zählen, die für
die meisten deutschen Leser übrig bleiben würden, wenn sie
alle das Gewäsch über Opern überschlagen sollten, die sie
nicht kennen, oder nicht so leicht in Deutschland finden
können! Kaum sind die wichtigsten Opern von Gluck, die
seit beinahe zwanzig Jahren in Paris gestochen, ja zum
Theil schon auf deutschen Theatern und in öffentlichen Kon-
certen aufgeführt worden sind, in den größten Städten
Deutschlands zu finden. Die Opern der neuern Italiener
sind selbst in Italien nicht leicht zu haben; nicht, weil sie
als große seltne Merkwürdigkeiten, geheim oder hoch im
Preise gehalten würden, wie ein unschuldiges Mitglied vom
pariser Rath der Alten zu glauben schien; indem es verlangte, Bonaparte sollte sich in Italien auch die Opernpartituren von Piccini, Sacchini, Sarti u. a. von
den Regenten Italiens ausliefern lassen; — noch weniger,
weil sie eben im Einwurzeln begriffen wären, um dermal-
einst klassische Werke zu werden; *) sondern weil es das
Publikum eben so wenig als die Komponisten selbst der
Mühe werth achten, solche Opernpartituren in ihrer Voll-
ständigkeit aufzuheben, die immer nur für das augenblickliche Bedürfnis jedes Theaters, nach dessen meistens sehr

---

*) Im ersten Bande S. 239 sagt der Verf. «Das Klassische
gleicht einem Wald von hohen Stämmen; es faßt nur mit der Zeit
tiefe Wurzel, und strebt hoch in die Lüfte.»

ürmlicher Beschaffenheit zusammengeschrieben werden. Nur
selten besitzen die italienischen Komponisten selbst vollständige
Partituren von ihren eignen Opern, und nur wenige
Kunstenthusiasten unter den italienischen Dilettanten wenden
die Kosten daran, vollständige Partituren zu sammeln. Von
diesen aber hat gemeinhin jeder nur Einen Lieblingscompo-
nisten, von dem er sammelt, und der auf Kosten aller
Uebrigen von ihm bis in den Himmel erhoben wird. —

Doch mit den neuen italiänischen Opern hat sich der
B. eben nicht sehr befaßt. Man erkennt durchaus in seinem Buche die Benutzung einer Musiksammlung, die in
den letzten zehn, zwanzig Jahren wenig Zufluß an italienischen Kunstwerken gehabt haben mag, und in seinem Urtheil
den Dilettanten, der einer bestimmten frühern Kunstperiode
alle seine Reminiszenzen verdankt. —

Mit den ältern Opern mag es in Italien indeß auch
nicht viel anders gehalten worden sein: denn es hält in
Italien, wenn man nicht auf einige alte speculirende No-
tenschreiber trift, fast eben so schwer, von ihnen vollständige
Partituren zu bekommen; wie der Schreiber dieses, der in
Meiland, Venedig, Rom, Neapel weder Mühe noch
Geld gespart hat, sich die echten Meisterwerke der unsterblichen Männer, von denen die wahre Kunst in alle Lande
ausging, zu verschaffen, gar wohl erfahren hat.

Doch zu unserm Jomelli. Der B. kan sich nicht beklagen, daß wir an Jomelli nicht den rechten Mann,
und an dieser seiner gedruckten Olimpiade nicht das
rechte Werk zu unserer Probe erwählen. Er selbst setzt
Jomelli im ersten Bande S. 98 und 240 mit Leo und
Händeln in eine Reihe, und S. 248 findet er in Jomelli's Arbeiten, »den Triumf der italienischen Musik
über alle andern.« Von dieser Oper sagt er im zweiten
Bande S. 38: «Jomelli erscheint hier in der Fülle seiner

Kraft. Wir wollen nur das Vortreflichſte durchgehen. »
Nun, und ſo wollen wir ihm denn nur in der Zergliederung
dieſes Vortreflichſten folgen, und das übrige mit ihm linker
Hand liegen laſſen. Kan ein Kritiker gerechter und billi-
ger handeln?

«Erſter Akt. Scene 3.

Quel destrier, ch' all albergo è vicino,
più veloce s'affretta nel corso.

(Ein Roß, das ſich der Wohnung nähert, beſchleunigt
ſchneller ſeinen Lauf.) Dieſe Arie gehört unter die vortreflichſten der pittoresken Muſik; der Galopp des Pferdes
herrſcht durchaus in der Begleitung der zweiten Violine,
und es iſt in der Melodie und der geſammten Harmonie
eine Pracht und ein Jubel, die bezaubern.«

Daß der geſchmackloſe Kritiker nichts von der Geſchmackloſigkeit eines ſolchen muſikaliſchen Gemähldes bei Dichter
und Komponiſten ſagt, iſt in der Ordnung. Dem Kunſt-
kenner von Geſchmack kan der Sänger bei dieſem einförmi-
gen hop, hop, hop, der zweiten Violine, die wirklich
faſt durch die ganze Arie hindurch, und oft 7 bis 11 Takte
hintereinander, auf denſelben Tönen

zu galoppiren hat; mit ſeiner auf dem galoppirenden Begleiter unſicher ſchwankenden, ſich wol gar am Sattel feſt-
haltenden Melodie, nicht wol anders vorkommen, als die
reitenden Schneider in den engliſchen Pantominen des Mr.
Aſtley, die in papiernen Pferden ſteckend, auf eigenen Beinen
gar poſſierlich herumgaloppiren. Wenn man ſich nun noch
hinzudenkt, daß jene brave Reuterarie von einem Kaſtraten
in den höchſten Tönen ſeiner Schneiderſtimme geſungen
wurde, ſo iſt das Bild gar vollendet.

Aber selbst diese dem B. so werthe Schönheit hat er
nur zur Hälfte gezeigt. Die zweite Violine galoppirt
nicht bloß, sie wiehert auch; und diese zweite Violine wiehert auch nicht allein, die erste wiehert von Zeit zu Zeit
mit; ja es geht bald so lustig her, daß auch der ernste
Baß sich nicht enthalten kan, mit darein zu wiehern. Und
nun denke man sich erst den armen Affen (des weiblichen
Gesanges) auf diesem tollen Ausreißer!

«In der Melodie und der gesammten Harmonie ist eine
Pracht und ein Jubel, die bezaubern.»

Die Melodie hebt so an.

Quel    do - strier cheall' al-
ber - god vi - ci - no,    più ve-
lo - ce, più ve - lo - ce s'af - fret - ta nel
cor - so.

Nach dieser Melodie mußte also zum Ausdrucke von
Pracht und Jubel gehören, daß die Stimme erst langsam
in gedehntem verlängerten Rytmus herunterstiege, und

sich nach geendigtem Vordersatze völlig zur Ruhe sezte;
dann sich gemächlich wieder erhöbe, mit dem Nachsatze von
vorne anfinge und die Scala Schritt vor Schritt, wie auf
einer engen Sprossenleiter, fast zwei Octaven hindurch in
die Höhe stiege; und zwar so, wie die Scala zu Ersparung
des Raums beim ersten Notenunterricht geschrieben zu werden pflegt, erst einige Töne als ganze Takte, dann einige
als halbe, dann gerade noch einmal so viele als Viertelno-
ten, darauf wieder eben so die doppelte Zahl als Achtelnoten, denen noch so ein paar Sechszehntheilnoten, und noch
so ein paar punctirte Noten angehängt werden können.
So kan man diese jubelvolle bezaubernde Melodie zur
Zeit beim ersten Notenunterricht gebrauchen, und für die
Ewigkeit kan ein koncentirender Magister sehr leicht daran
zeigen, daß dies der wahre Ausdruck des beschleunigten
Laufes sei. Nicht viel anders verhält es sich mit der Melodie die ganze Arie hindurch.

Die Harmonie ist aber gar die allergewöhnlichste, ohne
welche zu der Zeit fast keine einzige Arie geschrieben
wurde. Das ganze 29 Takt lange Ritornell, während
welches die zweite Violine um dem armen Sänger herum-
galoppirt und wiehert, so daß dem armen Affen auf dem
Theater fürs Aufsitzen bange werden muß, kommt gar nicht
aus dem D Dur heraus. Dann singt die Singstimme noch
14 Takte in D Dur, und geht dann den gewöhnlichen
Gang durch H moll ins E dur, als der Dominante von
A dur. In diesen A dur bleibt die Stimme 24 Takte,
bis sie die erste Abtheilung schließt. Worauf das Ritornell
noch 7 Takte in demselben Tone wiehert und galoppirt;
dann fängt die Singstimme wieder nach dem allgemeinsten
Schlendrian die zweite Abtheilung in demselben Tone an,
und geht wieder ins D Dur gerades Wegs zurück. Wie
bekommen das niedersitzende Thema dieser jubelvollen Arie

noch einmal zu hören, diesem folgt die gewöhnliche Aus-
weichung nach der Unterdominante G dur: nach vier Takten aber wendet sich der Gesang wieder ins D. dur, worin
er nun noch 25 Takte bis zum Schluß verweilt, und wo
diesem hohen Jubelgesange noch mit einer förmlichen Kadenz-
einleitung und einem Halt! (oder Prrr! um in der Meta-
pher zu bleiben) die Krone aufgesezt wird, vermuthlich
um noch auszudrücken, daß das braugaloppirende Pferd
auch pariren gelernt hat. Doch nein! die Krone wird
ihm erst im zweiten Theil aufgesezt, der nach dem ganz
alltäglichen, allen lebhaften Gang stöhrenden, damaligen
Schlendrian aus einem Andante besteht, das in G moll
anhebt, dann nach E moll, und so nach G dur geht, und
darin schließt. Man sieht, diese hohe Jubelarie ist
gegen das Kirnbergische Schema von statthaften Auswei-
chungen in einem ordentlichen Saze gehalten, eine so vollkommen stattliche spiesbürgerliche Arie, als der frömmste
Schüler, mit dem Schema seines gestrengen Lehrmeisters
vor Augen, nur eben zur vollkommenen Befriedigung oder
Verzweiflung desselben (wenn er für sich auch ein Herz wie
Kirnberger hat) hervorbringen könnte; und in solchem, das
Schulmeisterherz mit Zufriedenheit oder Wehmuth füllenden
Produkt, pflegt weder Pracht noch Jubel zu bezaubern. Ein
förmliches Dacapo vollendet die unsinnige Behandlung der
Worte, indem damit das Gleichnis des ersten Theils dem
bereits im zweiten Theile abgesungenen Verglichenen noch
einmal nachfolgt.

Der Verf. sagt weiter: »Lolli konnte sich dabei her-
vorthun. «

Welch eine reiche-pikante obligate Instrumentalbegleitung sollte hiernach nicht jeder erwarten, der Lolli's unge-
heure Fertigkeit und originelle Manier kennt? Nun die Fi-

guren, womit die Violine dem Affen auf dem Theater, Note
für Note nachäfft, sind folgender Art:

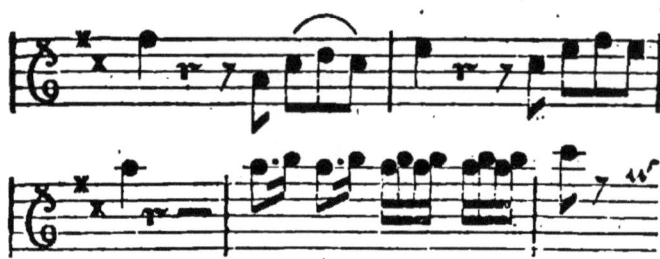

Der Leser meint vielleicht, man setze hier boshafter Weise das
Unbedeutendste aus der ersten Abtheilung her; in der zweiten wo nach einem so alltäglichen Plane alles im Haupttone
des Stücks wiederholt werden müsse, würd' es wenigstens
durch die Transposition in die Höhe etwas brillanter werden.
So? da kennt der Leser der berühmten italiänischen Singe-
componisten Unkenntniß in der Instrumentalmusik nicht,
Vermuthlich dem Sänger zu gefallen hat Jomelli jene glänzende Passage in der zweiten Abtheilung um eine Quinte
hinunter transponiren müssen, und da gab er dann, ohne
alles Arg, der concertirenden Violine die Imitation auch
eine Quinte tiefer. Lolli wird vermuthlich klüger gewesen
sein, und das Ding anders gespielt haben, als es da steht;
aber das that Lolli, nicht Jomelli.

Doch wir halten uns viel zu lange bei der viel zu
langen geschmacklosen Arie auf, von der der B. — dem es
gemeinhin so heimlich auf der Haut juckt, wenn er das
rechte Thier nicht ergriffen hat — nach all jenem Lobe selbst
sagt: «Man muß sie als eine reizende Verzierung betrachten.«

Weiter. «In dem Schäferchor:

O care selve! o cara
Felice libertà!

O ge-

(O geliebte Wälder, o liebe beglückte Freiheit!) der den einfachen gehörigen Charakter der Fröhlichkeit hat» u. s. w.

Der einfache gehörige Charakter soll hier bei diesem Schäferchor doch wohl heißen, der Pastoralcharakter? Wird der aber wohl durch die Menuettbewegung ausgedrückt? oder durch vermischte Rythmen von 3. 4 und 5 Takten? oder durch das Durchlaufen des eben benannten Fünfecks von Modulationen? oder durch scharf punktirte und abgestoßne Noten? oder durch die Vermischung der heterogensten Figuren von einfach zusammengezogenen Achtelnoten, durch alle Zwischenfiguren hindurch bis zu Passagen von zwei und dreißig Theilen, vermischt mit einer scharfpunktirten Baßbegleitung? Oder durch Imitationen von Soloinstrumenten in glänzenden Figuren? oder durch den gewöhnlichsten rauschenden Instrumentalschluß? Sind dieses nicht vielmehr alles Mittel, wodurch der geschickte Componist sehr vermischte Leidenschaften und Charaktere darzustellen weiß? Hier sind sie freilich nur eben angewandt, um dem unverständigen Zuhörer auf mancherlei Weise die Ohren zu kizeln und zu zwicken. — Der Componist hat hier zwar statt ¾ ⅜ zur Bezeichnung des Takts gewählet, und statt Tempo di Minuetto, Allegro drüber geschrieben. Kann das aber etwas am Vortrage ändern, wenn er Figuren anbringt, die es dem Sänger unmöglich machen, das Stück in einer andern als der Menuetbewegung zu singen?

Und nun die höchst ungeschickte Behandlung der Worte! wie sie nur je ein deutscher Dorfcantor, der nie ein Wort Italiänisch verstand, hätte behandeln können. Hier sehe man das ganze Rondothema, und in den 7 Takten zugleich einen Theil der obengenannten Fehler. Um die ganze Liste vor Augen darzustellen, müßten wir noch Raum zu dem 21 Takt langen Ritornell verschwenden, welches diesen 7 Chortakten vorangeht. Mit einer Wiederholung

M

der letzten 4 Takte machen diese 7 Takte indeß das ganze Chor aus, das in der Folge noch 3 mal wiederholt wird.

O ca - ro fel - ve! o ca - ra fe - li - ce li - ber - tà.

Man könnte ein Buch über die Schlechtheit dieser 7 Takte schreiben, ohne den Componisten mit einem Worte zu chicaniren. Was der Dichter, hier freilich sehr ungeschickt für einen musikalischen Dichter, in einen Vers gebracht bringt der Componist auch ohn' alles Arg in einen Rythmus, trennt so das Beiwort *cara* von seinem Hauptworte *libertà*, das im folgenden Vers und Rythmus erst nachgeschlept kommt. Damit noch nicht zufrieden, giebt er jener ungeschickten trägen Melodie noch einen Baß, der dem einzelnen Rythmus einen eignen Schlußfall giebt. Auch damit noch nicht zufrieden, nun nach jenem abgerißnen Beiworte, mit dem zweiten Rythmus eine eigne Melodie anheben zu laßen, giebt er der Singstimme noch eine ganze Taktpause. Vieleicht um einen gleichen Rythmus mit dem vorigen hervorzubringen, wozu ihn wol der Tanz, der mit diesem Chor verbunden zu werden pflegt, zwingt? Nein, er stellt gerade dadurch ein paar ungleiche Rythmen neben einander, mit welchen der Balletmeister seine Noth hat, und der Tänzer noch ärger. Nun die Melodie hat vieleicht einen so bestimmten Charakter der Fröhlichkeit und des Freiheitsgenusses, daß das gehobne, ergözte Gemüth solche Nachläßigkeiten gern verzeiht? ja, daß der Componist ihnen wol nicht abzuhelfen vermag, ohne der Schönheit und ästhetischen Kraft der Melodie zu schaden? Meint ihr? Versucht einmal, auf jene Melodie zu singen:

O setz dich zu mir, du liebes
leichtfertiges Mägdelein!

Und ihr werdet finden, daß die Melodie zu diesen schönen lyrischen Versen vollkommen paßt.

Daß die ganze Harmonie des Chors aus den oben angeführten zwei Stimmen besteht, soll vermuthlich Naivität sein, und möchte allenfalls in einem Schäferchor hingehen. Aber wieder, wie höchst ungeschickt angeordnet! Die Oberstimme wird von Diskantstimmen, die zweite Stimme von Tenorstimmen gesungen. Nun denke man sich die Tenorstimmen unter ihrer eigentlichen Tiefe, wie eine Baßstimme, fast zwei Octaven von der Oberstimme entfernt: und man wird begreifen, und beim Versuch leicht hören, daß sich diese beiden so weit auseinander gelegenen Stimmen nie vereinigen werden.

Statt alles dessen sucht der V. den Componisten über die einzige Schönheit, die dieser Gesang hat, zu entschuldigen. Daß die lezte Sylbe in *Felice* gehoben wird, — nicht als lang declamirt wird, wie der V. meint, denn sie steht mit all' ihrem hohen Tone noch immer zwischen zwei andern Sylben, die beide den Niederschlag bekommen haben,

der sie in einer so markirten Bewegung wol länger macht,
als die Sylbe ist, die die beiden übrigen leichten Takttheile
bekommen hat; — das ist, sag' ich, für leidenschaftliche
Zuhörer eine wahre Schönheit, und es ist in dieser Melodie wirklich das Einzige, wodurch sie gehoben wird.
Sehr unrichtig vergleicht der V. diese Erhebung der Stimme
zum leidenschaftlichen Ausdruck mit jener ganz zweckwidri-
gen Erhebung auf jeder kurzen Sylbe in der Melodie von
Pergolesi zu den Worten

cujus animam gementem

die augenscheinlich blos das damals modige tempo rubato
zur Absicht hatte, und worüber längst echte deutsche Kunstrichter eben so gründlich als schonend geurtheilt haben.

Doch wieder viel zu viel über die Armseligkeit des kleinen Chors, und der V. wird vermuthlich sagen: das sind
alles Kleinigkeiten, — wie wol in Italien Componisten und
Copisten zu sagen pflegen — kommt nur erst ans Große,
ans echt Tragische! — Freilich! wäre dies recht bestellt;
so könnte und müßte man dem Componisten zu liebe schon
annehmen, er habe jene Arie für eine Nebenperson, und
dieses kleine Chor, nach der Weise manches italiänischen
allzeitfertigen Componisten von seinem Copisten oder einst-
weiligen Schüler machen lassen. Und so hätte man nur
allenfalls zu lachen, daß ein unberufner deutscher Critiker
nach einigen dreißig Jahren den Copisten für den rechten
Mann ansieht, weil er in seines Herrn Schlafrock und
Nachtmütze steckt. Aber leider sieht es mit dem Großen
noch weit schlimmer aus!

Ehe wir da heran kommen, führt uns indeß der V.
noch eine Nebenschönheit mit seinem gewöhnlichen Schwall
von Präsentationsformeln auf.

«Sc. 8. ganz vortrefflich für eine Contrealtstimme.»

Das heißt, die Singstimme bleibt auf den Linien des

Difcantſyſtems, nur in einigen Läufen der Arie geht ſie
eine Terz über die Linien hinaus, aber nie unter dieſelben.
Dieſe ganze Scene iſt alſo eigentlich nicht für die Contrealtſtimme, ſondern für einen Mezzo Soprano (eine tiefe
Diſcantſtimme) geſchrieben, wozu auch die ganze übrige
Behandlung paßt. Man findet hier in einer andern Arie
Paſſagen von 32 Theilen, viel kurze und punctirte Noten,
meiſtens Note auf Sylbe; überall nichts von dem breiten
edelgehaltenen was die Contrealtſtimme charakteriſirt. Wenn
der B. nur eine rechte Contrealtarie von Händel, Leo,
Haſſe recht beachtet hätte, ſo würd' er gewußt haben,
daß dieſes keine Contrealtarie ſei.

Ferner ſagt er: «Das Recitativ mit Begleitung iſt
voll Grazie und Fülle; von Klang und meiſterhaft declamirt.»

Die erſten 4 Tacte können zur Probe für alles dienen:
denn in dieſem ſelten ſpielenden Charakter, der in der zweiten Hälfte noch mehr belebt wird, geht die Begleitung
fort; und eben ſo kalt und unbedeutend iſt die Declamation des ganzen Recitativs, das übrigens die Klagen der
verlaßnen Argene ausdrücken ſoll.

und so fort dieselbe Begleitung — die hier in ihrer ganzen
Fülle von Klang steht, die schon das Vorspiel ausgemacht
hat, und wiederholt wird, bis sie von einem noch weit angenehmer tändlenden Andante abgelöst wird, von dem wir
weiter unten auch ein Pröbchen vorlegen wollen. Wenn
man den obigen Recitationoten, statt ihrer Worte: So
hat Licidas, der Undankbare, mich schon vergessen! folgende wieder unterlegt: Komm, mein Licidas, näher, setz' dich hieher ins Gras; so paßt
die Declamation vollkommen und das spielende tändelnde
Instrumentspiel wird bedeutend. Und dann wird die folgende feine Bemerkung des Verfassers erst recht sinnvoll:
«Es macht noch mehr Lust, wenn man weiß, daß Jomelli
mit der Buonani in einem Liebesverständniß lebte.» Auch
die vom V. gerühmte «einfache Begleitung der zweiten
Violine» würde in solcher schalkhaften Scene — wenn
gleich nicht neu «— das bedarfs bei solcher Scene nicht —
doch voll Wirkung» sein.

«Die plötzliche Abwechselung von Ton» besteht in dem
ganz alltäglichen Cirkel den alle Recitative durchlaufen:
aus G dur nach C dur; von da nach A moll durch D dur
wieder nach G dur, und wieder wie vorher nach C dur,
von da nach F dur, von hier freilich plötzlich genug nach
E dur, wie nur immer ein Componist, der sich um die
wahren Gesetze der wahren Harmonie wenig kümmert, mo-
duliren mag. Man sehe hier, und in der Instrumentalbegleitung zugleich, ein Pröbchen von der angenehm tändelnden Begleitung.

In l'arte di lagri - mar

d'im - palli - dir.

Nur am Ende des Recitativs wird die Declamation
durch eine, freilich auch bei ältern Italiänern gewöhnliche
steigende Transposition bei Wiederholung derselben Worte
lebhaft und leidenschaftlich, und die Begleitung in ganzen
grössen Akkorden stark; und dies nennt der V. «es be-
schließt voll Grazie.»

«Scene 9. Dieser Monolog des Megacles: Che in-
tesi, eterni Dei, quale improviso fulmine mi colpi, (Was
hab' ich vernommen, ewige Götter! welch ein unerwarteter

Donnerschlag! gehört zum Kern der ganzen Oper, und
macht gleichsam das Herz derselben aus. Jomelli zeigt
einen grossen Kunstverstand und ein feines richtiges Gefühl
für Poesie, daß er bei allen seinen Opern immer so das
Wesentliche heraushebt.«

Wenn dieses dadurch auf die echte kunstmäßige Weise
geschieht, daß alles übrige platt vernachläßigt, und das
Wesentliche nur recht glänzend und angenehm dargestellt
wird, hab es übrigens einen Charakter welchen es wolle;
so hat der V. recht. Ihm aber auseinander zu setzen, wie
das Hervortreten der Hauptfigur und der tiefe Eindruck der
Hauptscenen durch den wahren Künstler auf eine ganz andre Weise gesucht und erreicht wird; dazu ist wol weder
Er noch sein Buch geeignet.

«Diese Stelle ist klassisch bearbeitet.» Das soll doch
wol heissen? sie ist mit Gefühl und Verstand angelegt,
durch zweckmäßige Anwendung aller echten Kunstmittel ausgeführt, und durch Benutzung der feinern Kunstkritik so vollendet worden, daß sie ein bleibendes Muster werden
müßte?... Nun wir werden ja sehen!

Die Scene von der man durch alle Declamationen des
Verses nicht viel erfährt, ist in ihren Hauptmomenten folgende. Magacle hat eben von seinem Freunde Licida (ver-
meinten Königssohn) erfahren, daß dieser die Geliebte seines
Freundes anbetet, und selbst durch seinen Beistand ihre Hand
zu erlangen hoft. Sobald ihn Licida allein läßt, ruft er
aus: Ewige Götter was hör ich? Welch ein unerwarteter
Blitz fuhr auf mich herab? — Und dann: Verzeihe Prinz!
auch ich liebe; und forderst du von mir, daß ich dir Aristea aufopfern soll, so forderst du mein Leben. — Aber
verdank' ich ihm nicht mein Leben? — — Wie Magacle?
und du könntest noch anstehen? Ach! wenn Aristea dich
mit diesem schändlichen Maale im Angesicht erblickte, sie

müßte dich verabscheuen! Nein, so soll sie mich nicht erblicken! Euch allein, Freundschaft, Treue, Dankbarkeit, Ehre,
Euch allein will ich hören! — Nur den Anblick meiner Geliebten fürcht' ich noch! Wie soll ich Elender vor ihren Blicken bestehen? Beim bloßen Gedanken zittern mir alle Glieder — — Nein, ich vermöcht' es nicht!

Und nun erscheint plötzlich Aristea, spricht ihm mit traulicher Liebe zu. Er kämpft, seine Geheimnisse zu verbergen;
sie sieht ihn unglücklich, fürchtet Untreue, will ihm gerne tief
ins Herz sehen. Er hält sein Herz, das vor Liebe und Eifersucht zerspringen möchte, fest: schwört ihr seine Liebe, will
sich aber mit Gewalt losreißen, und so geht diese heiße
Kampfscene in ein Duett über, das Megacle mit den weh-
müthigen Worten anfängt: «In deinen glücklichen Tagen
gedenke Mein; — und in welchem der Kampf der Liebe und
Ehre aufs Höchste steigt. Beide enden mit der Ausrufung:
Wer empfand je herberes Unglück! Wer je grausamern
Schmerz!»

Die Hauptmomente der Empfindung in dieser Scene
sind: erstarrender Schreck, der sich in Anklagung des Schicksals auflöst; Bitterkeit gegen den glücklichen Freund; erwa-
chendes Pflichtgefühl; siegendes Ehrgefühl; Angst für den
Anblick der Geliebten; ihre Liebe; sein Kampf zwischen Liebe
und Ehre; aufsteigende trübe Besorgniß in ihm; bittre Eifersucht in ihm; am Ende schaffen Beide dem gepreßten Herzen in gemeinschaftliche Klagen Luft.

Diesen Hauptmomenten gemäß wird der echte Künstler
die Mittel, die ihm Declamation, Bewegung, Harmonie und
der alles in sich vereinigende Gesang zuletzt an die Hand geben, anwenden; er wird den erstarrten Helden nach und
nach in Bewegung kommen lassen, und sich anfänglich begnügen, die Accente, die das innere Kochen und Toben seiner Seele ausdrücken, durch alle Mittel, die ihm die Har-

monie darbietet, zu verstärken. Ist der Held erst in Bewegung, so wird dem echten Künstler jedes gewaltsame Anhal-
ten und Abspringen unmöglich werden; er wird die innere
und äußere Bewegung *) immer wachsen lassen, bis das
erschöpfte Herz mit der letzten zusammengerafften Kraft seinen höchsten Schmerzenslaut zum Himmel schickt.

Der Afterkünstler hingegen wird den Helden erst wie einen Knecht mit Ungestüm um sich schlagen lassen; dann
beim Gedanken an den mächtigen Freund mit einmal irre
werden, und so nach dem Sinne einzelner Worte bald kla-
gend, bald gelassen, bald liebelnd, bald tröstend declamiren
und singen lassen. Der Instrumentalbegleitung wird er so
viel ohrenfüllendes Geräusch, und dann wieder so viel ohren-
zerreißendes Heulen und Winseln geben, als die einzelnen
Worte nur immer zu mahlerischen Klingklang Veranlassung
darbieten. Übrigens wird er sich bestreben, jedem Schlendrian in den Formen, jedem angewöhnten Bedürfniß der
Singenden und Spielenden, und mehr noch, der eben so af-
termäßig hörenden und urtheilenden Menge ein Genüge zu
leisten. Dieser wird dann auch vor der dummen Menge gewiß an Ort und Stelle am lautesten bewundert und be-
klatscht, und noch von späten Afterkritikern, die nur durch
den Ruf erfahren, was der Mann werth war, am lautesten
gelobt werden. Ist der Kritiker obendrein kein Künstler,
wohl gar ein der schönen Wissenschaften Beflissener,
so wird er in allgemeinen Ausdrücken, die auf alles andre
eben so gut passen, ohngefehr so loben: «voll Grazie und
Fülle — neu und voll Wirkung — tragischer Keulenschwung
— erstaunliche Kraft von Darstellung; innre Gefühle hörbar in die Luft gezaubert — alles aus der höhern menschli-

---

*) Wenn unser Commentator diesen Unterschied auch eben nicht be-
greift; so giebt es doch wohl Leser, die ihn ohne weitläuftige Auseinandersetzung begreifen.

chen Natur genommen — Griechisch reizend und schön —
entzückend — voll von echtem Pathos — eine rechte Perle
u. s. w., welches alles unser B. von dieser wie von jeder
andern Oper zu sagen weiß *).

Hat nun Jomelli diese Hauptscene als echter Künstler
bearbeitet?

Nachdem Megacle das schreckliche Geheimniß erfahren,
und der Freund abgegangen ist, muß er 20 lange Viervier-
teltakte still stehen, und erwarten, daß das Orchester um ihn
herum blitzt und donnert, damit er drauf sagen kann: Welch'
unerwarteter Blitzschlag? Der Ausdruck des Blitzes, der gar
possirlich so aussieht:

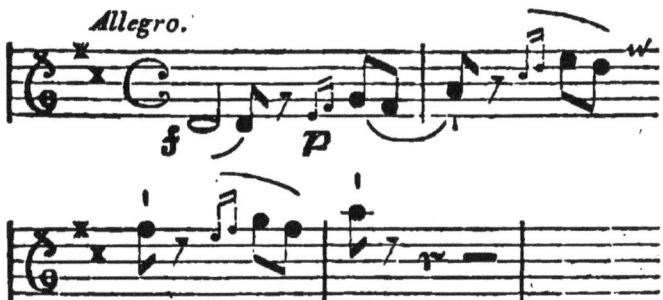

dreimal Ton vor Ton hinunter transponirt, wurde zu seiner
Zeit mit großer Sorgfalt vom Orchester geübt, damit die
kurze Note in den Violinen nicht bloß so schnell als möglich
verschwand, sondern selbst etwas Pfeifendes erhielt. Jeder,

---

*) Bei dieser Weise des Verfassers, alles mit gleicher Maulfülle
auszuposaunen, erinnert man sich leicht des bedeutenden Worts einer
feinen Dame, die nach der Unterredung mit einem deutschen Gelehrten,
der mit ähnlichem falschem Enthusiasm alles zu beposaunen pflegte, an
ihre Freundin schrieb: Er hat mir so viel Schönes von der v. W. erzählt, daß ich sie für einen Engel des Himmels halten müßte, wenn er
mir nicht in derselben Viertelstunde ganz dasselbe vom Hamburger
Schellfische gesagt hätte.

der Lolli gehört hat, wird sich solcher für den komischen Ausdruck sehr bedeutenden Töne noch gar wohl erinnern. Der Donner wird dann darauf mit der in der ersten Hälfte und bis zur Mitte dieses Jahrhunderts fast allen, auch den besten Componisten gemeinen Figur, um eine lebhafte Bewegung auszudrücken, ausgedrückt: durch Läufe der Scala, durch mehrere Octaven hindurch hinauf und hinab, wobei der Baß in der Gegenbewegung die Scala durchläuft. Weil beim Donner nicht viel Harmonie statt findet, vielmehr alles wild durch einander läuft, so ist das Laufen der Violinen in Quarten und der gegenanlaufende Baß gar mahlerisch. Man sehe!

Noch eins! Eh der Sänger anfängt, sein Erstaunen auszudrücken, beruhigt sich die Instrumentalmusik erst in vier leisen, langsamen Takten, und auf dem angenehm gefälligen Septimenaccord singt dann der Sänger in den gewöhnlich-

ſten recitativiſchen Tonfolgen ſeinen ganzen Schreck aus.
Damit aber das ganze Inſtrumentalunweſen jener 20 Tacte
noch einmal getrieben werden kann, ſingt der Sänger alle
ſeine erſchütternden Betrachtungen zwiſchen den Blizpauſen
durch, immer in den gewöhnlichen Recitativgängen, und immer in D dur und deſſen Dominante A dur ab. Bis es
zum zweiten Mal abgedonnert hat; dann leitet wieder ein
ſanfter Übergang durch die kleine Septime das Verzeihungs-
geſuch ein: denn Jomelli behandelt die bittern Worte: Per-
dona il prence, ancor io son amante! wirklich mit der höf-
lichſten Milde!! Ein kleines ſehr angenehmes Andante leitet die Worte ein, und wird in dreimaliger Quintentranspo-
ſition zwiſchen durch wiederholt, bis folgende Jammertöne,
an deren Mittelſtimme man auch Jomelli's feine harmoni-
ſche Behandlung bewundern mag,

2 Violinen.

Bratſche
und Baß.

das Pflichtgefühl in dem Helden rege machen. Und diese
Jammertöne, die, so bedeutend sie auch an sich als Jammer-
ausruf sind, hier doch durchaus gegen den Charakter und
das erwachende heroische Gefühl des Helden streiten, werden
vier Mal hintereinander zu den steigenden edlen Betrachtungen des Helden, ganz in denselben Tönen ohne alle Ver-
stärkung und Erhöhung wiederholt, bis, auf die sich selbst
anklagenden Worte, eine angenehm klagende Melodie im
Final folgt. Und was bereitet und begleitet den Heldenent-
schluß, sich ganz der Freundschaft, Treue, Dankbarkeit und
Ehre zu weihen? Ein sehr angenehmes, fast spielendes Lar-
ghetto in E dur. Seinen ganzen heroischen Entschluß singt
nun der Held in E dur ab, ganz so, wie er im Anfange seinen Schreck absang, und wie in jeder Opera buffa der Herr
seinen Diener ruft. Und doch sagt der B. «in der Declamation und Begleitung liegt eine erstaunliche Kraft von
Darstellung: alle innern Gefühle der höchst leidenschaftlichen
Menschen werden hörbar hervorgezaubert.» In derselben
Larghettobewegung befürchtet er denn auch, seine Geliebte
wieder zu sehen, bis zum Schluß die Instrumente sich neben
der Singstimme in sinkopirten Noten durch 7 halbe Töne,
alle Stimmen fast immer in gleicher Richtung, durchwinden.

Zum Schluß? Nun geht ja erst der Haupt-
kampf recht an? — Weißt Du denn nicht, lieber Leser,
was damals Schlendrian war — und — bey vielen italiänischen Componisten noch immer Schlendrian ist? Nur die
Monologen einer Oper müssen Instrumentalbegleitung haben. Wie sollte sich der Componist wohl zu benehmen wissen, wenn mehrere Personen mit einander auch noch so leidenschaftlich sprechen? Wird die Arie oder das Duett, das auf
eine solche Scene folgt, muß ja auffallend heraustreten.
Wer würde wohl in den Logen merken, daß die Arie oder
das Duett anfinge, wenn nicht das während dem Recitativ
schweigende Orchester es ankündigte? und muß das Orchester

sich nicht vor einer Arie oder Duett erst gehörig ausruhen? Schlimm genug, wenn auf einem accompagnirten Monolog gleich ein solcher Stich folgen muß. Dem Componisten, Orchester und bequemen Zuhörer weiter mit solchen leidenschaftlichen Accompagnements zur Last zu fallen, das war eine leidige Erfindung des barbarischen Glucks und anderer ihm ähnlichen musikalischen Barbaren.

Und wahrlich, dieser große Künstler hat in dieser großen Scene — von welcher unser B. sagt: «da ist nichts von Schlendrian,» diesen sinnlosesten Schlendrian aus der Kindheit der Oper genau beobachtet; und nicht nur diesen allein. Das ganze folgende Duett — welch ein Moment! — ist in dem ganz gemeinsten Schlendrian damaliger Zeit gemacht. Der verzweifelnde Held fängt seine wehmüthige Klage: «in Deinen glücklichen Tagen gedenke Mein!» in dem hellen A dur, in der angenehmen ¾ Larghettobewegung, mit der angenehmsten, ruhigsten, mit einer wollustathmenden Melodie an. Wenn man wollüstige Ruhe nach dem Genuß, in welcher Rousseau den höchsten Genuß findet, in Musik setzen wollte, es ließe sich keine lieblichere passendere Melodie dazu finden. Die unruhige bekümmerte Geliebte lenkt auf die ängstliche Frage: «Warum sprichst Du so zu mir?» auch gleich in dieselbe süße Melodie ein, und wiederholt sie eine Octave höher. In kalten abgenutzten schulgerechten Imitationen singen dann Beide zu den Worten: «Daß sein Schweigen, daß ihr Reden das Herz zerrisse,» jene wollüstige Melodie fort, und schließen vollkommen ruhig in der Dominante. Eine spielende Begleitung der Violinen:

animirt sie wieder zu Frag und Antworten, bis ein paar auffahrende starke Tackte in der Begleitung sie zu einem wiederholten gehaltenen Ausruf Ah! erweckt, (womit Jomelli alle seine Ensemblestücke aufzustutzen pflegt) worauf dann wieder der wollustvolle Gesang bis zum Entzücken steigt. Ein lebhaftes Ritornell schließt ganz in der Ordnung diese erste Abtheilung des ersten Theils. In der zweiten Abtheilung erinnert sich der Componist, daß die Situation eigentlich tragisch ist, und geht nach A moll über; allein nach vier Tackten geht er mit lebhaften Frag und Antworten gleich wieder ins A dur; und nun geht es, wie in der ersten Abtheilung, und der erste Theil schließt entzückend angenehm und auch schön, wenn man sich nur den gemeinen Menuetschluß mit seinem gehörigen Triller wegdenkt.

Tu mi tra - sig - gì il cor.

Sinniger Leser, diese Worte, die der tragische Keulenschwinger also absingen läßt, heißen:

Du zerreißest mir das Herz!

Der zweite Theil hebt, ganz dem alten Schlendrian gemäß, in Fis moll, dem nächstverwandten Mollton an, geht
dann eben so der Ordnung gemäß zu den Worten: Ich ster-
be für Eifersucht und kann es nicht sagen, in derselben angenehmen Bewegung ganz anständig aus D dur der Unterdominante des Haupttons, und schließt darinn mit obigem
Menuetschluß. Urplötzlich aber jagen die Singstimmen durch
kurze eilf Allegrotakte, die letzte Ausrufung in einer engen
kanonischen Nachahmung, als wenn sie sich zankten, und be-
schließen im zwölften Takt eben so urplötzlich mit einer alten plagalischen Kirchencadenz. Dieses sonderbare Auffah-
ren aus der tiefsten Ruhe, das ohne weitere Folgen bleibt,
und wieder so fromm zusammenfährt, würde eine komische
Scene vortrefflich ausdrücken: wie zwei zerstreute Alte neben
einander sitzen, der eine, dem es am Schenkel jucket, kratzt
den andern. Dieser fährt auf: «Herr, was kratzen Sie?»
Jener erwiedert eben so lebhaft: «nun Herr, mich juckt's!»
worauf der gekratzte Zerstreute sehr ernsthaft erwiedert: «Ja
so!» und nun sitzen sie wieder ruhig neben einander. Und
auch unsre Verzweifelnden singen nach jener kurzen Explosion wieder im langen Da capo ihre süße wollüstige ruhige Melodie des ersten Theils.

Nun vergleiche man mit diesem hochgepriesenen Duett,
das wohl Hofdamen und Castraten über die Maßen gefallen mag, die köstliche ausdrucksvolle Composition derselben
Worte von Paisiello, deren unser B nur erwähnt, um
sie gegen diese Composition ohne alle Wahrheit, ohne allen
Ausdruck herabzusetzen. Er findet das für die den Helden
überwältigende Wehmuth und die innre Angst der Geliebten
so ausdrucksvolle Final, in welchem übrigens der Componist
weit weniger verweilt, als in dem höchstbedeutenden As dur,
zu weichlich; und meint «Jomelli's A dur, welches in das
erhabne E dur übergeht, sei viel treffender.» — Doch wer wollte sich mit diesem Afterkritiker wohl um eine Sylbe weiter

einlaſſen, als die höchſte Noth gebietet? Dieſer glaubt Rec.
auch ſchon mit der Zergliederung des erſten Acts zum Über⸗
fluß Genüge gethan zu haben, und überläßt es gern ſeinen
ſinnigen Leſern, nicht nur dieſen erſten Akt, ſondern alles
übrige an Jomelli's Olimpiade Hochgeprieſene mit den weit
genialiſchern und ſchönern Compoſitionen derſelben Oper von
Sacchini und Paiſiello zu vergleichen. Wer nach
Vergleichung mit dem ſchönen Duett von Paiſiello und dem
höchſtlieblichen ſchönen se cerca se dice von Sacchini noch
einen Augenblick anſtehen kann, welcher von den Componi⸗
ſten den Kranz verdiene, für den wäre ohnehin alle weitere
Auseinanderſetzung verloren.

Wenn mich nun aber der B. frägt: Du hälſt alſo Jo⸗
melli für einen ſchlechten Componiſten? ſo werd' ich ihm
antworten: Nein! eine ſolche Frage konnte nur ein ſolcher
Critiker thun. Ich halte Jomelli für einen ſo guten und
glücklichen Componiſten, wie es die meiſten italieniſchen be⸗
rühmten Componiſten neuerer Zeit ſind. Er iſt ein Italie⸗
ner voll Einbildungskraft und Feuer, woneben nur ſelten
das zarte feine Gefühl wohnt, das dem echten guten Ge⸗
ſchmack zum Grunde liegen muß. Er iſt ein Künſtler, der,
ſtatt die Kunſt zu ſtudiren, die große Welt, ſein Publikum,
ſtudirt hat. Da dieſem Glanz, Wolluſt und Überraſchung
über alles geht, ſo hat er überall Glanz, Wolluſt und Überra⸗
ſchung geſucht. Da er einer der erſten italieniſchen Compo⸗
niſten war, der ein braves deutſches Orcheſter in ſeine Ge⸗
walt bekam, und für deutſche Ohren komponirte, deren In⸗
ſtrumentalgeräuſch und Hokuspokus nur gar zu oft über die
ſchöne bedeutende Einfachheit und ausdruckvolle Wahrheit
des Geſanges geht; ſo hatt' er auch wieder die Klugheit,
mehr als ſeine italieniſche Vorgänger, auf glänzende und
frappante Inſtrumentalbegleitung zu raffiniren. Dies geht
beſonders in ſeinen letzten Stutgarder Arbeiten ſo weit, daß,
wenn man ſeine als original und genialiſch geprieſenſten

Sachen, von allen zufälligen Zierrathen, von allem deutschen Augenstreusand der Begleitung entblößt, man fast immer das unbedeutendste Skelet von längst todtgesungenen Melodien behält, die aus lauter kalten Reminiscenzen von den großen Meisterwerken seiner nahen Vorgänger bestehen. Wie wenig Jomelli die Kunst als solche studirt hatte, kam ganz an den Tag, als er nach der Capellmeisterstelle am Dom zu Mailand strebte, und sich durch Probearbeiten im Kirchenstyl legitimiren sollte. Die Kirchensachen, die er zu der Zeit geschrieben hat, werden in der Geschichte der Tonkunst merkwürdig bleiben, als Belege, wie ein Mann von Kopf und glücklicher Insolenz sich auch aus den schlimmsten Lagen zu ziehen weiß; aber auch nicht weniger als Belege, wie die Kunst sich auch an dem Fähigsten und Erfahrensten rächt, wenn er früh vernachläßigt hat, sich mit ihr vertraut zu machen. Indeß, das Publikum geht nur im Gefolge der Meister, und als er in seinem Alter nach Italien zurückkam, fand er schon das Publikum nicht besser, als die große Zahl der Meister. Er hat auch, selbst in Italien, als Kirchencomponist Beifall, und unter den Kunstenthusiasten einige eifrige Anhänger gefunden. In Rom werden in der Peterskirche während der heiligen Woche einige kleine Chorgesänge von ihm abgesungen. Diese beweisen aber nur dem Afterkritiker für Jomelli; dem unpartheiischen Richter beweisen sie gegen das römische Publikum eben so sicher, als die im schlechtesten Geschmack neuerer Zeit gebaute Sacristei der Peterskirche: denn wahrlich, Jomelli klingt da neben Palestrina, Benevoli, Baj, Asole gerade so, wie jene abgeschmackte Sacristei neben der herrlichen Peterskirche steht. Weiter aber ist von diesem, durch unsern B. zum classischen Autor gestempelten Componisten in Italien selten etwas anders zu hören und zu sehen; als allenfalls in den kleinen Kreisen alter Sänger und Sängerinnen und einiger ihrer Zeitgenossen, denen in den Werken Jomelli's alle ihre genossenen Ju-

gendfreuden anklingen. Diefes Urtheil wird man wohl aber,
famt den Lobpreifungen feines unkundigen Panegyriften
Mattei, eben fo wenig für das echte Urtheil der italiäni-
fchen Kunftwelt halten, als das kluge venerirliche Schweigen der neuen Componiften, wenn von den verftorbenen
Mufiktheiligen, die ihnen nichts mehr fchaden können, die
Rede ift.

(Der Befchluß im nächften Theile.)

1

# Lyceum
# der schönen Künste.

Ersten Bandes, zweiter Theil.

Berlin.
Bei Johann Friedrich Unger.
1797.

# I.

## Hymnus an den Hermes.

Sing', o Muse, den Hermes, den Sohn des Zeus und
der Maja,
Der Kyllene beherrscht und Arkadia blühend an Schafen,
Ihn, den Boten der Götter, den segnenden, welchen die
Nymfe
Maja gebahr, die gelockte, die herliche, da sie dem Zeus
sich
Liebend gesellt. Doch scheuend der seligen Götter Versamm-
lung,
Wohnt' in der Grotte sie nun, der umschatteten, wo der
Kronide
Sich in der Dämmrung der Nacht der lockigten Nymfe ge-
sellte,
Als noch schlummerte sanft die lilienarmige Here;
Und es bemerkten die Götter ihn nicht und die sterblichen
Menschen.

Aber da alles nach Wunsch dem hohen Zeus sich vol-
lender,
Und ihr schon an dem Himmel der zehnte Monat erschienen,
Der an das Licht herführte das Werk, und da jegliches kund
ward:

A 2

Jezo gebahr sie den Sohn, den Bethörer mit Worten, den schlauen,

Ihn, den Erbeuter, den Räuber der Stier', und den Führer der Träume,

Hüter des Thors, und der Nacht Ausspäher; welcher bestimmt war

Herliche Thaten alsbald den unsterblichen Göttern zu zeigen.

Frühe ward er gebohren, am Mittag spielt' er die Leier,

Stahl an dem Abend die Rinder dem Fernhintreffer Apollon,

Als ihn am vierten des Monds die himmlische Maja geboren.

Aber nachdem er entsprang dem unsterblichen Leibe der Mutter,

Lag er nicht lang' und wartete nicht in der heiligen Wanne;

Sondern er suchte sofort, aufstürzend, die Rinder Apollons,

Über die Schwell' hingehend der hochgewölbeten Grotte.

Findend die Schildkröt' hier erlangt' er unendlichen Reichthum.

Hermes hat uns die Schildkröt' erst zur Sängrin gebildet,

Sie, die entgegen ihm kam an der vorderen Thüre des Hofes,

Vorn' an der Wohnung sich nährend mit herlichblühendem Grase,

Vornehm lenkend den Gang. Doch der segnende Sohn des Kroniden

Lachte, so wie er sie sah, und redete schleunig die Worte:

Wahrlich, ein herlicher Fund ist dieses mir, nicht zu verachten!

Heil dir, du holde Gestalt, Chorführerin, Freundin des Mahles,

Ganz nach Wunsch mir erscheinend! Woher doch, liebliches Spielwerk,

Bergeinsiedlerin, kamst du mit buntgesprenkeltem Schilde?

Aber ich nehm' und trage dich heim; wohl sollst du mir
nützen,

Nicht um ein kleines geschäzt: doch zuerst mich selber er-
freust du!

Besseres Sein ist im Hause, denn draußen ist es gefahr-
voll!

Traun! du dientest zur Waffe der schadenreichen Bezau-
brung,

Lebend: doch stürbest du jezt, voll Anmuth würdest du
singen!

Also sprach er, und nahm sie mit beiden Händen,
und kehrte

Drauf in die Wohnung zurück, hintragend das liebliche
Spielwerk.

Dort nun brach er sie auf mit dem Meißel blinkendes
Eisens,

Und durchbohrend entriß er der Bergbewohnerin Leben.

Wie wenn ein schneller Gedanke die Brust des Mannes
durcheilet,

Welchem der Geist ringsum von häufigen Sorgen bestürmt
wird,

Oder so wie das Feuer aus funkelndem Augen hervorblizt,

Also vereinte das Wort und die That der trefliche Hermes.

Da er sich Rohre von Schilf in gemessener Länge geschnitten,

Heftet' er sie in den Rücken des steinigten Schildes gebohret,

Spannte die Haut des Stieres darum mit sinnendem Geiste,

Sezte die Arme dann ein, und paßte beiden das Joch an,

Und er bezog sie mit sieben harmonischen Saiten von Schafen.

Als er solches vollbracht, da nahm er das liebliche
Spielwerk,

Und mit dem Plektron versucht' er's, und wechselte, und
in der Hand ihm

Rauscht' es mit lärmendem Ton; doch der Gott sang schön
zur Begleitung

Und auf der Stell' ersann er, so wie bei fröhlichem Mahle
Jünglinge blühendes Alters im Wechselgesange sich necken,
Von dem Kroniden Zeus und der schöngesohleten Maja,
Wie sie zuvor mit einander gekost in traulicher Liebe.
Dann auch die eigne Geburt, den herrlichen Namen erwäh-
    nend,
Und die Mägde der Nymf' und die köstliche Wohnung be-
    sang er,
Auch die Beck'n im Hauf und die Dreifüß' ewig von Dauer.
Dies nun sang er, und anderes noch bewegt' er im Geiste.
Und nun trug er sie hin, und legt' in die heilige Wanne
Seine gewölbete Leier, und da nach Fleisch er begehrte,
Sprang er hinaus auf die Wart' aus der lieblich duftenden
    Wohnung,
Sinnend umher im Geist' auf verderbliche List, so wie
    Diebe,
Die in der Stunde der schwarzen Nacht ausspähend umher-
    gehn.

    Helios senkt' an die Erde sich nun zum Okeanos-
    strome
Mit den Rossen zugleich und dem Wagen: aber es ging jezt
Hermes mit eilendem Schritt zu Pieria's schattigen Bergen,
Wo der seligen Götter unsterbliche Rinder gehütet
Weideten liebliche Kräuter auf ungescherenen Wiesen,
Hiervon entwendete nun der spähende Argostödter
Funfzig der brüllenden Rinder, und trennte sie ab von der
    Heerde.
Aber er trieb die schweifende Schaar durch die sandige Ge-
    gend,
Da er die Spuren gedreht: denn der listigen Kunst wohl
    kundig
Hatt' er ihnen die Hufe gewandt, die vordern nach hinten,
Aber die hintern nach vorn'; und er selbst auch wandelte
    rücklings.

Und nun warf er die Solen sogleich zu dem Sande des
Meeres,

Und nicht erkannt, noch gesehn, durchflocht er sich seltsame
Werke,

Mischend zugleich Tamarisken und myrthenähnliche Sprossen.

Drauf, nachdem er vereint die Gebunde grünender Reiser,

Band er als leichte Solen sie unter die Füße sich schadlos,

Mit den Blättern zugleich, die der herliche Argostödter

Riß von Pieria's Höhn, da er ging, vom betretenen Pfad'
ab,

Schnell hineilend den fernen Weg, wie ein rüstiger Bote.

Ihn nun erblickt' ein Greis, arbeitend im blühenden Wein-
berg,

Ihn, der die Fluren durcheilte des kräuterreichen Onchestos,

Und es begann die Worte der Sohn der gepriesenen Maja:

Alter, der du Schößlinge steckst mit gebogenen Schultern,

Viel in der That gewinnst du an Wein, wenn sie alle dir
tragen!

Sei denn auch, wenn du mich siehst, unsehend, und taub
wenn du hörest,

Schweige, damit ja nicht du selbst dir Schaden gewinnest!

Dieses gesagt, erregt' er die Schaar starkhauptiger
Rinder,

Und durch viele der schattigen Berg', und der schallenden
Thäler,

Und durch die blumigen Au'n trieb hin der trefliche Hermes.

Aber es war das Dunkel der helfenden himmlischen
Nacht schon

Meist entflohn, und nicht ferne die thaterweckende Frühe.

Doch es betrat Selene, die himmlische, jezo die Warte,

Sie die Tochter des Pallas, des herschenden Sohns Me-
gamedes,

Als zu dem Strom des Alfeos des Zeus kraftvoller Erzeugter

Föbos Apollons Rinder, die breitgestirneten, hintrieb.

Und sie gelangten zum Stall' mit ihrem hohen Gebälk' unermüdet,

Und zu den frischen Bornen der herrlichblühenden Wiese.

Als er mit Kräutern hier die brüllenden Rinder genähret,

Trieb er die Schaar zum Stalle hinein in gedrängeten
Haufen,

Daß von dem Lotos dort und der thauigen Binse sie rupften.

Viel Holz trug er dann her, und die Kunst des Feuers ersann er,

Nahm des Lorbers herrlichen Zweig, und rieb ihn am Eisen,

Ihn der sich fügt' in der Hand, und es loderte dampfend
die Glut auf.

Hermes brachte zuerst uns Feuergeräth und das Feuer.

Trockene Scheiter darauf in Menge nahm er und trug sie

Ganz in die Grube der Flur, die unendlichen; aber die
Flamme

Leuchtete, fernhinsendend den Rauch des gewaltigen Feuers.

Während den Brand nun erregte die Macht des berühmten Hefästos,

Zog von den Rindern er zwei, dumpfbrüllende, krumm-
gehörnte,

Nah' an das Feuer hinan: denn es war eine große Gewalt ihm.

Und drauf warf er sie beide, die schnaubenden, hin auf
den Rücken,

Wälzte sie, auf sie gelegt, und durchbohrte sie, raubend
ihr Leben.

Fügend das Werk dann zum Werke, zerschnitt es das Fleisch
mit dem Fette,

Und nachdem er's gesteckt an die hölzernen Spieße, so briet
er

Mageres Fleisch mit dem Rücken, dem ehrenden, dunkeles
Blut auch,

Das in Geweid' er verschloß: und es lag dort alles am
    Orte.

Aber er spannte die Häute sodann an dem schroffen Gestein'
    aus,

So wie man jezo noch ausspannt die daurenden Felle.
Lange Zeit hiernach, undenkliche.   Aber darauf nun
Trug er das fette Mahl auf den ebenen Plaz des Gefildes,
Hermes, der fröhlichgesinnte, und in zwölf Theile zer-
    schnitt er's

Richtiges Maßes,  und jeder erhielt vollkommene Ehre.
Jezt von dem heiligen Fleische begehrte der trefliche Hermes:
Denn, wie unsterblich er war, es versucht' ihn dennoch
    des Opfers

Lieblicher Duft; doch es ward sein muthiges Herz nicht
    verleitet,

Ob er schon trachtete sehr durch den heiligen Hals es zu
    führen:

Sondern er trug in den Stall mit dem hohen Gebälke das
    Fett hin

Und die Menge des Fleisches.  Doch einen Altar als Zeichen
Hob er dem neuen Opfer,  und trockenes Holz aufhäufend
Warf in des Feuers Glut er die ganzen Häupter und Füße.

    Aber da alles der Gott, so wie es ziemte, vollbrachte,
Warf er die Solen hinweg in den wirbelnden Strom des
    Alfeos,

Löschte die Bründer dann aus, und häufte die dunkele
    Asche,

Während der Nacht, und es leuchtet' ihm hell das Licht
    der Selene.

    Schnell nun eilt' er zurück zu Kyllene's heiligen Gi-
    pfeln,

Früh am Morgen, und traf auf der fernen Strecke des
    Weges

Keinen der seligen Götter und keinen der sterblichen Menschen:

Auch nicht bellten die Hunde. Doch Zeus heilvoller Erzeuger
Schlich sich niedergeduckt durch die Thüre hinein in die Woh-
nung,
Ähnlich dem Hauche der Luft in der Fruchtzeit, oder dem
Nebel.
Grad dann ging er hinein in das Innre der heiligen Grotte,
Sacht mit den Füßen genaht, und man hörte ihn nicht
auf dem Boden.
Eilig ging in die Wanne darauf der treffliche Hermes,
Hüllte die Schultern sich ein in die Windeln, und wie ein
kleines
Ganz unmündiges Kind, so spielt' er am Knie mit der Decke.
Wie er da lag, und er faßte die liebliche Leier zur Linken.
Doch nicht täuschte die Göttin der Gott, und es sagte die
Mutter:

Wie doch, du Listenersinner! woher in der Stunde
der Nacht jetzt
Kommst du, in Unverschämtheit gehülleter? Wahrlich, ich
glaube,
Daß du alsbald, von den Händen des Letoiden umwunden
Mit unlösbaren Fesseln, zur Thüre des Hofes hinausgehst;
Oder ihn dann noch betrügst, wann er dich schon unter dem
Arm' hält!
Geh, heilloser! es zeugte mit dir die unendliche Sorge
Zeus den sterblichen Menschen zugleich und unsterblichen Göt-
tern!

Ihr antwortete Hermes darauf mit listigen Worten:
Mutter, warum doch schiltst du mich deshalb so wie ein
kleines
Ganz unmündiges Kind, das noch wenig weiß was sich
schicket,
Welches erbebt, furchtsam, bei der Mutter strafenden Wor-
ten?
Traun, ich will eine jede der besten Künste dir üben,

Sorgend für mein Wohl ist es und das deinige! Nein! es
geziemt nicht,

Daß wir unter den Göttern, den seligen, ohne Geschenke,

Ohne Schmaus hier bleiben, beständig, wie du es heißest!

Herlicher scheints mit jeglichen Tag mich den Göttern zu
reden,

Reich, wohlhabend an Gütern, an vieler Beut', als zu sitzen

Hier in der Grotte finstrem Gemach! Auch werd' ich die
Ehre,

Die dem Apollon ward, die heilige, mir schon erwerben!

Wenn sie mir aber mein Vater nicht giebt, wohlan so versuch' ich

Selber es mir! Ich vermag ja zu sein Anführer der Diebe!

Sollte mich aber erforschen der Sohn der gepriesenen Leto,

Anderes wird ihm sodann und ein schlimmeres, mein' ich,
begegnen!

Denn ich gehe nach Python und brech' ihm das große Ge-
bäud' auf,

Werde mir dort Dreifüße die Meng' und köstliche Becken

Plündernd rauben, und Gold, und dunkeles Eisen die
Menge;

Viel der Gewande dazu! Du sollst es auch sehn, wenn
du wünschest!

Also redeten sie mit Worten untereinander,

Zeus des Ägiserschütternden Sohn und die himmlische Maja.

Eos aber, die frühe, das Licht den Sterblichen brin-
gend,

Hub sich empor aus dem Strom des Okeanos. Aber Apollon

Kam nach Onchestos hin, zum heiligen, anmuthsvollen

Haine des Erdumgürters, des brausenden, wo einen wilden

Alten er traf, der am Weg' aufführte den Zaun eines
Weinbergs;

Und es begann die Worte der Sohn der gepriesenen Leto:

Alter, du Dorneinsammlender hier in dem grünen
Onchestos,
Von Pieria komm' ich, um meine Kinder zu suchen:
Alle sind weiblich und alle mit krummgebogenen Hörnern,
Eine Heerde. Der dunkele Stier, von den andern geson-
dert,
Weidet allein: es begleiteten sie vier Hunde von hinten,
Feuriges Blicks, voll Eintracht, wie Männer. Es sind
nur geblieben
Diese, die Hund' und der Stier. Ein großes Wunder ge-
schah dort!
Jene sind weggegangen, nach eben gesunkener Sonne,
Von der erquickenden Wies' und den süßen Kräutern der
Weide.
Sage mir nun, o Greis, hochaltriger, ob du nicht sahest
Einen Mann, der mit diesen Küh'n den Weg hier vorbei-
ging.
Aber der Greis antwortete ihm und sagte die Worte:
Lieber Mann, es ist schwer, das, was ich sehe mit Augen,
Alles zu sagen: es geh'n ja der Wanderer viel auf dem
Wege:
Und viel böses betreibet der ein', und der andere gutes,
Derer, welche da gehn: schwer ist es jeden zu kennen!
Aber den ganzen Tag bis zum Untergange der Sonne
Grub ich hier um den Hügel des Rebentragenden Wein-
bergs;
Und wie mich dünkt, o Bester, doch weiß ichs nicht sicher,
so sah ich
Einen Knaben, der folgte den schöngehörneten Kühen,
Noch ganz jung, einen Stab in der Hand, abschweifend
im Gange:
Hinten lenkt' er die Heerd', und es saß der Kopf ihm ver-
kehret. —
Also der Greis: doch jener ging eiliger, da er es hörte;

Und einen Vogel bemerkt' er mit spreizender Schwing', und
erkannte

Gleich, daß der Räuber gewesen des Zeus Kronions Erzeugter

Und schnell stürmete jezo der Herscher Apollon, des Zeus
Sohn,

Hin nach der göttlichen Pylos, die langsamen Rinder zu
suchen,

Da er in dunkelen Nebel die breiten Schultern gehüllet.

Als nun die Spuren erblickte der Treffende, sprach er die
Worte:

Traun! ein großes Wunder erblick' ich hier mit den
Augen!

Zwar sind dieses die Spuren der gradgehörneten Kühe,

Aber zurück ja wenden sie sich zur Asfodeloswiese!

Und dies sind nicht die Tritt' eines Mannes, noch eines
Weibes,

Auch nicht von dunkelen Wölfen, von Bären, oder von
Löwen;

Und ich glaub' es auch nicht, daß Kentauren mit struppi-
gem Nacken

Würden so wunderbar mit schnellen Füßen einhergehn!

Seltsam hier auf dem Weg', und seltsamer dort auf dem
Wege!

Sprach's und es stürmete hin der Herscher Apollon,
des Zeus Sohn,

Und zu dem Waldumgebenen Berg von Kyllene gelangt' er,

In das Gewölbe des Felsens, das dunkele, wo den Erzeugten

Zeus Kronions die Nymfe, die himmlische, hatte gebohren.

Aber ein lieblicher Duft umschwebte den heiligen Berg rings,

Und zartfüßige Schaf' in dem Grase weideten zahlreich.

Jezo mit eilendem Schritt' ging über die steinerne Schwelle

Hin in die düstere Grotte der Fernhintreffer Apollon.

Doch als ihn nun erblickte der Sohn des Zeus und der
Maja,
Ihn, der zürnt' um die Kühe, der Fernhintreffer Apollon,
Barg er sich schnell in die Windeln, die duftenden: so wie
des Holzes
Asche die vielen Kohlen der Stämme ringsum bedecket:
Also, den Treffenden sehend, verkroch in sich selber sich
Hermes,
Und eng zog er zusammen den Kopf, die Händ' und die
Füße,
Als wenn er käme vom Bad' und riefe dem sanften Schlum-
mer,
Wachend annoch, und er hielt die Schildkröt' unter der
Achsel.
Doch es erkannte sogleich der Sohn des Zeus und der Leto
Maja, die schöne Nymfe des Bergs, und den lieben Er-
zeugten,
Jenes noch kleine Kind, das in vielfache List sich gehüllet:
Und da er ganz das Innre der großen Wohnung durch-
schauet,
Öfnet' er drei Gemächer, den glänzenden Schlüssel ergreifend,
Die von Ambrosia waren gefüllt und von lieblichem Nektar.
Viel auch lag des Goldes darin und des Silbers gehäufet,
Viele Gewand' auch der Nymf, hellschimmernde, purpur-
gefärbte,
Welches in heiligen Tempeln der seligen Götter bewahrt
wird.
Aber nachdem er das Innre der großen Wohnung durch-
forschet,
Leto's Sohn, so sprach er zum trefflichen Hermes die Worte:

Kleines Kind in der Wanne, sag' an, wo sind meine
Rinder,
Schnell; sonst werden wir gleich, nicht wie es geziemt, uns
entzweien!

Denn ich ergreif und schleudere dich in des Tartaros Düstre,
In die entsezende Nacht, die unendliche; und nicht die
Mutter
Führet dich heim an das Licht, auch der Vater nicht, son-
dern du wirst dort
Unter der Erd' hinschmachten, ein Führer nichtiger Men-
schen!.

Ihm erwiederte Hermes darauf mit listigen Worten:
Leto's Sohn, was sagst du mir da für grausame Worte!
Und um die Rinder zu suchen, die ländlichen, kamst du
zu uns her?
Nein, nichts sah ich, noch hört' ich, und andere sagten's
mir auch nicht,
Kann es dir nicht kund thun, wenn auch Lohn die Verkün-
dung mir trüge!
Auch ja seh' ich nicht gleich einem kräftigen Rindertreiber!
Dies ist kein Werk für mich! mehr liegt mir anders am
Herzen:
Schlaf nur liegt mir am Herzen und Milch aus der Brust
meiner Mutter,
Und um die Schultern die Windeln, und warme Bäder
zu haben!.
Möge doch keiner es hören, woher der Streit uns entstan-
den!
Wahrlich, es wäre gewiß ein großes Wunder den Göttern,
Daß ein ebengebohrenes Kind mit ländlichen Rindern
Sei in die Thüre gekommen! Das heißt nicht vernünftig
geredet!
Gestern ward ich gebohren; noch zart ist mein Fuß, und
das Land rauh.
Doch einen großen Eid, wenn du willst, bei dem Haupte
des Vaters,
Schwör' ich, daß Ich nicht der schuldige bin, ich bekenn'
es, gewiß nicht!

Auch, keinen anderen sah ich, der deine Rinder gestohlen,
Was auch für Rinder es sind: das Gerücht nur hör' ich
so eben!

Also sprach er und blinzelte schnell mit den Wimpern
der Augen;
Schnell bewegte er die Brauen, und blickte hiehin und
dorthin,
Laut mit dem Munde zischend, als hört' er eitele Worte.
Aber es sprach sanftlachend der Fernhintreffer Apollon:

Gottloser Schelm, voll Listen und Trug, ich glaub'
es in Wahrheit,
Daß oftmals aufbrechend die schöngezimmerten Häuser,
Nächtlich, du nicht blos Einen der Männer streckst auf den
Boden,
Ohne Geräusch durchspähend die Wohnungen. So ist dein
Reden!
Viel auch wirst du betrüben der landbewohnenden Hirten
In des Gebirges Thälern, wann du, des Fleisches begeh-
rend,
Gehst zu der Rinderheerd' und zur Trift der wolligen Schafe.
Aber wohlan, daß den lezten und äußersten Schlaf du
nicht schlummerst,
Steig' aus der Wanne heraus, du Gefährte des nächtlichen
Dunkels!
Diese Ehr' auch wirst du hinfort bei den Göttern behaupten;
Führer der Diebe wird man zu aller Zeit dich benennen!

Sprach's, und es faßte den Knaben und trug ihn
Föbos Apollon.
Doch es bedachte sich jezt der tapfere Argostödter,
Und mit den Händen sich hebend, entsandt' er als deuten-
des Zeichen
Einen schlimmen Begleiter des Bauchs, einen argen Ver-
künder;
Und schnell niest' er dazu. Doch wohl vernahm es Apollon
Und

Und aus den Händen warf er den treflichen Hermes zur
Erde,

Stellte sich vor ihn hin, und, wie sehr er eilte des Weges,

Schalt er den Hermes spottend, und sprach zu ihm mit
den Worten:

Schön! du gewickeltes Kind, du Sohn des Zeus
und der Maja!

Jetzo find' ich gewiß die Rinder mit starken Häuptern,

Jetzo bei solch' einer Deutung! Doch geh' und zeige den
Weg nun!

Also, sprach er, und schnell sprang auf der Kyllenische Hermes,

Ging dann in Eil': und er hielt mit den Händen um beide
Ohren

Seine Binde, die ihm einhüllte die Schultern, und sprach
dann:

Föbos, wo führst du mich hin, unbändigster aller
Götter?

Plagst du mich deshalb so, weil noch um die Rinder du
zürnest?

Wehe mir! daß doch verdürbe der Rinder Geschlecht! Ich
selber

Stahl deine Rinder ja nicht, und von anderen sah ich es
auch nicht,

Was auch für Rinder es sind: das Gerücht nur hör' ich
so eben!

Gib mir Gerechtigkeit, drum und nimm sie vor Zeus dem
Kroniden!

Aber nachdem sie ein jedes mit wechselnden Worten
geredet,

Leto's herlicher Sohn und der einsamwandernde Hermes,

Beide verschiedner Gesinnung; denn jener foderte Wahrheit

Über die Rinder, Gerechtigkeit nicht, von dem treflichen
Hermes:

Lyceum. 2ter Th.                    B

Aber durch Künste der List und schlauumgehende Worte
Wollte Kyllene's Gott den Silberbogigen täuschen.
Doch da er klugheitsvoll ihn fand als erfindungsvollen,
Jetzo ging er sogleich mit schleunigem Schritt durch den
 Sand hin
Vorn', und hinter ihm der Sohn des Zeus und der Leto.
Und sie erreichten schnell des Olympos duftende Gipfel
Und den Erzeuger Kronion, des Zeus schönblühende Kinder:
Denn dort war für beide zugleich der Gerechtigkeit Wage.
Doch das Gerücht durchlief den umschneiten Olymp, und
 die Götter
Gingen, die ewigen, jetzt auf die Höh'n des Olymps sich
 versammlend.
Hermes stellte sich dann und der silberbogige Föbos
Hin vor die Kniee des Zeus. Doch den fernberühmten Er-
 zeugten
Fragte der hochherdonnernde Zeus, und sagt' ihm die Worte:

Föbos, von wannen hast du die holde Beute getrieben,
Dieses ebengebohrene Kind, von Gestalt eines Herolds?
Wahrlich ein ernstes Geschäft kommt hier zu der Götter-
 versammlung!

Ihm erwiederte drauf der treffende Herscher Apollon:
Vater, du sollst alsbald nicht eitele Worte vernehmen,
Du, der mich schilt, daß Ich nur allein nach Beute begehre.
Diesen Knaben da fand ich, den ausgemachtesten Räuber,
In Kyllene's Gebirg', als ich weite Strecken vollendet,
Diesen Schmäher, wie keinen ich je von den Göttern ge-
 sehen,
Noch von den Menschen, so viel' auch sind der Betrüger
 auf Erden!
Da er die Rinder mir aus der Wiese gestohlen, so ging er
Sie ans Gestade treiben, des lautaufrauschenden Meeres,
Grade nach Pylos lenkend; und zwiefache seltsame Spuren

Sah man, ein Wunder dem Blick, wie das Werk eines
mächtigen Gottes.

Denn von den Rindern waren bis hin zur Asfodeloswiese
Ganz entgegengesetzt die Schritt' auf dem dunkelen Sande.
Aber er selbst, der ganz unerforschliche, war nicht auf Füßen,
Auch auf den Händen nicht durch die sandige Gegend ge-
wandelt,

Sondern mit anderem Rathe gewiß betrat er die Wege,
Wunderbar, so wie einer der ging' auf schmächtigen Eichen!
Und so lang' er nun war durch die sandige Gegend gewan-
delt,

War sehr leicht eine jegliche Spur in dem Staube bemerk-
bar.

Aber nachdem er den großen Weg des Sandes vollendet,
Schnell ward jetzt unkennbar der Rinder Weg und sein
eigner,

Auf der gehärteten Gegend. Doch sah ein sterblicher Mann
ihn

Grade nach Pylos treiben die Schaar breitstirniger Rinder.
Aber nachdem er nun jene zur Ruhe hatte geführet
Und er den Weg vollbracht, hinschweifend hiehin und dort-
hin,

Legt' er sich hin in die Wanne, dem nächtlichen Dunkel
vergleichbar,

Dort in der düsteren Grott', in der Finsterniß. Selber
kein Adler,

Hätt' ihn mit scharfen Augen erblickt: doch viel mit den
Händen

Rieb er die Augen sich, und sann auf List in dem Geiste.
Aber er selbst sprach schnell voll Unverschämtheit die Worte:
Nein, nichts sah ich, noch hört' ich, und andere sagten's
mir auch nicht,

Kann es dir nicht kund thun, wenn auch Lohn die Verkündung mir trüge!

B 2

Also sprach und sezte sich dann der Herscher Apollon:
Hermes darauf von der anderen Seit' erwiederte solches,
Wendete sich zum Kroniden dabei, dem Beherscher der Götter:

Vater Zrus, Ich will dir anjezt die Wahrheit er-
zählen:
Denn ich bin ohne Falsch und verstehe mich nicht auf die
Lüge!
Dieser kam, da er suchte die schwerhinwandelnden Rinder,
Gestern nach unserer Wohnung, da Helios eben emporstieg,
Und von den seligen Göttern war keiner ihm Zeuge noch
sah es:
Doch er befahl mit vieler Gewalt, ich soll ihm verkünden;
Drohte mir viel, mich hinab in des Tartarus Tiefe zu wer-
fen:
Denn schon hat er die zarte Blum' hochmüthiger Jugend;
Doch Ich ward erst gestern erzeugt! das weiß er auch sel-
ber!
Auch ja seh' ich nicht gleich einem kräftigen Rindertreiber!
Glaube du mir's, denn du rühmest dich ja meinen lieben
Vater,
Daß ich nach Hause die Rinder nicht trieb, so gewiß ich
mein Heil will,
Über die Schwelle nicht ging! Voll Wahrheit sag' ich dir
dieses!
Sieh' ich scheue den Helios sehr und die anderen Götter,
Und dich lieb' ich, und diesen verehr' ich ja! Selber auch
weißt du's,
Ich sei der schuldige nicht; und mit großem Eide beschwör'
ich's:
Nein, bei den Vorderhallen, den schöngeschmückten, der
Götter!
Und einst werd' ich vielleicht ihm die trozende Rede vergel-
ten,
Wie voll Kraft er auch ist! Du aber helfe den jüngern!

Sprach's, und es blinzelte drauf der Kyllenische Ar-
gostödter:
Und in den Armen hielt er die Windeln noch, warf sie auch
nicht weg.
Laut auflachte nun Zeus, da er sah den gottlosen Knaben,
Welcher so wohl und geschickt ableugnete wegen der Rinder.
Doch er befahl, daß sie beide mit gleichgesinnetem Herzen
Suchten; und Hermes dann, der bestellende, sollte vor-
angehn,
Und ihm zeigen die Gegend mit unschuldsvoller Gesinnung
Wo er verborgen hätte die starken Häupter der Rinder.
Und der Kronide winkt', und der trefliche Hermes gehorchte:
Den es beredet' ihn leicht des Ägiserschütternden Zeus Sinn,
     Jene nun beid' hineilend, des Zeus schönblühende
          Kinder,
Kamen zur sandigen Pylos und zu der Fuhrt des Alfeos:
Und sie erreichten das Feld und den Stall mit dem hohen
          Gebälke,
Wo in der Stunde der Nacht er das Gut sorgfältig ver-
wahrte.
Dort ging Hermes darauf hin zu der steinernen Höle,
Und trieb her an das Licht die starken Häupter der Rinder.
Abwärts schauend nun sah der Letoide die Häute
Am hochsteigenden Felsen, und schnell befragt' er den Her-
mes:
     Listiger, wie doch hast du vermocht zwei Rinder zu
          würgen!
Kaum ja bist du gebohren und ganz unmündig! Ich selber
Fürchte noch deine Gewalt für die Zukunft! Wahrlich du
          mußt nicht
Mehr zunehmen an Kraft, o Kyllenier, Maja's erzeugter!
     Also sprach er und schlang um die Händ' ihm mäch-
          tige Fesseln,
Weidene: doch sie sanken gelöst an die Füße zur Erde

Gleich auf der Stelle, so fest er sie auch in einander ver-
schlungen:
Und leicht wurden darauf die ländlichen Rinder gefesselt,
So wie es Hermes erdachte, der täuschende. Aber Apollon
Staunete, wie er es sah: und der mächtige Argostödter
Sah in die Gegend, und senkte den Blick, und blinzelte
häufig,
Trachtend sich selbst zu verbergen: doch Leto's Sohn, der
gepries'nen,
Ward sehr leicht ihm besänftigt, der treffende, nach sei-
nem Willen,
Obgleich heftig er war: und er nahm in die Linke die Leier,
Und mit dem Plektron versucht' er, und wechselte, und in
der Hand ihm
Rauscht' es mit lärmendem Ton. Doch es lachte Föbos
Apollon,
Freuete sich, und es ging durch das Herz ihm der himmli-
schen Stimme
Anmuthsvoller Gesang, und ein süßes Sehnen umfing ihn,
Da ers vernahm in dem Geist'; und lieblich spielend die
Leier
Stellte sich voll Vertrauen der Maja Sohn an die Linke
Föbos Apollons hin, und schnell die ertönende spielend,
Sang er dazu, anhebend; und lieblich folgt' ihm die
Stimme,
Als er die ewigen Götter erhob und die dunkele Erde,
Wie sie zuerst entstanden und jedem sein Theil durch das
Loos ward.
Doch Mnemosyne zuerst von den Göttern sang er, sie eh-
rend,
Sie die Mutter der Musen: denn Maja's Sohn ward ihr
Antheil.
Doch nach dem Alter darauf, und wie alle wurden geboh-
ren,

Ehrte die seligen Götter des Zeus ruhmvoller Erzeugter,
Alles besingend, wie's ziemt', und im Arme spielt' er die
Leier.
Jenem ergriff das Herz in der Brust unbezwingliches Seh-
nen,
Und er begann zu ihm und sprach die geflügelten Worte:

Rindermörder, du Schalk, kunstvoller, Genosse des
Gastmahls,
Dieses da, was du ersonnen, ist funfzig Rindern an Werth
gleich!
Ruhig werden wir uns hinfort auch trennen, das glaub' ich!
Sage mir jetzt doch dies, du gewandter, du Sohn der
Maja,
Hat von Geburt an dich dies Werk des Wunders begleitet?
Gab ein Unsterblicher dir, gab einer der sterblichen Men-
schen
Dies kostbare Geschenk, und lehrte die himmlische Stimme?
Denn mit Erstaunen hör' ich die neugesprochenen Töne,
Welche noch nie, wie ich glaube, der Menschen einer ge-
lernet,
Noch der Unsterblichen einer, die hoch den Olympos be-
wohnen,
Außer dir, du Entwender, du Sohn des Zeus und der Maja.
Welch' eine Kunst, und ein Zauber für unbezwingliche Sor-
gen!
Welch' ein Spiel! Ja alles drei erlangt man in diesem,
Freude zugleich und Lieb' und süßen Schlaf zu genießen!
Auch Ich bin ein Begleiter der Olympiadischen Musen,
Denen die Tänze zur Sorg', und der herrliche Gang des
Gesanges,
Und die blühende Stimm', und das liebliche Rauschen der
Flöten,
Welches das süße Geschäft bei der Jünglinge fröhlichem
Mahl ist:

Doch so ward kein andres mir doch im Herzen zur Sorge!
Staunen ergreift mich, o Sohn des Zeus, wie so lieblich
        du spielest!
Jezt nun da du, so klein du auch bist, verständigen Rath
        weißt,
Setze dich, Lieber, und merke wohl auf die Worte von
        Ält'ren!
Jetzo gewiß wird Ruhm bei unsterblichen Göttern dir wer-
        den,
Dir selbst und deiner Mutter; als Wahrheit verkünd' ich
        ein solches,
Traun bei diesem Speer von Kornellen! ich werde gewiß
        dich
Unter den seligen Göttern berühmt und beseliget machen,
Werde dir schöne Geschenke verleihn, und nimmer dich täu-
        schen.

    Ihm erwiederte Hermes darauf mit listigen Worten:
Klug erforschest du mich, Ferntreffender! aber ich will auch
Dir gar nicht es beneiden, daß meine Kunst du erwerbest.
Heute noch sollst du sie wissen: denn dir willfährig zu wer-
        den
Wünsch' ich, mit Rath und mit Wort; denn alles denkst
        du verständig.
Du auch sitzest als erster, o Sohn des Zeus, bei den Göt-
        tern,
Edel zugleich und stark; und es liebt der rathende Zeus
        dich,
Ganz so wie's dir gebührt; auch schenkt' er dir köstliche
        Gaben:
Denn von des Zeus Aussprüchen erlerntest du, sagt man,
        die Ehre,
Und der Verkündung heiliges Wort, Ferntreffender, Zeus
        Sohn,
Und jezt lernt' ich selbst den beschenkten Sohn ja erkennen.

Doch dir ist es ein leichtes zu lernen was du nur wünschest.

Aber da jezt dein Herz dir begehrt auf der Leier zu spielen,

Nun so sing' und spiel', und es sei dir Freude zur Sorge:

Sing' anmuthig und faß' in der Hand die melodische Freundin,

Welche so schön und der Ordnung gemäß zu reden verstehet,

Wann du von mir sie empfangen: doch gieb, o Lieber,
auch Ruhm mir!

Trage mit stillem Geist sie hinfort zum fröhlichem Gastmahl,

Und zu dem lieblichen Tanz' und dem Glanzbegehrenden
Reigen.

Sie der Nacht und des Tags Erfreuerin. Wenn sie nun
einer,

Welcher gebildet ward von der Kunst und der Weisheit, befraget,

Diesem ertönt sie und lehret ihn viel was das Herz ihm er-
freuet,

Willig spielet sie dann in dem milden Kreise der Freunde,

Fliehend der Arbeit Last, der ermattenden. Aber wenn
einer

Ungestüm sie zuerst und noch unkundig befraget,

Ganz unnüz dann tönet sie ihm und mit eitlem Geräusche.

Doch dir ist es ein leichtes zu lernen was du nur wünschest.

Diese nun will ich dir geben, du herlicher Sohn des Kroniden.

Doch auf die Weiden des Bergs und der rossenährenden
Fluren

Wollen, o Treffender, wir hinführen die ländlichen Rinder.

Reichlich werden die Kühe mit Stieren gesellt da gebähren

Weibliche Zucht durcheinander und männliche. Aber du
mußt nicht,

Wie auf Gewinn du auch siehst, dich übermäßig erzürnen!

Sprachs, und reichte sie ihm, und es nahm sie Föbos Apollon.

Schenkte dem Hermes dann, die er hielt, die glänzende
                    Geißel,
Gab ihm die Weide der Rinder; und Maja's Sohn em-
                    pfing sie
Freudevoll. Doch es nahm an die linke Seite die Leier
Leto's herlicher Sohn, der treffende Herscher Apollon,
Und mit dem Plektron versucht' er und wechselte, und in
                    der Hand ihm
Rauscht' es mit lieblichem Ton; und der Gott sang schön
                    zur Begleitung.
    Aber darauf nun wendeten sich die Rinder geschaaret
Hin zu der göttlichen Wiese. Doch Zeus schönblühende Kin-
                    der
Strebten in Eile zurück zum hochbeschneiten Olympos,
Sich an der Leier ergötzend; und froh ward Zeus, der Be-
                    rather,
Und er führte sie beid' in Liebe zusammen; und Hermes
Liebte den Letoiden beständig, so wie noch jetzo,
Seit er die liebliche Leier als Zeichen dem Treffenden dar-
                    bot;
Und seit jener die Leier führt, so wie er's gelernet.
Aber er selbst, eine Kunst durch andere Weisheit ersinnend,
Bildete sich Syringen mit fernhinschallendem Klange.
    Doch jetzt redete Leto's Sohn zum Hermes die Worte:
Maja's Sohn, ich fürcht', o bestellender, Listenersinner,
Daß du die Leier zugleich und das krumme Geschoß mir
                    entwendest:
Denn dir ward ja die Ehre vom Zeus, die Vertauschung der
                    Dinge
Unter die Menschen zu bringen auf weiternährender Erde!
Doch wenn du möchtest mir schwören mit großem Eide der
                    Götter,
Sei's durch des Hauptes Wink, sei's bei des gewaltigen
                    Styx Flut,

Alles thätest du dann, was mein Geist nur lieb' und sich
wünschte.

Siehe da winkte der Sohn der Maja ihm das Versprechen,

Niemals ihm zu entwenden, dem Treffenden, was er besäße,

Nie auch dem Tempel zu nahen, dem herlichen.  Aber
Apollon

Winkte, der Leto Sohn, zur Eintracht ihm und zur Liebe,

Daß ihm unter unsterblichen nie sein würd' ein geliebtrer,

Weder ein Gott noch ein Mensch, des Kroniden Geschlecht:
und ich mache

Dich zum vollkomnen Genossen der Seligen; und es ver-
trauet

Dir vor allen mein Herz und es ehret dich.  Aber nachher
auch

Will ich den köstlichen Stab des Vermögens und Reichthums
dir geben,

Ihn der, golden, mit dreifachem Laub, unvergänglich,
dich schützet,

Alle Götter beherschend; auch das, was des Guten an
Worten

Und an Werken ich glaube durch Zeus Verkündung zu wissen.

Aber die Weissagung, die du göttlicher, bester, begehrtest,

Ist dir weder vergönnt zu erlernen noch einem andern

Unter den Göttern: denn dies weiß Zeus nur; aber ich
selber

Hab' ihm Treue gewinkt und mit starkem Eid' es beschworen,

Daß kein anderer, außer mir, von den ewigen Göttern

Solle den klugersonnenen Rath des Kroniden erfahren.

Auch du heiße mich nicht, o Bruder mit goldenem Stabe,

Heilige Sprüche zu melden, soviel der umschauende Zeus
kennt.

Andre der Menschen nun werd' ich beschädigen, anderen
nützen,

Viele Geschlechter durchwandelnd der weitverbreiteten Menschen.

Und dem wird meine Stimm' eine nützliche, welcher mir
nahet

Auf das Geschrei und dem Flügelschwung untrügender Vögel:

Solchem wird meine Stimm' eine nützliche, und keine Täuschung.

Aber wer im Vertraun auf eitelredende Vögel

Gegen die Klugheit wünschet die Weissagung zu erforschen,

Unsere, und zu erkennen noch mehr als die ewigen Götter,

Eitel ist dem, das sag' ich, der Weg; die Geschenke doch
nehm' ich.

Aber ein andres dir meld' ich, o Sohn der gepriesenen
Maja

Und des Ägiserschütternden Zeus, heilbringende Gottheit.

Sieh' es giebt die man Mören nennt; von Geburt sind es
Schwestern,

Jungfraun, die sich des Schmuckes von schnellen Fittigen
freuen,

Drei an der Zahl, und ihr Haupt mit weißem Mehle be-
streuet,

Haben sie ihre Wohnung in einer Kluft des Parnassus,

Einsam lehrend die Wahrsagung, für die bei den Rindern

Ich als ein Knabe schon sorgte; doch achtete drauf nicht
mein Vater.

Aber von dort aus fliegen sie hin bald hiehin bald dorthin,

Nähren von Honigscheiben sich selbst, und beschaffen ein
jedes.

Wann sie umher nun schwärmen von gelbem Honige kostend,

Dann auch mögen sie gern wohlwollend die Wahrheit kund
thun.

Wenn sie sich aber enthalten der süßen Speise der Götter,
Dann versuchen sie es von dem Weg' ab einen zu führen.
Diese nun geb' ich dir: doch du, sie nach Wahrheit er-
    forschend,
Freue dich selber im Geist'; und belehrst einen sterblichen
    Mann du,
Oft wird er dann zuhören, ob deinen Spruch er vernehme.
Merke dir solches, o Maja's Sohn; und für ländliche
    Kinder
Sorge du, und für Roß' und lastentragende Mäuler:
Auch weißzahnige Eber und feurigblickende Löwen,
Hund' und Schafe, so viel' auch die weiten Länder ernäh-
    ren,
Und ein jegliches Vieh beherrsche der treffliche Hermes:
Er auch allein nur sei ein vollkommener Bote zum Hades,
Der, wenn auch ohne Geschenk, nicht kleine Ehr' ihm ver-
    leihn wird.
  Also liebte Apollon, der herrschende, Maja's Erzeug-
    ten
Mit einer jeglichen Lieb', und hold war ihm der Kronide:
Und es verkehret jener mit allen Menschen und Göttern.
Wenig schaft er des Nutzens, doch täuscht er undenklich:
    Male,
Während der finsteren Nacht, der sterblichen Menschen Ge-
    schlechter.
  Und so Heil dir, o Sohn des Kroniden Zeus und
    der Maja!
Aber ich werde noch deiner und andres Gesangs auch ge-
    denken.

      Fridr. Aug. Eschen.

## Ansicht der Lage des Berliner National-Theaters beim Schlusse des Jahres 1796.

(Beschluß).

Aus dieser kurzen, aber gewissenhaften Schilderung des Nationaltheaters einer der ersten Städte Deutschlands, geht hoffentlich soviel hervor, daß es wirklich eine der ersten Bühnen war. Wenigstens wird man schwerlich von irgend eine andern mit Grund der Wahrheit mehr gutes sagen können. Gebe der Genius des neunzehnten Jahrhunderts, daß dem Geschichtschreiber seiner Kunst etwas besseres zu beschreiben aufbehalten sei! Indessen fehlte es der Berliner Bühne an einer Schauspielerin für hochtragische Heldinnen und Mütter, um die sich Herr Professor Engel vergeblich bewarb; seit Zurückziehung der Madam Unzelmann, an einer Prima Donna im Singfach; und an einem ersten Buffo. Auch war das Fach eines Chevaliers und eines jugendlichen ko-

mischen Bedienten nicht völlig so gut besezt als
die übrigen.

Der interimistischen Direktion gelang es,
Madam Schick, mit welcher schon Herr Professor Engel in Unterhandlung stand, für erste Singrollen zu gewinnen. Sie war seit einem Jahre Kammersängerin und bei der ernsten und komischen wälschen Oper des Hofes angestellt; und der König, welcher ihr erlaubte,
nun auch die deutsche Bühne zu schmücken, legte
einen neuen Beweis der Geneigtheit ab, sein
Vergnügen mit dem Vergnügen des Publikums
zu vereinigen.

Madam Schick ist in der That eine Sängerin, auf deren Besiz jedes Theater stolz sein
würde. Die Bravurarie im ersten Akt des
Baums der Diana, Mozarts Martern aller
Arten, sind mit einem so begeisterten erschütternden
Feuer, mit einer so bewundernswürdigen Gewißheit, vielleicht nie gesungen, oder können wenigstens nicht glänzender aufgeführt werden.
Tiefe, Mitte und Höhe sind stark, rund und
rein. Der ausdaurendste und der schnell vor-
übergleitendste Ton sprechen gleich richtig an,
und die größte Schwierigkeit wird mit der größten Leichtigkeit vorgetragen. Solcher Geschicklichkeit, die über eine solche Brust und Stim-

me zu schalten hat, ist nichts unmöglich, und
wenn sich ein so inniges Gefühl, eine so herz-
liche Kunstliebe zu ihnen gesellt, denen alles
bedeutend ist, worüber der Einklang der Töne
seinen Zauber verbreitet, so bedarf es kaum einer Anzeige, daß auch der Ausdruck schmach-
tender Sehnsucht und die Tändelei des gefälligen Liedchens jeden Reiz durch sie erhalten, den
die Kunst zu geben vermag. Es ist unläugbar,
daß der Künstler, der sich die Erwerbung des
Beifalls der Zuhörer nicht erschweren will, dem
Geschmack derselben schmeicheln muß; und es
würde unbillig sein, wenn ein Freund des Alten, dieser Künstlerin einen Vorwurf daraus
machen wollte, daß sie die herrschende Manier des
Tages mit so großer Gewandheit zu der ihrigen macht. Er muß ihr vielmehr zugestehn,
daß sie jede Künstelei, die er selbst den Instrumenten nur sparsam vorbehalten würde, mit
einer Sicherheit ausführt, welche, durch den
unerreichbaren Vorzug der Kehle, an Seele
und Lieblichkeit gewinnt; und daß, wenn die
Forderungen der Zuhörer sich ändern, diese Fülle
und Ausbildung des Genius mit dem Vermögen ausgerüstet sei, jeder vernünftigen Foderung
zu genügen. Einen überzeugenden Beweis, daß
es ihr weder an Kunde noch Beobachtung der
erha-

erhabenen Einfalt des Gesanges gebreche, ge=
währt ihr Vortrag der Gluckschen Iphigenia
in Tauris; die zugleich als Beispiel dienen kann,
daß ihr die Verständlichkeit der Aussprache
nicht versagt sei, eine oft vernachlässigte Fähig=
keit, durch deren Beihülfe doch die Bedeutsam=
keit des Gesanges so sehr erhöht wird, deren
Abgang der Zuhörer durch Nachlesung des
Textes nicht ersetzen kann, ohne das Schauspiel
darüber aus den Augen zu verlieren. Ein spre=
chendes Auge, ein Mund, der, wenn er sich
öfnet, eine schöne Reihe von Zähnen zeigt, ei=
ne Gestalt, die zwischen Größe und Kleinheit
in glücklicher Mitte steht, und eben soviel Leb=
haftigkeit und Lust zum Spiel und Sprechen
als zum Gesange, drücken schon jezt die tragi=
sche Empfindung, welche ihren Rollen vorge=
schrieben ist, nicht ohne Beifall aus, und be=
dürfen nur etwas mehr Übung, um auch ih=
rem Komischen den Werth zu ertheilen, zu des=
sen Erlangung viele schätzungswürdige Natur=
gaben sie berechtigen.

Als das Publikum im ersten Taumel des
Enthusiasmus über einen Besiz war, der ihm
immer theuer bleiben wird, kam eine junge Sän=
gerin von reiner, aber nicht starker Stimme,
von versprechendem, aber nicht ausgebildetem Ta=

lent, Mamfell Löwe, nicht zu gelegener Zeit,
um viel mehr als Nachsicht zu erwerben. Sie
fühlte, daß es ihr unmöglich sei, in Rollen zu
kommen; Eifer für ihre Kunst trieb sie, die Gelegenheit sich zu üben, einem gut bezahlten Müs-
siggange vorzuziehen, und sie entfernte sich von
dieser Bühne, mit dem belohnenden Bewußtsein, neben großem Verdienst nicht verdienstlos
geachtet zu sein, und durch diesen Schritt eine
Denkungsart bewährt zu haben, die »mehr
als flüchtigen Beifalls« die der Nachahmung
werth ist.

Auch Madam Deroche war nur eine
vorübergehende Erscheinung, doch gewiß von
seltner Schönheit, weil sie sich neben so vielen
gefälligen Figuren, die auf dem Theater zu
Hause waren, zu ihrem Vortheil auszeichnete.
Aber ihre liebliche Stimme war weder stark
noch musikfest; ihr Dialekt oberländisch; ihr
Spiel verrieth die Anfängerin, und da der Direktor abgegangen war, dem die Ausbildung
glücklicher Anlagen zu Gebot stand, so hielt
der neue Direktor für gerathen, der reizenden
Frau zu entsagen.

Nach Berlin zum ersten Buffo berufen,
stahl sich Herr Ellmenreich aus Frankfurth
am Mayn. Daran that er sehr unrecht, wenn

er dort allgemein gefiel. Wenn aber die Her=
ren Frankfurther, in Sachen des Geschmacks,
nicht durchaus alles thun dürfen, was ihnen
beliebt, so thaten sie ungleich mehr unrecht, ihn
sich so allgemein gefallen zu lassen. Denn ohn=
erachtet seine Stimme verständlich und stark und
von beträchtlicher Tiefe, er selbst auch musika=
lisch ist, ein großes = ausdruckvolles Auge, ein
stark gezeichnetes spanisches Profil, und viel
Dreistigkeit besizt, so läßt sich doch nicht läug=
nen, daß es seinem Vortrage im Gesange an
Geschmack, Geläufigkeit und Anmuth, seiner
Aussprache an erforderlicher Bildung, seinem
Spiel an der Wahrheit, Charakteristik und
Drolligkeit gebricht, welche auf guten Bühnen
herkömmlich sind. Hier mißfiel er gleich bei
seiner Erscheinung als Papageno, den Herr
Lippert sehr angenehm gesungen und brav
gespielt hatte, nachdem es einem andern berühm=
ten Künstler nicht gelungen war, durch die Leb=
haftigkeit seines Spiels der Mangelhaftigkeit
seines Gesanges Nachsicht zu verschaffen. Herr
Ellmenreich verlor bei einer Vergleichung,
der man ihn, zu seinem Nachtheil, bei seinem
ersten Auftritt aussezte, statt ihn, in einer
neuen Rolle, dem unbefangenen Urtheil des Pub=
likums entgegen zu führen; und erst, wenn die=

ſes vortheilhaft ausgefallen, und einige Bekanntſchaft mit dem Fremdling gemacht war, den
immer ſchweren Wettkampf wider Einheimiſche
beſtehen zu laſſen. Gegen Überladung des
Spiels und des Vortrags gewarnt, war ſeine
Darſtellung eines bloß ſinnlichen abgeſchmack-
ten Joppers, dem nur eine äußerſt regſame Laune aufhelfen kann, ſo zahm, klang ſein Ton,
der unter uns das Bürgerrecht nicht gewonnen
hatte, unſerm Ohr ſo ſchleppend und ungelenk,
daß wir verleitet wurden zu zweifeln, ob ſich
von ihm für die Zukunft das Vergnügen ver-
ſprechen laſſe, welches wir im gegenwärtigen
Augenblicke vermißten. Dazu war die Tracht
dieſer Rolle die unvortheilhafteſte, die man einer
nicht äußerſt empfehlenden Geſtalt hätte nach-
weiſen können, und die ihr zuſagende Gewandtheit lag gänzlich außer den Gränzen der Erreichung des Ankömmlings. So ward ein widri-
ger Eindruck gegen ihr begründet, und der unangenehmen Erfahrung zum Trotz in der Folge
verſtärkt. Man ließ ihn als Doriſt im Baum
der Diana auftreten, wo er die nämlichen Nebenbuhler zu fürchten hatte, und ungleich unwil-
liger aufgenommen wurde. Einigen Beifall erwarb ihm die Vorſtellung des Schulzen im rothen Käppchen, aber die des Amtsraths Knoll

in der schönen Müllerin vernichtete jeden An=
schein deſſelben. Des Vorgängers Triumph
ward des Nachfolgers Niederlage. Durch An=
nahme körperlicher Gebrechen und Hinfälligkeit
hielt er uns ein Bild vor, daß im Lazareth,
nicht auf der Bühne zu Hauſe gehört; und,
als wäre es ihm nicht genug zu einer nachthei=
ligen Parallele Gelegenheit gegeben zu haben,
veranlaßte er, ohne alle Noth, die zweite. Er
legte nämlich in das überdies nicht zu kurze
Stück eine Recitation und eine Arie, in denen
Herr Bianchi ungetheilten hinreißenden Bei=
fall erobert hatte. Er gab die plumpe Nach=
ahmung einer Bufforede, deren unübertreflicher
Ausdruck unſerm Gedächtniß in aller Lebendig=
keit der Gegenwart vorſchwebte. Er gab uns
bald nachher ein Lieblingsintermezzo des nämli=
chen Künſtlers, mit dem er ſich nicht meſſen
konnte, minder tief unter ſeinem Vorbilde, aber
verſtümmelt, ohne die Ouvertüre, welche wir,
dem Vernehmen nach, einem großen hieſigen
Tonſetzer verdanken, nicht mit den glücklichen
Veränderungen, die wahrſcheinlich die nämliche
Meiſterhand dem Geſange und ſeiner obligaten
Begleitung eingewebt hatte, ohne den Beſchluß,
auf welchen der lange Eingang vorbereitet, und
der ſo unentbehrlich iſt um das Ganze zu rün=

den, und ihm einen vernünftigen Sinn beizule=
geu. Was Wunder, daß die Unzufriedenheit
des Publikums zunahm, und in lauten Äuße=
rungen ausbrach? Als der bedauernswürdi=
ge Mann endlich in vorher nicht gesehenen
Rollen auftrat, womit er hätte beginnen sollen,
war jeder günstige Eindruck, den er durch sie
hervorbringen können, unwiderruflich verscherzt,
und das näherliegende Mitleid gegen einen al=
ten Bekannten erstickte alle Ansprüche auf Nach=
sicht, welche ein Unbekannter erwarten durfte.
Herr Unzelmann hatte sich nämlich gewei=
gert, die doppelt peinliche Pflicht zu erfüllen,
eine Singrolle in welcher er sehr gefallen hatte,
dem nicht gefallenden Künstler, der ihn ver=
drängen sollte, abzutreten, und zu gleicher Zeit
eine neue zu übernehmen, in der er sich nicht
getraute, eine angenehme Wirkung hervorzu=
bringen Darüber ward er auf der Stelle ver=
abschiedet, und ihm nicht nur die Bühne unter=
sagt, sondern auch alle fernere Erhebung seines
Gehalts abgesprochen, ohnerachtet die Zeit sei=
nes rechtsbeständigen Kontrakts nicht abgelau=
fen war. Viele Theaterfreunde beklagten den
Verlust eines Künstlers, der ihnen mit Recht
ein Verlust für die Bühne schien. Einige wur=
den laut, und foderten die Direktion auf, ihn

im Schauspiel beizubehalten, erhielten aber keine genügende Antwort, und ließen seinen Nebenbuhler ihren Verdruß über eine Verlegenheit empfinden, die durch dessen Ankunft entstanden war. Äußerungen des Unwillens sind
wenig gemacht, bei ihrem Gegner Bezeigungen
der Gefälligkeit hervorzubringen. Herr Ellmenreich war über Herrn Unzelmanns
Verabschiedung gewiß nicht zu Rathe gezogen,
und mißbilligte wahrscheinlich, wenn nicht aus
edleren Gründen, die man niemanden absprechen
darf, den man nicht geprüft hat, doch sicherlich
aus Zunftgeist und Selbstliebe, von denen auch
der Beste nicht rein bleibt, eine Strenge, deren
Beispiel auch seine Zukunft gefährdete: er hätte
folglich, bei dem ersten unverkennbaren Ausbruch
der Rache gegen ihn, durch offene Bezeugung
dieser natürlichen Gesinnungen, oder, wenn er
den leisesten Anstoß gegen seine Obern vermeiden wollte, durch die gerechte Bitte, ihn nicht
als den Gegner eines mit Recht geschätzten Ka-
meraden anzusehen, über dessen Schicksal er ja
nicht zu entscheiden habe, neben dem er bestehen
könne, wie dieser neben andern, dem er daher
alles mögliche Gute wünsche, und dessen Unfall
auch ihm zu Herzen gehe, die Gemüther besänftigen, die Leidenschaftlichkeit beschämen, edle

Herzen befreunden, und das Auffochen des
Zorns in braufenden Beifall verwandeln können. Auch fehlte ihm zu folch einem Schritt
vielleicht minder guter Wille als Entfchloffen-
heit, aber leider hat Unentfchloffenheit das Unglück, oft für böfen Willen gehalten zu werden; und eine gewiffe Feftigkeit in feiner Haltung, die gegen alle Stürme der Verfolgung
Stand hielt, eine befremdliche Nachgiebigkeit
gegen fchwaches, nicht felten zweideutiges Daca-
porufen, wenn der Donner der Verdammung
ihn umbrüllte, und bei weitem raufchender begleitete, als die erfäufte Begleitung des Orche-
fters, erzeugten den Argwohn, daß es ihm nichts
neues fei übel behandelt zu werden, daß er unter dem Pochen der Kunftrichter, wie Jupiter
unter dem Getöfe der Korybanten groß gezogen,
früh gelernt habe, in unferm weichlichen Zeitalter, katonifche Unerfchütterlichkeit auszuüben.
Das Publikum im Ganzen befaß diefe Seelen-
ruhe nicht, murrte gegen eine Störung, welche
Zufchauer-zu handelnden Perfonen machte, und
vermehrte das Geräufch indem es Stille gebot.
Polizeiverordnungen ftellten die unterbrochene
Ruhe, aber nicht die Zufriedenheit wieder her.
Es ward bei fchwerer Strafe unterfagt, gegen
ein Stück, oder gegen einen Schaufpieler, lau-

tes Mißfallen zu äußern; und, von diesem
Augenblick verlor der allein freigelassene Beifall,
durch die Hinwegnahme seines Gegengewichts,
den schönsten Theil seines Werths. Der, welcher einer so unerhörten Vorkehrung zu seinem
Schutze bedurft hatte, konte sich unmöglich dadurch geehrt fühlen, vorlor bei seinen Kamera-
den und den Zuschauern, verzweifelte an der
Erreichung des einzigen Zwecks, der einen Künstler zu unbezahlbaren Äußerungen bereden kan,
und that Verzicht auf die Hofnung an einem
Orte zu gefallen, der ihm nicht gefallen konte.
So vertauschte er, mit Vergnügen, die hiesige
Bühne um die neuerdings in Altona errichtete.
Es würde unbillig sein, nach dem was man hier
von ihm gesehen hat, bestimmen zu wollen, was
er bei einer freundlichern Aufnahme geleistet haben würde; noch mehr aber, welcher Ausbildung seine Naturgaben, bei fleißiger Entwickelung und Bekantschaft mit der Kunst, fähig
sein mögen. Ohne Zweifel können günstigere
Umstände ihn in einem besseren Licht erscheinen
lassen; indeß wird der kalte Richter vorjezt noch
dem oben über ihn gefällten Urtheile beitreten,
und er selbst keines geringen Studiums bedürfen, um sich eines besseren, vortheilhafteren
Zeugnisses werth zu machen. Hier hat er we-

nig erfreuliches bewirkt, einige witzige Einfälle
und glückliche Gassenhauer ausgenommen, an
denen er jedoch, wie seine Feinde behaupten,
keinen sonderlichen Geschmack gefunden haben
soll. Ist diese Erscheinung gegründet, so muß
sich, was auch wohl nicht schwer ist, eine andere Ursache davon angeben lassen, als Mangel an Scharfsinn; da er, wie die Sage geht,
zu dem auserwählten Volk gehört, das eine
nie versiegende Fülle dieser Eigenschaft in seine
Schulen hinein und aus ihnen herausträgt.
Schon bei seiner Anwesenheit ward Herr Unzelmann wieder angenommen, sang und spielte
neben ihm nach hergebrachter Weise, und die
Direktion, wie ein gütiger Vater, der sich anfangs weigert um hernach durch Großmuth zu
überraschen, gab dem Publikum, nach Herrn
Ellmenreichs Abreise, mehr als warum es
gebeten hatte, gab ihm Herrn Unzelmann
in allen ersten komischen Singrollen zurück.

Herr Czechitzky ward entlassen. Herr
Berger übernahm von nun an die ersten Bösewichter; und spielt sie bös genug, nur ist damit dem Schauspiel nicht immer geholfen. Seine Gestalt, seine Geberden und seine Sprache,
die er einem sehr guten und beliebten Muster,
dem verstorbenen Brückner nachgebildet hat,

schicken sich nur für den offenbaren Ausdruck
gehässiger Leidenschaften, des Neides, des Grolls,
des Eigennutzes, der Furcht, die zum Verläum=
den, zum Lästern, zum Bestechen, zum Krie=
chen oder Prahlen ihre Zuflucht nehmen, oder
sich hinter einen durchsichtigen Schleier der Heu=
chelei zu verstecken glauben, denen aber der dich=
tere, welchen Weltanstand und höfisches Betra=
gen zu weben wissen, nicht zu Gebote steht, und
der Anstrich der Liebenswürdigkeit, womit Witz
und Geist selbst das Laster ausschmücken, gänz=
lich fremd bleibt.

Herr Schwadke, von der Großmanni=
schen Gesellschaft, ersetzte das Fach der durch
Herrn Czechtitzky erledigten Liebhaber nicht;
weil seine schlanke wohlgebaute Gestalt, seine
Jugend, ihn zwar zu gefallen berechtigte, seine
Stimmung aber mehr die Darstellung heftiger
als gesetzter, mehr den Ausdruck empfindungs=
voller als launigter oder leichtsinniger Charak=
tere begünstigt.

Herr Labes, vom eingegangenen Stre=
litzer Hoftheater, hat nicht die jugendliche Phy=
siognomie, die volle Gestalt, den Ton der Ge=
sundheit, welchen man die Begünstigung der
Liebe zutraut. Es gelingt ihm leichter, Ansehn
und Anstand eines treuherzigen und ernsten oder

komisch-verlegenen Alten, eines welterfahrnen oder durch die Welt verdorbenen Bedienten, eines Menschen aus der niedern Volksklasse, der vornehmen Leuten nachgeahmt, anzunehmen: aber sein, wenn gleich nicht starker, doch verständlicher Tenor, seine richtige Sprache, sein unverkennbarer Fleiß durch Gedächtniß unterstüzt, lassen ihn nirgends anstößig werden, und machen es ihm möglich, die aller verschiedentsten Fächer auszufüllen. Er ist auch musikfest, und kein verwerflicher Gewinn für das Singspiel.

Späterhin ward Herr Beschort, vom Hamburger Theater, für gesezte Liebhaber und vornehme Charakterrollen angenommen, die er mit verdientem Beifall spielt. Er hat Anstand, Sinn und Ausdruck in seinem Ernst und Edelmuth, bei welchem ihm seine vortheilhafte Gestalt zu Statten kommt. Seine Fröhlichkeit ist nicht ganz unbefangen, und mehr herablassend als mittheilend; daher es ihm leichter wird, bittern als anspruchlosen Scherz auszudrücken. Nur in der Oper scheint es, als erheitre ihn die Zauberkraft der Musik, mit der er innig vertraut ist, und wo man seinen angenehmen Baritono mit Vergnügen hört.

Herr Löwe, der seine Schwester von

Braunschweig nach Berlin begleitet hatte, be=
saß mehr Anlagen zum Tonsetzer als zum Sän=
ger, wogegen seine schwache Stimme und sein
frühzeitig altscheinendes Gesicht unüberwindliche
Schwierigkeiten in den Weg legten, und ging
mit seiner Schwester nach Braunschweig zurück.

Mamsell Zätzel verließ die Bühne. Das
Theater verlor große Hofnungen an ihr, die
in gefälliger Blüthe standen, und bereits ange=
nehme Früchte trugen. Das Fach der jugend=
lichen Soubretten, deren sich Madam Unzel=
mann nicht annehmen kann, ohne anderswo
eine empfindlichere Lücke zu verursachen, ward
durch sie erledigt. Madam Schwadke gebor=
ne Großmann, die an ihre Stelle trat, hat
eine diesen Rollen angemessene Figur, aber kein
verständliches Organ, und erliegt unter dem
Nachtheil, beständigen Vergleichungen mit ih=
rer Schwester ausgesezt zu sein. Madam Fleck
zeigt, bei dem reizendsten Ausdruck der Unschuld,
zu viel Sanftheit, um das Fach der Soubret=
ten zu betreten, zumal da sie alle Herzen zur
Liebhaberin berufen. Mamsell Altfilist ge=
bricht es, um, bei aller wünschenswürdigen
Ausbildung ihrer Anlagen, auf die feinsten
Rollen dieser Gattung Anspruch machen zu
dürfen, an einer gewissen Zierlichkeit, die von

der Natur gegeben sein muß, und nicht bloß durch Kunst erlangt werden kann. Eben das scheint der Fall, unter den jungen Frauenzim= mern, die seit einigen Jahren in Nebenrollen erscheinen, mit der Schwester der Madam Schick, die ihr an Jahren am nächsten ist, der ältern Mamsell Hamel, und die jüng= ste beweiset, bei einer vorzüglich begünstigten Stimme, mehr Anlage zum Gesang, als zur Lebhaftigkeit des Spiels. Mamsell Böheim hat mehr Lebhaftigkeit, als Anlage zu gefallen. Nur Mamsell Eigensatz vereinigt, dem An= sehn nach, alles was die Kunst von Naturga= ben vorzufinden wünschen möchte, um ein gefäl= liges Bild der Anmuth, Schalkhaftigkeit und Feinheit aufzustellen; und es ist zu hoffen, daß man ihr Gelegenheit geben werde, diese Erwar= tung zu erfüllen.

Madam Lippert entfernte sich von Ber= lin, weil ihr die Direktion eine billige Erhö= hung ihres Gehalts abschlug, und ging nach Hamburg. An ihre Stelle trat Madam Be= schort vom Hamburgischen Theater, ehemals eine mit Recht geschäzte Sängerin, deren Stim= me seit einigen Jahren verloren hat. Das hie= sige Publikum beurtheilt ihren Werth nach dem gegenwärtigen Augenblick.

Madam Böhm erscheint in Rollen die sie bereits abgegeben hatte, unter günstigeren Erinnerungen, und genießt der Nachsicht, die sie durch vieljährige Verdienste erworben hat.

Madam Baranius ward der Bühne entzogen. Ein so ausgezeichnetes Talent kann nie ersezt werden; und der Klugheit bleibt, bei der Einbuße desselben, nichts übrig, als der Versuch, durch Aufstellung neuer Gegenstände die Aufmerksamkeit von einem Verlust abzulenken, den Klagen nicht zu heben vermögen. Die Direktion that, was sie konnte.

Madam Eunike, die für eine Zierde des Frankfurther Theaters galt, und als Mamsell Schüler in Kinderrollen auch zu Berlin ein günstiges Vorurtheil erweckt hatte, ward hieher berufen. Wir erhielten an ihr eine schöne, verständige, gefühlvolle Schauspielerin, deren Spiel, deren Deklamation, deren Art sich zu kleiden, uns fremd war. Doch gefiel sie in dreisten, naiven Rollen, und erhielt, in der Darstellung des liebeschwärmenden Cinthio in Zschockens Zauberin Sidonia, ungetheilten Beifall. Gegenseitige Bekanntschaft und Nachgiebigkeit wird wahrscheinlich die Künstlerin dem Publikum täglich angenehmer machen. Das Singspiel erhielt, durch ihre Veranlassung, einen beträchtlichen Gewinn. Herr Eunike, der mit ihr zugleich angenommen ward, hat eine vortheilhafte Gestalt und einen lieblichen Tenor; auch kann es seiner musikalischen Fertigkeit nicht schwer fallen, in seinem Vortrage den gerechten Foderungen des Kenners zu genügen.

Mamsell Schwachhöfer, die mit dieser Familie freundschaftlich verbunden ist, und ihr das Opfer brachte, Frankfurth, wo sie in ihrem Fach die erste war, zu verlassen, ist sehr jung, sehr zierlich gebaut, besizt eine volltönende Stimme vom großem Umfange, und lauter Feuer und Leben für ihre Kunst. Sie trat als Amor im Baum der Diana auf, und entzückte durch Gesang und Spiel. Denn sie gab uns an ihm nicht, was wir vormals mit Vergnügen gesehn hatten, das schalkhafte Mädchen, dem mit dem gewohnten Unterrock auch ein Theil seiner Zahmheit wiederkehrt, sondern in dem kleinen Gott wirklich den kleinen Teufel, der er, dem Himmel sei Dank! leider ist, einen leibhaftigen Jungen in Weibskleidern, der aus ihnen und der Welt herausspringen möchte, wenn ihn nicht die Liebe zu Neckereien zurückhielte. In andern Rollen hatte sie weniger Gelegenheit sich zu zeigen, wie sie überhaupt für die Wünsche der Mehrheit zu selten erschienen ist.

ist. Aber so viel ergiebt sich wohl, daß ihre An=
lagen größer sind als die Ausbildung derselben,
daß sie sich selbst in der Folge noch übertreffen
kann, und daß für diesen gutherzigen Muth=
willen die Jahre der bedächtigen Sanftmuth
noch nicht gekommen sind. Was indessen die
Damen in Geheim an ihr beneiden mögen, das
wird sie die Männer immer bereit finden zu
bewundern; und, bis es ihr gelingt auch die
grämliche Kritik zu befriedigen, welches so vie=
lem Scharfsinn, einer so ausgezeichneten Bereit=
willigkeit von musterhaften Vorbildern zu ler=
nen nicht entstehen kann, des seltnen Vorrechts
genießen, durch ihre Eigenthümlichkeit jeden Ge=
danken an unangenehme Vergleichungen zu ver=
bannen, durch ihre Anspruchlosigkeit Beifall zu
gebieten. Dies war bisher ihr Loos in einigen
unvergeßlichen Rollen der Baranius, die wir,
mit idyllenartigem Reiz geschmückt, von keiner
Künstlerin außer dieser zu sehen erwarten dür=
fen, für die aber Natur Lebhaftigkeit und ein
Gesang aus freier Brust andre Saiten unsrer
Empfindung in unwillkührlichen Einklang ver=
setzen, und in der Pamina der Zauberflöte, in der
Lilla, in der Filania der neuen Arkadier, wo wir,
bei unsrer unverrückten Anhänglichkeit für die
Kunst der Madam Schick, nichtum hin konn=

**D**

ten, den frischen sicheren überwältigenden Ton
einer jungen gediegenen Kehle in unserm Herzen wiederhallen zu hören. Wie! die Natur
hätte eine solche unerschöpfliche Mannichfaltigkeit, so tausendfach abwechselnde Schattirungen,
die dem Auge wohlthun, die wir mit allen Sinnen einschlürfen; und die täuschendste Nachahmung der Natur sollte nur engbrünstige Zuschauer finden? Wir sollten uns zur Einseitigkeit verdammen, und ungerecht werden auf Kosten unsres Vergnügens?

Den Chevalier, wie ihn der Deutsche gern
hat, den genialischen Wüstling, den geistvollen
Weltmann, zeigte uns Herr Porsch vom
Frankfurther Theater. Er ist, trotz seines tiefen und heisern Tons, ungeachtet einer hagern
kränklichen Gestalt, der vorzüglichste Schauspieler unsers Vaterlands in diesem Fach, in welchem er alles vereinigt, was wir von den besten
Bühnen des Auslandes zu entlehnen wünschen
möchten, und wo seine Einsicht selbst aus den
erwähnten Nachtheilen Vorzüge zu ziehen weiß.
Er erwarb sich ungetheilte Bewunderung in
Rollen eines Künstlers, der in langjährigen
Besitze des Beifalls steht. Sein Graf Klings-
berg, sein van der Husen in Kotzebues Armuth
und Edelsinn, der zur Liebe bekehrte Spötter

in den Quälgeistern, wurden meisterhaft durch=
geführt..

Madam Renner, geborne Brochard,
vom Müncher Theater, wetteiferte als Mar=
gréthe in Jfflands Hagestolzen, als muntrer
Savoyardenjunge, als das neckende Mädchen
in Bretzners Räuschchen, als Tochter der Na=
tur in den Wilden, mit unsern beliebtesten
Künstlerinnen im Lust = und Singspiel. Jhre
Stimme ist nicht stark aber lieblich und ein=
dringend, ihr Gesicht nicht schön aber freund=
lich, ihr Wuchs nicht groß aber vollkommen,
ihre Naivetät nicht aufbrausend aber unschul=
dig: sie gab uns nicht was wir hatten, aber
wir hatten auch nicht was sie uns gab. So
gefiel sie auf einem unbestrittenen Pfade, und
nur die Nothwendigkeit, Ausgabe nach der
Einnahme zu ordnen, konnten die Direktion
bewegen, auf den Versuch Verzicht zu leisten,
sie und Herrn Porsch bei der hiesigen Bühne
fest zu halten. Denn Herr Schlegel, ein Baß=
sänger vom Frankfurther Theater, stand so tief
unter dem, was wir besaßen, daß wir durch
seine Annahme nichts gewonnen haben würden.

Aber das Gehalt der als Mitglieder die=
ser Gesellschaft aufgeführten Künstler, mit Hin=
zufügung dessen, was die Direktion und ihre

D 2

Untergebenen, und ein gutes aber schlecht be=
zahltes Orchester, kosten, beläuft sich jährlich
anf mehr als 42000 Thaler, indeß die höchste
Einnahme, die des verstricheuen Theaterjahrs,
nur ungefär 66000 Thaler beträgt, so daß von
24000 Thaler jährlich, die Dekorationen, die
Garderobe, die Statisten, die Anschaffung neuer
Schauspiele, Singstücke und Symphonien, der
Druck der Anschlagzettel und Prologen, die Be=
leuchtung, und alle Ausgaben des Tages, be=
stritten werden sollten. Doch fehlt es dem jetzi=
gen Bestande der Bühne, im Schauspiel, un=
streitig an einer Künstlerin für hochtragische
Rollen, und an einem jugendlichen Bedienten,
die, wie es scheint, nur durch einen Zuwachs
von außen her erlangt werden können; an ei=
nem Schauspieler für seine Bösewichter, für
launigte Jugendrollen, und an einer Soubrette,
von denen es vielleicht möglich ist, daß sie sich
aus der Entwickelung bisher nicht hinlänglich
benuzter Talente ergeben. Auch das Singspiel
muß einen ersten Buffo aus der Fremde erhalten;
weil Herr Lippert, dem Vernehmen nach, zur
Wiener Bühne geht, und also seine unleugba=
ren Anlagen für dieses Fach hier nicht aufbie=
ten wird, indeß seine Liebhaber und Charakter=
rollen im Tenor und Baß durch die Herren

Eunike und Beschort besetzt werden können.
Seit Herrn Professor Engels Abgange hat
also das Singspiel gewonnen, indem des Herrn
Musikdirektors Wessely Abgang nach Rheins-
berg, durch Herrn Webers Anstrengung, ohne
Nachtheil für das Pnblikum, blieb; das Schauspiel aber, troz der vermehrten Zahl seiner Mitglieder, mehr als einen wichtigen noch nicht aus-
gefüllten Verlust erlitten.

Ehe wir jedoch diese Übersicht endigen, welche leider die Gränzen ihres erwünschten Raums
eben so sehr wie die Geduld unsre Leser über-
schreitet, werfen wir noch einen flüchtigen Blick
auf die Verwaltung der Direktion. Es ist
nicht zu läugnen, daß sie weder Mühe noch
Kosten scheute, um den Zulauf der Zuschauer
zu erwerben; nur ward diese Mühe nicht stets
belohnt, nur blieben diese Kosten nicht immer
der Einnahme untergeordnet, auf welche doch
nothwendig Rücksicht genommen werden muß,
wenn die Festigkeit des Ganzen nicht unter glänzenden Anschein zerrüttet werden soll.

Herr Professor Ramler, der sich des li-
terarischem Theils der Direktionsführung an-
nahm, hat sich der Verbesserung fremder Geisteswerke von jeher zu gern unterzogen, als daß
er den auf die hiesige Bühne gebrachten S[ü-

cken seine Feile hätte verweigern sollen; vielmehr
ließ er solche auch manchen alten Stücken an-
gedeihen, das in seiner ursprünglichen Gestalt
gefallen hatte, eine Zeitlang bei Seite gesetzt
war und jezt wieder hervorgesucht wurde. Diese
unstreitig gelehrten Verbesserungen, von denen
ein Grammatiker zu lernen haben würde, wirk-
ten jedoch nur wenig zum Vergnügen des Laien,
weil sie selten auf den Eindruck berechnet waren, den das Schauspiel hervorbringen soll.
Was konnte es uns verschlagen, daß einige zu
kühne Wortfügungen durch sprachrichtigere ersezt wurden, wenn das was gesagt wurde, uns
Langeweile machte? Überdem scheint Herr Professor Ramler minder strenge in Ansehung
des Wizes und Gehaltes der Gedanken, denen
er manche Alltäglichkeit und Zweideutigkeit nach-
sah, als in Rücksicht auf ihre Einkleidung, deren Zierlichkeit den Mangel des innern Werths
nur selten ersezen kann; und, bei seiner Wahl
der Schauspiele, ward er mehr durch seine Mei-
nnng von den Dichtern, als durch unpartheii-
sche Prüfung ihrer Werke geleitet. Er erließ
uns keines der mittelmäßigen neuern Produkte
des Herrn von Kozebue, indem er manchem
gewiß nicht schlechteren Erzeugnissen eines andern Geistes seine Zustimmung versagte, und

säuberte jene nicht von unverkennbaren Auswüch=
sen der Üppigkeit, die er bei diesen mit einem
Scharfsinn bemerkte, dem der Zuhörer nicht
zu folgen vermochte. Er brachte alle Weis=
sische Operetten, nach Hillers Musik, den
Erndtekranz und die Jagd, auf die Bühne,
die dem Geschmack des Tages an vollstimmigen
Gesang und vollständige Begleitung nicht ent=
sprechen. Er führte, was eine Kleinigkeit scheint,
durch Abänderung der Titel irre, brachte aber
damit den Nachtheil hervor, andere Erwartun=
gen bei dem Zuschauer zu erregen als der Dich=
ter bezweckt hatte, und diesem daher die Zufrie=
denheit zu entziehn, die ihm, aus dem rechten
Gesichtspunkt betrachtet, nicht entgehn konnte.
So nannte er z. B. Rollas Tod, Ataliba,
oder Lust und Liebe seines Volks; und der Zu=
schauer machte die natürliche Bemerkung, daß
die Person, welche ihm als Hauptcharakter auf=
geführt ward, nur im Hintergrunde erscheine,
und die Aufmerksamkeit nicht genug festhalte.
Auch gegen seine Rollenbesetzungen ließen sich
vieleicht einige Ausstellungen machen. Aber die
Stimmung des Schreibers widersezt sich dem
unangenehmen Geschäft, an einem Gelehrten,
der unter Verdiensten grau geworden ist, Feh=
ler zu bemerken, und er will lieber für kurzsich=

tig gehalten sein, als einen einzigen Tadel in
Umlauf bringen, den die laute Stimme des
Publikums nicht zu überhören verbietet.

Herr Geheimerath von Warsing ver=
wandte eine unermüdete Thätigkeit für den Glanz
der Bühne. Wir sahen Dekorationen und eine
Garderobe, wie wir sie nie gesehen hatten. Die
Vorstellung der Gluckschen Iphigenia in Tau=
ris hat dem Vernehmen nach mehr als 3000
Thaler gekostet, die der neuen Arkadier wird
auf 4000 Thaler angeschlagen. Kostbare Klei=
der wurden in Überfluß verfertigt, und nach
kurzem Gebrauch bei Seite gelegt, um neueren
Platz zu machen. Wir erhielten Divertissements
und Ballete, zu denen der König seine ersten
Tänzer und Tanzschüler verwilligte, die für ih=
re Mühe keine Bezahlung annahmen, auch ihre
Kleider größtentheils aus der Garderobe der
wälschen Oper mitbrachten, dennoch aber, durch
billigen Ersatz ihrer Strümpfe, Schuhe, Hand=
schuhe, Federn u. s. w., große Ausgaben veran=
laßten; weil das deutsche Theater den Vorstel=
lungen des Tanzes nicht angemessen ist, in tra=
gischen Balleten keinen dieser Ausgaben entspre=
chenden Beifall erhielt, und in komischen nicht
gefallen konnte, ohne dem Beifall des Schau=
spiels Abbruch zu thun. Die Zahl der Frei=

billete wuchs durch die Vermehrung derjenigen,
welche sich um die Bühne verdient machten;
die Beleuchtung der Bühne ward kostspieliger.
Nichts ward eingeschränkt, als die Beleuchtung
der Zuschauer, die, welchen Unbequemlichkeiten
sie auch ausgesezt sein mag, dennoch nicht zu
sehr geschmälert werden darf, weil Personen,
die ein öffentliches Schauspiel besuchen, allerdings ein Recht auf das Vergnügen haben,
welches der Anblick einer guten freudesuchenden
Gesellschaft gewährt; und die Aussprache der
meisten Sänger, besonders im Chorgesang, eine
Nachlesung des Liedertextes dem Zuhörer, der
den Tonsetzer verstehn will, nicht entbehrlich
macht. Eine andre Unbequemlichkeit für die
Kasse, für das Publikum, und für die Schauspieler, verursacht die den leztern, von der interimistischen Direktion, vielleicht zu nachgiebig
eingeräumte Verwilligung der Benefizvorstellungen. Es scheint ganz billig, daß Künstlern, die
dem Publikum Vergnügen machen, der Versuch
zugestanden werde, ob ihre Bewundrer etwa
Lust haben, durch freiwillige Beiträge ihre selten zureichende bestimmte jährliche Einnahme zu
erhöhen. Es scheint als wäre die Kasse dadurch
gedeckt, daß sie den Wochentag, der sonst zur
Erholung der Schauspieler bestimmt war, in

Berlin den Freitag, gleichfalls zu Vorstellungen bestimmte. Eines Theils aber verlor sie durch ihre Entsagung auf die erste Vorstellung eines neuen Stücks, eine gewisse Einnahme, die auf immer eingebüßt ward, wenn das Stück keinen Beifall erhielt und die zweite Aufführung nicht erlebte. Von der andern Seite büßte sie, wenn der Schauspieler, dem ein Benefiz verstattet ward, ein schon gesehenes beliebtes Stück zu demselben erkießte, durch die eingeführte seinem Vortheil angemessene Schonung, das von ihm gewählte Stück, bis zu seinem Benefiz, nicht auf die Bühne zu bringen, den Betrag der Einnahmen ein, die durch dessen Aufführung hätten gewonnen werden können. Drittens wuchs, durch tägliche Eröfnung der Bühne, der Bestand der Theaterliebhaber nicht, und was jeder gute Wirth für dieses Vergnügen bestimmt hatte, ward nun unter mehrere Tage vertheilt, ohne der Kasse des Theaters mehr einzutragen. Eben diese Einrichtung verkümmerte, bei dem zu häufigen Anwuchs der Benefizvorstellungen, die Einnahme derer, welchen sie zugestanden waren, ward anfangs den Zuschauern beschwerlich, und zulezt den Schauspielern nachtheilig. Dem Kenner des menschlichen Herzens und der Theaterverhältnisse werden noch

andre Unbequemlichkeiten einer zu verschwende=
rischen Begünstigung, die nur dem ausgezeich=
neten Verdienst gebühren sollte, nicht entgehen.
Diese Erzählung untersagt sich die Angabe der=
selben; sie ist keine Klageschrift, und wünscht,
wenn ihr einige Kräfte zuständen, die Gemü=
ther lieber zu besänftigen als aufzubringen. Sie
geht also auch in keine Untersuchung des Grun=
des oder Ungrundes andrer zum Theil laut ge=
wordener Beschwerden, und erwähnt blos im
Allgemeinen, daß die, seit Abgange des Herrn
Professor Engel unläugbar erhöhte Einnahme
der Bühne, der weit erhöhteren Ausgabe kaum
die Wage hielt, und bei unvermutheten Verle=
genheiten leichtlich unzureichend hätte werden
können. Nicht aus Mangel gerechter Unter=
stützung des Landesherrn. Außer der erwähn=
ten unentgeldlichen Einräumung des Hauses,
und manchen andern, mit zuvorkommender Groß=
muth bewilligten Gefälligkeiten, wird für die
Miethe der Königlichen Logen, nachdem durch
Döbbelins Todesfall die Hälfte seines Gnaden=
gehalts von deren Ertrag nicht mehr zu bestrei=
ten ist, noch jährlich die Summe von 5400 Tha=
ler bezahlt. Auch erhielt die Kasse für jede
Freivorstellung, die in Charlottenburg und Pots=
dam gegeben ward, eine Entschädigung, welche

reiner Gewinn für sie war; da der König den
Schauspielern ihre Diäten besonders auszahlen,
und für ihre Fuhren sorgen, auch die Beleuch=
tung und Anordnung der dortigen Bühnen auf
seine Kosten übernehmen ließ, indessen an den
nämlichen Tagen in Berlin gespielt, und die
Bühne so wenig geschlossen war, daß eine dop=
pelte Einnahme statt fand. Weiter darf eine
Regierung, die so viele billige Ansprüche dürf=
tiger Bürger zu befriedigen hat, ihre Größ=
muth gegen das Vergnügen der Hauptstadt
schwerlich treiben, deren Volksmenge hinreichend
ist, den Aufwand zu bestreiten, welcher zum Er=
werbe der Vorzüglichkeit dieses Vergnügens ge=
hört, und die kein Recht hat, mehr desselben zu
verlangen als sie bezahlt. Immer wird, bei
Betrachtung dieser Umstände, die monarchische
Regierung freigebiger und nachsichtiger erschei=
nen, als die Verwalter mancher reich und glück=
lich gepriesenen Freistaaten, die, weit entfernt,
ihren Schauspielunternehmern einige Geldunter=
stützung zukommen zu lassen, es im Gegentheil für
Pflicht halten, dieselben mit Auflagen zu belästigen.

Aus allem angeführten ergiebt sich der
Schluß, daß nach Herrn Professor Engels
Niederlegung der Direktion, dieselbe thätigen und
wohlmeinenden Männern anvertraut gewesen

sei, die ihre beßre Kräfte für den Glanz und
die Aufnahme der Bühne anstrengten; denen es
gelang, die Gesellschaft durch einige sehenswür-
dige Mitglieder zu vermehren; die das Andenken an den Verlust bedeutender Talente soviel
möglich zu zerstreuen, und dem Vergnügen des
Publikums neue Aussichten zu eröfnen suchten;
die daher ungeheuchelten herzlichen Dank verdienen. Daß aber eben dieses Gefühl der Dankbarkeit den Wunsch, sie ihrer eigentlichen, eine
ungetheilte Anstrengung erfodernden Berufsar-
beiten zurückgegeben, und durch das Vorsteher-
amt der Schaubühne, dessen genügende Beklei-
dung so mancherlei und durch lange Erfahrung
erworbene Eigenschaften erheischt, ihrer wohl-
verdienten Muße nicht länger beraubt zu sehen,
ihren Freunden, und den Freunden der Bühne
sehr natürlich machen mußte. Der, welcher so
manche gerechte Wünsche erfüllte, hat auch diesen nicht vereitelt. Der König übertrug Herrn
Iffland, den er längst gern für seine Hauptstadt gewonnen hätte, der um die Erlaubniß
angehalten hatte, sich derselben zeigen zu dürfen,
und von ihr mit großem ungetheilten Beifall
aufgenommen war, die Direktion. Herr Professor Ramler ward, mit Beibehaltung seines
Gehalts, in ehrenvolle Ruhe versezt. Herrn

Geheimerath von Warsing stand es frei, die
Hälfte seines bisherigen ferner zu genießen, um,
unter der neuen Direktion, die Aufsicht über
die Polizei, nothwendige Bauverbesserungen des
Schauspielhauses und tägliche Einnahme zu führen; er lehnte aber dieses Geschäft von sich ab,
und blieb Justitiarius. Herr Iffland erhielt
als Schauspieler und Direktor ein genügendes
Gehalt, nebst Versicherung einer Pension, wenn
er unfähig werden sollte, ferner zu dienen. Die
Verdienste des Schauspielers sind anerkaunt,
Kunstrichter mit Sitz und Stimme haben darüber entschieden, und noch kürzlich hat Herr
Konsistorialrath Böttiger sein Spiel in drei-
zehn vorzüglichen Rollen entwickelt, und ein
nüzliches belehrendes Buch über diesen Gegenstand geliefert, ohne denselben zu erschöpfen.
Von Ifflands Direktion günstige Erwartungen zu hegen, berechtiget seine glückliche Regie
der Manheimer Bühne. Man darf aber nicht
vergessen, daß ein rechtschaffener Mann auch
ein guter Mann ist, und daß der gute Mann
selbst seinen Eifer und seine Liebe für die Kunst,
seinen Abscheu gegen Mißbräuche, der Schonung gegen Personen unterordnen muß, die der
Kunst Ehre bringen und an Mißbräuchen gewohnt sein können. Tiefe Kenntniß und weiser

Gebrauch seiner Kräfte, die Eigenthümlichkeit
seines Spiels, Versöhnlichkeit und Milde, die
Seele seiner Dichtungen, und die Bescheidenheit
die er als Schauspieler, Dichter und Mensch
nie verläugnet hat, werden sich auch bei der
Verwaltung einer Anstalt an den Tag legen,
wo Nachgiebigkeit und Strenge in ihrem kleinsten Übermaße gleich schändliche Wirkungen hervorbringen. Er hat ein dornichtes Geschäft
übernommen, er hat einen schönen Himmel und
eine schöne Erde verlassen, um auf diesem kalten Sande einzig der Kunst zu leben für die er
berufen ist. Möge er das schwere Ziel erreichen, die Dankbarkeit zu gewinnen die er verdienen wird! Das jetzige Schauspielhaus scheint
allen Bemühungen nach wesentlicher Verbesserung der Bühne unüberwindliche Schwierigkeiten in den Weg zu legen. Die Berliner sind
ein frommes Volk. Sie erwarten alle guten
Gaben und alle vollkommene Gaben von oben
herab, und getrauen sich nie etwas Vortrefli-
ches aus eignen Mitteln hervorzubringen. So
erwarten sie auch den Bau eines neuen Schauspielhauses von ihrem Könige, ohne auf das
Beispiel von Königsberg, Breslau und Magdeburg zu achten, die sich selbst damit versorgt
haben; Magdeburg ganz neuerlich, und, in

Rücksicht auf seine Bedürfnisse, vollkommner
als irgend eine Stadt in Europa, Vicenza aus=
genommen, dessen Palladisches Teatro olimpi-
co jenem zum Muster diente. Ist es wahr,
daß die öffentlichen jährlichen Bauten in Ber=
lin mehr noch geschehen, um dem Bedürfniß der
Handwerker, als um dem der Häuserbewohner
zu genügen, so, könnten freilich die ersten durch
den Bau eines Schauspielhauses eben so ein=
träglich beschäftigt werden, als durch Auffüh=
rung jedes andern Gebäudes, so muß jeder
Mann von Geschmack seine Stimme mit der
allgemeinen vereinigen, und hoffen daß sie zu
dem Thron dringen werde, bei welchem ein bil=
liges Gesuch so oftmals freundliche Aufnahme
fand.

Aber über Leute, die ein Anliegen haben,
mit dem man es gut meint, darf man kein
nachtheiliges Wort äußern. Darum schweigt
dieser Aufsatz von mancherlei Dingen, die sei=
nem Schreiber auffielen, besonders von einer
gewissen Einseitigkeit und Wankelmüthigkeit des
Geschmacks, die ein größerer Beweis des Scharf=
sinns und der Gewandtheit des Geistes, als sei=
ner Festigkeit und der Tiefe seiner Empfindun=
gen sind. Er irrt sich vielleicht. Er mag sich
begnügen über Schauspieler und Direktion mehr
ge=

gesprochen zu haben als ihm beide verdankt
werden, und es jezt einem Schauspieler oder
Direktor überlaffen, die Zuschauer in Unterfu-
chung zu nehmen. Möge ein solcher, mit eben
so wahrer Überzeugung, eben so viel Gutes
vorzubringen haben! Im Ernst könnten fich
vielleicht manche Mißverständniffe zwischen Wirth
und Gäften heben laffen, wenn es jenem gefiele
von Zeit zu Zeit eine einfache, von aller Per-
fönlichkeit entfernte, verständliche Darlegung der
Gründe feines Verfahrens mitzutheilen. Die
Forderungen eines großen Publikums find na-
türlicherweife unter fich felbft widersprechend,
könnten aber, fo oft fie billig find, durch gegenseitige Nachgiebigkeit am erften befriedigt
werden, und dürften vielleicht von den verschiedenen Parteien felbft nur gehörig gekannt fein,
um Nachgiebigkeit zu finden. Die Direktion
erfährt fie früher oder später, wünscht allen
Genüge zu thun, wankt zwischen Widersprü-
chen, zaudert, und hört endlich damit auf, es
niemandem recht zu machen. Warum follte fie
fich nicht gern erklären? Warum follte fie nicht
gern gehört werden? Der Mann der jezt an der
Spize fteht, weiß am beßten, was und wie er zu
sprechen hat. Findet er einen solchen Vorschlag
verwerflich, fo taugt der Vorschlag nicht.

Zum Schluß ein kurzes Wort über den Ton dieser Übersicht. Er ist nicht leicht genug; er behandelt einen Gegenstand des Vergnügens mit der Schwerfälligkeit des mühsamen Nachdenkens. Aber es ist wenig vorzüglichen Köpfen gegeben, eben so richtig und treffend als unterhaltend zu sein: und da sich gerade keiner derselben bereitwillig finden ließ, ein Gemälde aufzustellen, zu dessen Herbeischaffung sich diese Zeitschrift anheischig gemacht hatte, so mußte sie die Entwerfung derselben einem minder glücklichen Zeichner überlassen. Er hielt es für seine Pflicht, wo Vortreflichkeit schwer und unbezahlbar ist, Vorzügen sorgsamer als Mängeln nachzuspähen, ohne jedoch der Eitelkeit zu erliegen, Schönheiten finden zu wollen, wo sie niemand bemerkt. Er hätte gewünscht, durch Lob belehren, durch Schweigen tadeln zu können. Er ist überzeugt, weder so laut gelobt noch getadelt zu haben, als Stimmen die er vernahm, deren eindringendsten er nachschrieb. Was dieser Aufsatz enthält, ist seine Überzeugung; was bloß seine Überzeugung ist, enthält dieser Aufsatz nicht. Es ist der erste den er über die Berliner Bühne drucken läßt; es soll der lezte sein.

# III.

# Des Herkules Tod.

## (Ovid. Metam. IX, 103-272.)

Herkules führete heim die vermählete Deïanira,
Jupiters Sohn, und kam an die reißende Flut des Euenus.
Reichlicher war, denn gewöhnlich von Winterregen geschwol-
   len
Jetzo der Strom, und es wehrten den Durchgang häufige
   Strudel.
Unerschrocken für sich, trug Sorge der Held um die Gat-
   tin.                                                          5
Nessus naht, so gewaltig an Wuchs, als kundig der Fuhr-
   ten.
Diese trag' ich, Alcide, dir gern an das andere Ufer,
Sprach der große Centaur; du brauch' als Schwimmer
   der Kräfte.
Und wie vor Angst sie erblaßt', anstarrend den Strom und
   den Träger,
Gab der Aonier jenem die Kalydonische Fürstin.            10
Bald, wie er war, vom Köcher beschwert, und der Hülle
   des Löwen,
(Denn die Keul' und den Bogen entschwang er zuvor an
   das Ufer):
Was ich begann, sei vollendet! Hindurch, wie es strudele!
   rief er.

Und nicht zaudert er lange, noch, wo zornfreier der Strom
sei,

Forschet er, sondern verschmäht die Gefälligkeit tragender
Waſſer.　15

    Als er das Ufer gewann, und erhob den geworfenen
Bogen;

Hört' er der Gattin Geſchrei; und indem ſein Eigenthum
Neſſus

Ihm zu veruntreun ſtrebt: Wohin, o du Freveler, ruft er,

Reißt dich der Füße Vertraun? Dir dort, zweileibiger
Neſſus,

Sag' ich es! Höre mein Wort, und laß ungeſtohlen das
Meine.　20

Wenn nicht Scheu vor mir ſelber dich rührete; konnte des
Vaters

Wirbelndes Rad gleichwohl die verbotenen Lüſte vertreiben!

Doch nicht ſollſt du entfliehn, wie keck du auch ſchwingeſt
den Roßhuf!

Nicht mit dem Fuß, ich erreiche mit Wunden dich! —
Schnell auf die Worte

Folget die That; und ein Pfeil, in den fliegenden Rücken
geſendet,　25

Bohrte hindurch, und ragte mit hakigem Stahl aus dem
Buſen.

Kaum war entriſſen der Pfeil, da ſprizte das Blut aus den
Wunden

Hinten und vorn, von dem Gift der lernäiſchen Hyder
durcheitert.

Neſſus fänget es auf: Nicht rachlos mein' ich zu ſterben!

Sagt' er bei ſich; und ein Tuch, mit dem ſiedenden Blute
gefärbet,　30

Giebt er dem Weib zum Geſchenk, als Anreiz laulicher
Liebe.

Viel umrollende Zeiten entflohn: und die Werke des
großen
Herkules füllten die Erd', und der Juno Haß war gesät-
tigt.

Sieger Öchalia's, bracht' er dem Jupiter auf dem
Cenäum
Seine Gelübd': als Fama voraus die, Deïanira,        35
Teuschte das Ohr mit Geschwäz, (die Wahrheit gerne mit
Falschheit
Mengt, und klein im Beginn durch eigene Lügen empor-
wächst):
Daß der Amfitryonid' um die Gunst der Jole werbe.
Ach die Liebende glaubt; und geschreckt von der jüngeren
Flamme,
Überläßt sie zuerst sich ganz den strömenden Thränen,  40
Ob sie verweine den Schmerz. Doch bald: Was weinen
wir? rief sie:
Soll sich unserer Thränen die Nebenbuhlerin freuen?
Schon kommt jene daher; o geeilt, und was neues erfun-
den,
Weil du noch kannst, und jene noch nicht in der Kammer
gebietet!
Jammer' ich, oder verstumm' ich? Ob heimziehn, oder
verweilen?        45
Ob ihr räumen das Haus? ob, wenn nichts weiteres, hin-
dern?
Wie, wenn ich eingedenk, dir Schwester zu sein, Melea-
gros,
Tapferer That mich erkühn'; und was erduldetes Unrecht
Könn', und weiblicher Schmerz, durch den Mord der Buh-
lerin zeige?

Viele versucht ihr Geist der Wendungen; aber vor
allen        50

Wählt sie, zu senden das Kleid, mit Nessus Blute gefeuchtet,

Daß es die Kraft ihm erneue der abgestorbenen Liebe.

Und, was sie geb', unkundig, dem auch unkundigen Lichas

Giebt sie die eigene Trauer, und heißt mit freundlichen
Worten,

Arme! die Gab' hinbringen dem Mann. Arglos sie em-
pfangend,                                                        55

Legt der Alcid' um die Schulter das Gift der lernäischen
Otter.

Weihrauch opfert' er eben mit Flehn an gezündeter
Flamme,

Und er ergoß Weinström' aus der Schal' auf die Marmor-
altäre.

Plözlich erwarmt der Plage Gewalt; und gelöst von den
Flammen,

Gehet sie weit umher durch Herkules Glieder verbreitet. 60

Zwar er hemmt, wie er kann, mit gewöhnlicher Tugend
die Seufzer.

Doch da dem Leiden erlag die Geduld des Mannes, da
stürzt' er

Weg die Altär', und füllte den waldigen Öta mit Ausruf.

Ohne Verzug nun strebt er das mördliche Kleid zu zerreis-
sen;

Doch wo er zieht, zieht jenes die Haut; und, gräßlich
zu melden!                                                       65

Fest dort klebts um die Glieder, umsonst von den Händen
gerüttelt,

Dort zerrissenes Fleisch und gewaltige Knochen entblößt es.

Selber das Blut, wie manchmal die glühende Kling' in den
Kühltrog

Eingetaucht, so zischt es, und kocht in dem brennenden
Gifte;

Voll unmäßiger Gier verschlingt die Flamme das Herz
ihm;                                          70
Und von dunkelem Schweiß sind rings umflossen die Glie-
der;
Angesengt kracht jegliche Sehn', und das Mark der Ge-
beine
Schmilzt in Eiter dahin; und die Händ' aufstreckend zum
Himmel:
Weide dich, ruft er aus, an unserem Jammer, o Juno!
Weide dich, diese Pest, Ungöttliche, schauend von oben! 75
Labe das grausame Herz! Wenn Mitleid aber der Feind
auch
Fodert, (denn Feind bin ich dir!) o nimm den gräßlich
gequälten
Und mühseligen Geist, den stets verhaßten, o nimm ihn!
Tod ist mir ein Geschenk! Stiefmütterlich gieb das Ge-
schenk mir!
Darum hab' ich der Welt durch namenlose Gefahren      80
Heil und Ruhe geschaft: daß müde du wardst des Gebotes,
Jupiters grausames Weib, eh' müd' ich ward des Voll-
bringens!
Neues Verderben erscheint, dem nicht zu wehren die Iu-
gend,
Nicht Geschoß noch Waffe vermag! In den innersten Lun-
gen
Irrt das gefräßige Feuer, und zehrt durch alle Gelenke! 85
Aber gesund ist Eurystheus! Und doch sind manche des
Glaubens,
Götter sein! — So rief er; und durch den erhabenen
Öta
Geht er verwundet einher, wie wenn ein Tyger den Jagd-
spieß
Trägt in dem Leibe gebohrt, und der That Urheber ent-
flohn ist.

Oft erhub er ein lautes Geseufz, oft braust' er vor Un-
mut.                                                    90

Oft versucht er von neuem sich ganz das Gewand zu zer-
reissen;

Balkige Bäum' auch stürzt' er, und wütete gegen den Bergwald;

Oder er streckte die Arme zur Himmelswohnung des Vaters.

Siehe, den bebenden Lichas, der bange sich barg in
der Felskluft,

Schauet er; und wie der Schmerz zur rasenden Wut ihm
gestiegen:                                              95

Du bists, Lichas, begann er, der mir das Leichengeschenk
trug?

Du sollst Schuld an dem Morde mir seyn? Der erschrockene
zittert

Todtenbleich, und in Angst ein Wort der Entschuldigung
stotternd.

Aber da flehend die Händ' um die Knie' er trachtet zu schlin-
gen,

Rafft der Alcid' ihn empor, und dreimal wirbelnd und vier-
mal,                                                   100

In die euböische Flut entschwingt er ihn, stark wie ein Feld-
stück.

Jener erhartete schnell, die wehenden Lüfte durchschwebend;

Und wie man sagt, daß Regen, von frostigem Winde ge-
ronnen,

Werde zu flockigem Schnee', in gerollten Flocken, die
Weiße

Fest sich bind', und erstarre, gedrängt zu kuglichtem Ha-
gel:                                                   105

Also flog, durch die Leere von mächtigen Armen geschleu-
dert,

Blutlos jener von Furcht, und jeglicher Feuchte beraubet,

Und erstarrte zu hartem Gestein, wie gemeldet die Vorzeit.

Jetzt noch raget ein Fels im tiefen euböischen Strudel

Seicht empor, und bewahrt die Ähnlichkeit menschlicher
Bildung:      110

Welchen, als ob er fühle, sich scheut zu betreten der
Schiffer,

Und ihn Lichas benannt. — Doch du, hochherrlicher Sohn
Zeus,

Als du die Bäume gehaun auf den luftigen Höhen des Öta,

Und sie geordnet zum Brand; jetzt foderst du Bogen und
Köcher,

Und die Geschosse, bestimmt zum zweitenmal Troja zu sehen:      115

Solches bringt der pöantische Held, und zündet das Feuer

Dienend. Sobald das Gehölz von der gierigen Flamme gefaßt wird;

Breitest du über die Waldung das Fell des nemäischen Wür-
gers

Hoch, und lehnst auf die Keule zurück den ruhenden Nak-
ken:

Nicht mit anderm Gesicht, als lägst du schmaußend am
Gastmahl,      120

Festlich gekränzt, und umblinkt von des Weins vollströ-
menden Bechern.

Mächtiger sauste bereits, ringsum sich ergießend, die
Lohe,

Und zu dem sorglos ruhenden Leib', und ihrem Verächter

Flammte sie. Furcht durchdrang um der Sterblichen Heiland die Götter.

Jupiter merkt es sofort, der Sohn des Saturnus, und
redet      125

Also mit heiterem Blick: Wie erfreut mich jene Besorgnis,

Himmlische! o wie preis' ich von ganzer Seele mich glücklich,

Daß ein dankendes Volk Obwalter mich nennt und Erzeuger,

Und daß meinem Geschlecht auch euere Liebe zum Schirm
ist!

Denn obgleich ihr des Sohns unermeßliche Thaten betrachtet,                                                           130

Werd' ich verpflichtet auch selbst. Doch damit euch Treuen
das Herz nicht

Zage von eitler Furcht, schaut Otas Glut mit Verachtung.

Er, der alles besiegte, besiegt auch wahrlich die Flammen.

Nur, was die Mutter ihm gab, wird fühlen die Macht
des Vulkanus:

Aber in Ewigkeit dauert, was von mir ihm ward, unver-
weslich,                                                       135

Und unverhaftet dem Tod', und keinem Brande bezwing-
bar.

Das werd' Ich, entlastet der Erd', in die himmlische Wohnung

Jetzo erhöhn; und ich traue, daß wohlgefällig mein Raths-
schluß

Allen Unsterblichen sei. Schaut aber den Herkules einer,

Schaut er den Gott mit Verdruß; er wird die Belohnung
misgönnen,                                                     140

Doch das Verdienst der Belohnung gestehn, und loben auch
ungern.

    Beifall riefen die Götter. Auch trug die Königin sel-
ber

Mit nicht herbem Gesicht des Donnerers übrige Rede,

Aber mit herbem den Schluß; und sie ärgerte sich der Bezeichnung.

    Alles indeß, was irgend der Glut zu verwüsten sich
darbot,                                                        145

Hatte Vulkanus geraft; und unerkennbar dem Anblick

War des Herkules Bild: kein Zug der Ähnlichkeit bleibet

Ihm von der Muttergestalt; nur Jupiters Spuren behält
er.
Wie wenn die Schlange verjüngt mit der Haut ablegte das
Alter,
Und nun üppiger prangt in erneuetem Glanze der Schup-
pen:                                                 150
Also, nachdem der Alcid' auszog die sterblichen Glieder,
Blüht er am edleren Theile von sich, und erhabnes Wuch-
ses
Scheinet er, und ehrwürdig in Feierlichkeit und Verklärung;
Den in hohlem Gewölk der allmächtige Vater entführend
Auf vierspännigem Wagen erhob zu den strahlenden Ster-
nen.                                                 155

Voß.

# Ueber Lessing.

## Von

## Friedrich Schlegel.

Lessings schriftstellerische Verdienste sind schon
mehr als einmal der Gegenstand eigner beredter
Aufsätze gewesen. Ein paar dieser Aufsätze,
welche viele treffende und feine Bemerkungen
enthalten, rühren von zwei der achtungswürdigsten Veteranen der deutschen Litteratur her. Ein
Bruder, der Lessingen aufrichtig liebte, und ihn
lange mit der Treue der Bewunderung beobachtet hatte, widmete der Beschreibung seiner Schicksale, Verhältnisse und Eigenthümlichkeiten ein
umständliches Werk. Wenige Schriftsteller
nennt und lobt man so gern, als ihn: ja es
ist eine fast allgemeine Liebhaberei, gelegentlich
etwas bedeutendes über Lessing zu sagen. Wie
natürlich: da er, der eigentliche Autor der Nazion und des Zeitalters, so vielseitig und so
durchgreifend wirkte, zugleich laut und glänzend

für Alle, und auf einige tief. Daher ist denn
auch vielleicht über kein deutsches Genie so viel
Merkwürdiges gesagt worden; oft aus sehr ver=
schiednen, ja entgegengesetzten Standpunkten, zum
Theil von Schriftstellern, welche selbst zu den
geistvollsten oder zu den berühmtesten gehören.

Dennoch darf ein Versuch, Lessings Geist
im Ganzen zu charakterisiren, nicht für
überflüssig gehalten werden. Eine so reiche und um=
fassende Natur kann nicht vielseitig genug betrach=
tet werden, und ist durchaus unerschöpflich.
So lange wir noch an Bildung wachsen, besteht
ja ein Theil, und gewiß nicht der unwesentlichste,
unsers Fortschreitens eben darin, daß wir im=
mer wieder zu den alten Gegenständen, die es
werth sind, zurückkehren, und alles Neue, was
wir mehr sind oder mehr wissen, auf sie an=
wenden, die vorigen Gesichtspunkte und Resul=
tate berichtigen, und uns neue Aussichten eröf=
nen. Der gewöhnlichen Behauptung: es sei
schon Alles gesagt; die so scheinbar ist, daß sie
von sich selbst gilt (denn so wie Voltaire sie aus=
drückt, wird sie schon beim Terenz gefunden)
muß man daher in Rücksicht auf Gegenstände
dieser Art vorzüglich, ja vielleicht in Rücksicht
auf alle, von denen immer die Rede sein wird,
die gerade widersprechende Behauptung entge=

genſetzen: Es ſei eigentlich noch Nichts geſagt; nämlich ſo, daß es nicht nöthig wäre, mehr, und nicht möglich, etwas beſſeres zu ſagen.

Was Leſſingen insbeſondere betrift: ſo ſind überdem erſt ſeit Kurzem die Akten vollſtändig geworden, nachdem man nun alles, was zur nähern Bekanntſchaft mit dem großen Manne irgend nützlich ſein mag, hat drucken laſſen. Jene, welche gleich im erſten Schmerz über ſeinen Verluſt ſchrieben, entbehrten viele weſentliche Dokumente, unter andern die unendlich wichtige Briefſammlung. Beide beſchränkten ihre Betrachtungen nur auf einige Zweige ſeiner vielſeitigen Thätigkeit: der eine richtete ſeine Abſicht auf ein beſtimmtes, nicht auf das ganze Publikum; der andre ſchwieg gefliſſentlich über Manches, oder verweilte nicht lange dabei. Gewiß nicht ohne Grund: aber Rückſichten, welche damals nothwendig waren, ſind es vielleicht jetzt nicht mehr.

Leſſing endlich war einer von den revolutionären Geiſtern, die überall wohin ſie ſich auch im Gebiet der Meinungen wenden, gleich einem ſcharfen Scheidungsmittel, die heftigſten Gährungen und gewaltigſten Erſchütterungen allgemein verbreiten. In der Theologie wie auf der Bühne und in der Kritik hat er nicht blos

Epoche gemacht, sondern eine allgemeine und
daurende Revolution allein hervorgebracht, oder
doch vorzüglich veranlaßt. Revolutionäre Ge=
genstände werden selten kritisch betrachtet. Die
Nähe einer so glänzenden Erscheinung blendet
auch sonst starke Augen, selbst bei leidenschafts=
loser Beobachtung. Wie sollte also die Menge
fähig sein, sich dem stürmischen Eindruck nicht
ganz hinzugeben, sondern ihn mit der geisti=
gen Gegenwirkung aneignend aufzunehmen, wo=
durch allein er sich zum Urtheil bilden kann?
Der erste Eindruck litterarischer Erscheinungen
aber ist nicht bloß unbestimmt: er ist auch sel=
ten reine Wirkung der Sache selbst, sondern
gemeinschaftliches Resultat vieler mitwirkenden
Einflüsse und zusammentreffenden Umstände. Den=
noch pflegt man ihn ganz auf die Rechnung
des Autors zu setzen, wodurch dieser nicht selten
in ein durchaus falsches Licht gestellt wird. Der
allgemeine Eindruck wird auch bald der herr=
schende; es bildet sich ein blinder Glauben, eine
gedankenlose Gewohnheit, welche bald heilige
Überlieferung und endlich beinah unverbrüchli=
ches Gesetz wird. Die Macht einer öffentlichen
und alten Meinung zeigt ihren Einfluß auch
auf solche Männer, welche selbstständig urthei=
len könnten; der Strom zieht auch sie mit fort,

oft ohne daß sie es nur gewahr werden. Oder
wenn sie sich widersetzen, so gerathen sie dann
in das andere Extrem, alles unbedingt zu ver=
werfen. Der Glaube wächst mit dem Fort=
gang, der Irrthum wird fest durch die Zeit
und irrt immer weiter, die Spuren des Besse=
ren verschwinden, Vieles und vielleicht das Wich=
tigste sinkt ganz in Vergessenheit. So bedarf
es oft nur eines geringen Zeitraums, um das
Bild von seinem Originale bis zur Unkenntlich=
keit zu entfernen, und um zwischen der herr=
schenden Meinung über einen Schriftsteller, und
dem was ganz offenbar in seinem Leben und in
seinen Werken da liegt, dem was er selbst
über sich urtheilte und der Art, wie er über=
haupt die Dinge der litterarischen Welt ansah
und maß, den schneidendsten Widerspruch zu er=
zeugen. Die, welche, wenn auch nicht in der
Religion, doch in der Litteratur den alleinselig=
machenden Glauben zu besitzen wähnen, wird
dieser Widerspruch zwar selten in ihrer behäg=
lichen Ruhe stören: aber jeder Unbefangne, dem
er sich plötzlich zeigt, muß billig darüber erstau=
nen.

Überraschung und Erstaunen waren, das
muß ich gestehen, jedesmal meine Empfindungen,
wenn ich eine Zeitlang ganz in Lessings Schrif=
ten

ten gelebt hatte, und nun abſichtlich oder zufällig wieder auf irgend etwas gerieth, wobei
ich mich alles deſſen erinnerte, was ich etwa ſchon
über die Art, wie man Leſſing gewöhnlich bewundert und nachahmt, oder zu bewundern und
nachzuahmen unterläßt, geſammelt und beobachtet hatte.

Ja gewiß, auch Leſſing würde wo nicht
überraſcht doch etwas befremdet werden, und
nicht ganz ohne Unwillen lächeln, wenn er wie-
derkehrte und ſähe, wie man nur die Vortref-
lichkeiten nicht müde wird an ihm zu preiſen,
die er immer ſtreng und ernſt von ſich ablehnte,
nur diejenigen unter ſeinen zahlreichen Bemühungen und Verſuchen mit einſeitiger und ungerech-
ter Vorliebe faſt allein zu zergliedern und zu
loben, von denen er ſelbſt am wenigſten hielt,
und von denen wohl eigentlich vergleichungsweiſe
am wenigſten zu ſagen iſt, während man das
Eigenſte und das Größte in ſeinen Äußerungen,
wie es ſcheint, gar nicht einmal gewahr werden
will und kann! Er würde doch erſtaunen, daß
gerade die poetiſchen Mediocriſten, litterariſchen
Moderantiſten und Anbeter der Halbheit, welche er, ſo lange er lebte, nie aufhörte eifrigſt
zu haſſen und zu verfolgen, es haben wagen
dürfen, ihn als einen Virtuoſen der goldnen

Mittelmäßigkeit zu vergöttern, und ihn sich
ausschließend gleichsam zuzueignen, als sei er einer der ihrigen! Daß sein Ruhm nicht ein er-
munternder und leitender Stern für das wer-
dende Verdienst ist, sondern als Ägide gegen jeden misbraucht wird, der etwa in allem, was
gut ist und schön, zu weit vorwärts gehn zu
wollen droht! Daß träger Dünkel, Plattheit
und Vorurtheil unter der Sanktzion seines Namens Schutz suchen und finden! Daß man
ihn und einen Addison, von dessen Zahmheit,
wie ers nennt, er so verächtlich redet (wie er
denn überhaupt nüchterne Correktheit ohne Genie beinah noch mehr geringschätzt, als billig
ist) zusammenpaaren mag und darf, wie man
etwa Miß Sara Sampson und Emilia
Galotti und Nathan den Weisen in
einem Athem und aus einem Tone bewundert
weil es doch sämmtlich dramatische Werke sind!

Auch Er würde, wenn sein Geist in neuer
Gestalt erschiene, von seinen eifrigsten Anhän-
gern verkannt und verläugnet werden, und
könnte ihnen gar leicht großes Ärgerniß geben.
Denn wenn der heilige Glauben nicht wäre,
und der noch heiligere Namen, so dürfte Lessing doch wohl für manchen, der jezt auf seiner
Autorität vornehm ausruht, an seine Einfälle

glaubt, die Größe seines Geistes für das Maß
des menschlichen Vermögens, und die Gränzen
seiner Einsicht für die wissenschaftlichen Säu-
len des Herkules hält, welche überschreiten
zu wollen eben so gottlos als thöricht sei, nichts
weiter sein, als ein ausgemachter Mystiker, ein
sophistischer Grübler und ein kleinlicher Pedant.

Es ist nicht uninteressant, der allmähligen
Entstehung und Ausbildung der herrschenden
Meinung über Lessing nachzuforschen, und sie
bis in ihre kleinsten Nebenzweige zu verfolgen.
Die Darstellung derselben in ihrem ganzen Umfange, mit andern Worten, die Geschichte der
Wirkungen, welche Lessings Schriften auf die
deutsche Litteratur gehabt haben, wäre hinrei-
chender Stoff für eine eigene Abhandlung. Hier
wird es genug und zweckmäßiger sein, nur das
Resultat einer solchen Untersuchung aufzustellen,
und die im Ganzen herrschende Meinung, nebst
den wesentlichsten Abweichungen einzelner Gattungen mit der Genauigkeit, die ein mittlerer
Durchschnitt erlaubt, im Allgemeinen positiv und
negativ zu bestimmen, und durch kurz angedeu-
tete Gegensätze in ein helleres Licht zu setzen.

Völlig ausgemacht ist es nach dem einmüthigen
Urtheil Aller, daß Lessing ein sehr großer
Dichter sei. Seine dramatische Poesie hat

F 2

man unter allen seinen Geistesprodukten am weit-
läuftigsten und detaillirtesten zergliedert, und auf
Alles, was sie betrift, legt man den wichtigsten
Akzent. Läse man nicht die Werke selbst,—sondern nur was über sie gesagt worden ist: so
dürfte man leicht verführt werden zu glauben,
die Erziehung des Menschengeschlechts
und die Freymäurergespräche stehen an
Bedeutung, Werth, Kunst und Genialität der
Miß Sara Sampson weit nach.

Auch das ist ausgemacht, daß Lessing ein unüber-
treflich einziger, ja beinah vollkommener
Kunstkenner der Poesie war. Hier scheinen
das Ideal und der Begriff des Individuums fast in
einander verschmolzen zu sein. Beide werden nicht
selten verwechselt, als völlig identisch. Man
sagt oft nur: Ein Lessing, um einen vollendeten poetischen Kritiker zu bezeichnen. So redet nicht blos Jedermann, so drückt sich auch
ein Kant, ein Wolf aus; Häupter der philosophischen und der philologischen Kritik, welchen man daher den Sinn für Virtuosität in
jeder Art von Kritik nicht absprechen wird; beide an Liebe und Kunst, der Wahrheit auch in
ihren verborgensten Schlupfwinkeln nachzuspü-
ren, an schneidender Strenge der Prüfung bei
biegsamer Vielseitigkeit Lessingen nicht unähnlich.

Auch darin ist man einig, daß man seine Universalität bewundert, welche dem Größten gewachsen war, und es doch auch nicht verschmähte, selbst das Kleinste durch Kunst und Geist zu adeln. Einige, vorzüglich unter seinen nächsten Bewunderern und Freunden, halten ihn desfalls für ein Universalgenie, dem es zu gering gewesen wäre, nur in Einer Kunst oder Wissenschaft groß, vollendet und einzig zu sein, erklärt, ohne sich diesen Begriff recht genau zu bestimmen, oder über die Möglichkeit dessen, was sie behaupteten, strenge Rechenschaft zu geben. Sie machen ihn nicht ohne einige Vergötterung gleichsam zu einem Eins und Alles, und scheinen oft zu glauben, sein Geist habe wirklich keine Schranken gehabt.

Witz und Prosa sind Dinge für die nur sehr wenige Menschen Sinn haben, ungleich weniger vielleicht, als für kunstmäßige Vollendung und für Poesie. Daher ist denn auch von Lessings Witz und von Lessings Prosa gar wenig die Rede, ungeachtet doch sein Witz vorzugsweise klassisch genannt zu werden verdient, und eine pragmatische Theorie der Deutschen Prosa wohl mit der Charakteristik seines Styls gleichsam würde anfangen und endigen müssen.

Noch weniger ist natürlich bei dem allge-

meinen Mangel an Sinn für sittliche Bildung
und sittliche Größe, bei der modischen nichts
unterscheidenden Verachtung der Ästhetiker gegen alles, was moralisch heißen will oder wirklich ist, der schwächlichen Schlaffheit, der eigen-
sinnigen Willführlichkeit, drükenden Kleinlich-
keit und konsequenten Unvernunft der konvenzionellen und in der Gesellschaft wirklich geltenden
Moral auf der einen Seite, und den Bornir-
tismus abstrakter und buchstäbelnder Tugendpe-
danten und Maximisten auf der andern, von
Lessings Charakter die Rede; von dem
würdigen männlichen Grundsäzen, von dem
großen freien Styl seines Lebens, welches vielleicht die beste praktische Vorlesung über
die Bestimmung des Gelehrten sein dürfte; von
der dreisten Selbstständigkeit, von der derben
Festigkeit seines ganzen Wesens, von seinem
edeln vornehmen Cynismus, von seiner heiligen
Liberalität; von jener biedern Herzlichkeit, die
der sonst nicht empfindsame Mann in allem
was Kindespflicht, Brudertreue, Vaterliebe, und
überhaupt die ersten Bande der Natur und
die innigsten Verhältnisse der Gesellschaft betrifft,
stets offenbart, und die sich auch hie und da
in Werken, welche sonst nur der Verstand ge-
dichtet zu haben scheint, so anziehend und durch

ihre Seltenheit selbst rührender äußert; von jenem tugendhaften Haß der halben und der ganzen Lüge, der knechtischen und der herrschsüchtigen Geistesfaulheit; von jener Scheu vor der geringsten Verletzung der Rechte und Freiheiten jedes Selbstdenkers; von seiner warmen, thätigen Ehrfurcht vor allem was er als Mittel zur Erweiterung der Erkenntniß und in sofern als Eigenthum der Menschheit betrachtete; von seinem reinen Eifer in Bemühungen, von denen er selbst am besten wußte, daß sie nach der gemeinen Ansicht, fehlschlagen und nichts fruchten würden, die aber in diesem Sinne gethan, mehr werth sind, wie jeder Zweck; von jener göttlichen Unruhe, die überall und immer nicht bloß wirken, sondern aus Instinkt der Größe handeln muß, und die auf alles, was sie nur berührt, von selbst, ohne daß sie es weiß und will, zu allem Guten und Schönen so mächtig wirket

Und doch sind es grade diese Eigenschaften und so viele andre ihnen ähnliche noch weit mehr als seine Universalität und Genialität, um derentwillen man es nicht mißbilligen mag, daß ein Freund die erhabene Schilderung, welche Cassius beim Shakespear vom Cäsar macht, auf ihn anwandte:

Ja, er beschreitet, Freund, die enge Welt
Wie ein Koloffus, und wir kleinen Leute,
Wir wandeln unter feinen Riefenbeinen
Und fchaun umher nach einem fchnöden Grab.

Denn diefe Eigenfchaften kann nur ein großer Mann befitzen, der ein Gemüth hat,
das heißt, jene lebendige Regfamkeit und Stärke
des innerften, tiefften Geiftes, des Gottes im
Menfchen. Man hätte daher nicht fo weit
gehn follen, zu behaupten, es fehle ihn an
Gemüth, wie fie's nennen, weil er keine Liebe hatte. Ift, denn Leffings Haß der Unvernunft nicht fo göttlich wie die ächtefte, die gei-
ftigfte Liebe? Kann man fo haffen ohne Gemüth? Zu gefchweigen, daß fo mancher, der
ein Individuum oder eine Kunft zu lieben glaubt,
nur eine erhitzte Einbildungskraft hat. Ich
fürchte, daß jene unbillige Meinung um fo
weiter verbreitet ift, je weniger man fie laut ge-
fagt hat. Einige Fantaften von der bornirten
und illiberalen Art, welche gegen Leffing natürlich fo gefinnt fein müffen, wie etwa der Patri-
arch gegen einen Alhafi oder gegen einen Nathan gefinnt fein würde, fcheinen ihn wegen jenes Mangels fogar die Genialität abfprechen
zu wollen. — Es ift hinreichend, diefe Meinung nur zu erwähnen.

Die bibliothekarifche und antiquarifche Mi-

krologie des wunderlichen Mannes und seine
seltsame Orthodoxie weiß man nur anzu-
staunen. Seine böse Polemik beklagt man fast
einmüthig recht sehr, so wie auch, daß der
Mann sogar fragmentarisch schrieb, und
trotz alles Anmahnens nicht immer lauter Meisterwerke vollenden wollte. —

Seine Polemik insonderheit ist, ungeachtet sie überall den Sieg davon getragen hat,
und man es auch da, wo es allerdings einer
tiefern historischen Untersuchung, und kritischen
Würdigung bedurft hätte, vorzüglich in Sachen des Geschmacks, bei seiner blos polemischen
Entscheidung hat bewenden lassen, dennoch selbst
so völlig vergessen, daß es vielleicht für Viele,
welche Verehrer Lessings zu sein glauben, ein
Paradoxon sein würde, wenn man behauptete,
der Anti = Götze verdiene nicht etwa bloß in
Rücksicht auf zermalmende Kraft der Beredsam-
keit, überraschende Gewandheit und glänzenden
Ausdruck, sondern an Genialität, Philosophie, selbst an poetischem Geiste und sittlicher
Erhabenheit einzelner Stellen, unter allen seinen
Schriften den ersten Rang. Denn nie hat er
so aus dem tiefsten Selbst geschrieben, als in
diesen Explosionen, die ihm die Hitze des Kampfs
entriß, und in denen der Adel seines Gemüths

im reinsten Glanz so unzweideutig hervorstrahlt.
Was könnten und würden auch wohl die Ver=
ehrer der von Lessing immer so bitter verachte=
ten und verspotteten Höflichkeit und Decenz,
»für welche die Polemik überhaupt wohl weder
Kunst noch Wissenschaft sein mag,« zu einer
Polemik sagen, gegen welche sie selbst Fichte's
Denkart friedlich und seine Schreibart milde
nennen müßten? Und das in einem Zeitalter,
wo man nächst der Mystik nichts so sehr scheut
als Polemik, wo es herrschender Grundsatz ist,
fünf grade sein zu lassen, und die Sache ja
nicht so genau zu nehmen, wo man alles dul=
den, beschönigen und vergessen kann, nur stren=
ge rücksichtslose Rechtlichkeit nicht? Wenn diese
Lessingsche Polemik nicht glücklicherweise so ver=
gessen, viele seiner besten Schriften nicht so un=
bekannt wären, daß unter hundert Lesern viel=
leicht kaum Einer bemerken wird, wie ähnlich
die Fichtische Polemik der Lessingschen sei, nicht
etwa in etwas Zufälligem, im Kolorit oder
Styl, sondern grade in dem, was das wichtig=
ste ist, in den Hauptgrundsätzen, und in dem
was am meisten auffält, in einzelnen schneiden=
den und harten Wendungen.

Lessings Philosophie, welche freilich
wohl unter allen Fragmenten, die er in die

Welt warf, am meisten Fragment geblieben
ist, da sie in einzelnen Winken und Andeutungen, oft an dem unscheinbarsten Ort andrer
Bruchstücke, über alle seine Werke der letztern,
und einige der mittlern und ersten Epoche seines geistigen Lebens zerstreut liegt; seine Philosophie, welche für den Kritiker, der ein philo-
sophischer Künstler werden will, dennoch seyn
sollte, was der Torso für den bildenden Künstler; Lessings Philosophie scheint man nur als
Veranlassung der Jakobischen, oder gar nur als
Anhang der Mendelsohnschen zu kennen! Man
weiß nichts davon zu sagen, als daß er die
Wahrheit und Untersuchung liebte, gern stritt
und widersprach, sehr gern Paradoxen sagte,
gewaltig viel Scharfsinn besaß, Dummköpfe
mit unter ein wenig zum Besten hatte, an Universalität der Kenntnisse und Vielseitigkeit des
Geistes Leibnitzen auffallend ähnelte, und gegen
das Ende seines Lebens leider ein Spinosist
wurde!

Von seiner Philologie erwähnt man,
daß er in der Conjekturalkritik, welche der Gipfel der philologischen Kunst sei, ungleich weniger Stärke besitze, als man wohl erwarten möge, da er doch in der That einige der zu dieser
Wissenschaft erforderlichen und ersprießlichen
Geistesgaben von der Natur erhalten hätte.

Was die Mediokristen sich von der nachahmungswürdigen Universalcorrectheit des
weisen nüchternen Lessing eingebildet haben, ist
schon erwähnt worden. Diese haben denn auch
natürlich seinen dramaturgischen und sonst zur
Poetik und Theorie der Dichtarten gehörigen
Fragmente und Fermente, die er wohl selbst so
nannte, fixirt, und zu heiligen Schriften und
symbolischen Büchern der Kunstlehre
erkieset.

Dies sind wohl ungefähr die hauptsäch-
lichsten Gesichtspunkte und Rubriken, nach welchen man von Lessing überhaupt etwas geurtheilt oder gemeint hat. Wie alles das, was
er in jedem dieser Fächer sein soll oder wirklich
war, wohl zusammen hängen mag, welcher ge-
meinsame Geist Alles beseelt, was er denn
eigentlich im Ganzen war, sein wollte, und
werden mußte; darüber scheint man gar nichts
zu urtheilen und zu meinen. Geht man sonst
bei seiner Charakteristik ins Einzelne: so geschieht dies nicht etwa nach den verschiedenen
Stufen seiner litterarischen Bildung, den Epochen seines Geistes, und mit der Unterscheidung
des eignen Styls und Tons eines jeden, noch
nach den vorherrschenden Richtungen und Neigungen seines Wesens, nach den verschiedenen

Zweigen seiner Thätigkeit und Einsicht: son=
dern nach den Titeln seiner einzelnen Schriften,
die man nicht selten, (oft mit Übergehung der
wichtigsten und bei weitläuftiger Zergliederung
der dramatischen Jugendversuche) nach nichts=
bedeutenden Gattungsnahmen registermäßig zu=
sammenpaart; da doch jedes seiner meisten und
besten Werke, ein litterarisches Individuum für
sich, ein Wesen eigner Art ist, »was aller Gränz=
scheidungen der Kritik spottet,« und oft weder
Vorgänger noch Nachfolger hat, womit es in
eine Rubrik gebracht werden könnte.

Da ich, was Lessing betrifft, Lessingen und
seinen Werken mehr glaube, als seinen Beur=
theilern und Lobrednern: so kann ich nicht um=
hin, diese Ansichten und Meinungen, in so ern
sie Urtheile sein sollen, nicht blos wegen dessen,
was sie im Ganzen unterlassen, sondern auch
wegen des Positiven, was sie im Einzelnen ent=
halten, ihrer Form und ihrem Inhalte nach
zu misbilligen.

Es ist gewiß löblich, daß man Lessingen
gelobt hat, und noch lobt. Man kann in die=
sem Stücke auf die rechte Weise des Guten auch
wohl nicht so leicht zu viel thun; und was wä=
re kleinlicher, als einem Manne von der ersten
seltensten Größe seinen Ruhm mit ängstlichem

Geiz darzuwiegen? Aber was wäre auch ein
Lob ohne die strengste Prüfung und das freieste
Urtheil? Zum wenigsten Lessings durchaus
unwürdig; so wie alle unbestimmte Bewunde=
rung und unbedingte Vergötterung, welche,
wie auch dieses Beispiel wieder bestätigen kann,
durch Einseitigkeit gegen ihren Gegenstand selbst
so leicht ungerecht werden kann.

Man sollte doch nun auch einmal den Ver=
such wagen, Lessingen nach den Gesetzen zu kri=
tisiren, dieer selbst für die Beurtheilung großer
Dichter und Meister in der Kunst vorgeschrie=
ben hat; ob nicht vielleicht eine solche Kritik
die beste Lobrede für ihn sein dürfte: ihn so zu
bewundern und ihm so nachzufolgen, wie er
wollte, daß man es mit Luthern halten soll=
te, mit dem man ihn wohl in mehr als einer
Rücksicht vergleichen könnte.

Jene Vorschriften sind folgende. »Einen
elenden Dichter tadelt man gar nicht; mit ei=
nem mittelmäßigen verfährt man gelinde; gegen
einen großen ist man unerbittlich.« (Th. IV. S.
34). »Wenn ich Kunstrichter wäre, wenn ich
mir getraute das Kunstrichterschild aushängen
zu können: so würde meine Tonleiter diese sein.
Gelinde und schmeichelnd gegen den Anfänger;
mit Bewunderung zweifelnd, mit Zwei=

fel bewundernd gegen den Meister; abschre-
ckend und positiv gegen den Stümper; höhnisch
gegen den Prahler; und so bitter als möglich
gegen den Kabalenmacher« (Th. XII. S. 164).

Über Luther redet er so: »Der wahre
Lutheraner will nicht bei Luthers Schriften,
er will bei Luthers Geist geschützt seyn u. s.
w.« (Th. V. S. 162.) Überhaupt war un-
begränzte Verachtung des Buchstabens
ein Hauptzug in Lessings Charakter.

Freimüthigkeit ist die erste Pflicht eines Jeden, der über Lessing öffentlich reden
will. Denn wer kann wohl den Gedanken
ertragen, daß Lessing irgend einer Schonung
bedürfte? Oder wer möchte wohl seine Meinung über den Meister der Freimüthigkeit nur
furchtsam zu verstehn geben, und angstvoll
halb reden, halb schweigen? Und wer, der es
könnte, darf sich einen Verehrer Lessings nennen? Das wäre Entweihung seines Namens!

Wie sollte man auf das kleine Ärgerniß
Rücksicht nehmen, was etwa zufällig daraus
entstehen könnte, da Er selbst das ärgste Ärgerniß für nichts als einen Popanz hielt, mit dem
gewisse Leute gern allen und jeden Geist der
Prüfung verscheuchen möchten?« (Th. VI. S.
152.) Ja er hielt es sogar für äußerst veräch-

lich, »daß sich niemand die Mühe zu nehmen pflegt, sich den Geckereien, welche man vor dem Publikum und mit dem Publikum so häufig unternimmt, entgegen zu stellen, wodurch sie mit dem Lauf der Zeit das Ansehn einer sehr ernsthaften, heiligen Sache gewinnen. Da heißt es dann über tausend Jahren: »Würde man denn in die Welt so. haben schreiben dürfen, wenn es nicht wahr gewesen wäre? Man hat diesen glaubwürdigen Männern damals nicht widersprochen und ihr wollt ihnen jezt widersprechen?« Obgleich der große Menschenkenner in dieser Stelle (Th. VII. S. 309) eigentlich von Geckereien ganz andrer Art redet: so ist doch alles auch sehr anwendbar auf die Geckereien, von denen hier die Rede ist. Denn Gekkerei darf es doch wohl zum Beispiel genannt werden, wenn man Lessing zum Ideal der goldnen Mittelmäßigkeit, zum Helden der seichten Aufklärung, die so wenig Licht als Kraft hat, verehren will? — »Wenn es ein wenig zu beißend gesagt sein sollte — wozu hilft das Salz, wenn man nicht damit salzen soll?« (Th. V. S. 208).

Auch ist gewiß eine solche Freimüthigkeit nicht nothwendig fruchtlos: denn wenn es auch sehr wahr ist, was Lessing eben so richtig als

scharf=

scharfsinnig bemerkt hat, »daß bis jetzt in der Welt noch unendlich mehr übersehen als gesehen worden ist« (Th. V. S. 256): so ist denn doch nicht minder richtig, daß »bei den Klugen keine Verjährung Statt findet.« (Th. VII. S. 309.) Diese nothwendige Freimüthigkeit, würde bei mir, wenn diese Eigenschaft mir auch nicht überhaupt natürlich wäre, doch schon aus der Unbefangenheit, mit der ich Lessings Schriften und ihre Wirkungen kennen lernte, haben folgen müssen. Eine Wahrnehmung, ein Widerspruch, der uns überrascht hat, wird ganz natürlich so wiedergegeben, wie er empfangen wurde. Auch sollte es mich freuen, wenn alle diejenigen, welche Lessing immer citiren, ohne seinen Geist, ja oft ohne seine Schriften gründlich zu kennen, meine eigenthümliche und für sie paradoxe Ansicht von ihm, ihrer Mißbilligung und Abneigung werth halten wollten, oder sich eben so wenig darin finden könnten, wie in Lessings Pedanterie, Orthodoxie, Mikrologie und Polemik.

Jene Unbefangenheit ward mir dadurch möglich, daß ich nicht Lessings Zeitgenosse war, und also weder mit noch wider den Strom der öffentlichen Meinung über ihn zu gehn brauchte. Sie ward noch erhöht durch

den glücklichen Umstand, daß mich Lessing erst
spät und nicht eher anfing zu interessiren, als
bis ich fest und selbstständig genug war, um
mein Augenmerk auf das Ganze richten, um
mich mehr für ihn und den Geist seiner Behandlung als für die behandelten Gegenstände
interessiren, und ihn frei betrachten zu können.
Denn so lange man noch am Stoff klebt, so
lange man in einer besondern Kunst und Wissenschaft, oder in der gesammten Bildung überhaupt, noch nicht durch sich selbst zu einer gewissen Befriedigung gelangt ist, welche dem
weitern Fortschreiten so wenig hinderlich ist, daß
dieses vielmehr erst durch sie gesichert wird; so
lange man noch rastlos nach einem festen Stand
und Mittelpunkt umhersucht: so lange ist man
noch nicht frei, und noch durchaus unfähig, einen Schriftsteller zu beurtheilen. Wer die
Dramaturgie zum Beispiel etwa in der illiberalen Absicht liest, die Regula der dramatischen Dichtkunst aus ihr zu erfahren, oder
durch dieses Medium über die Poetik des Ari-
stoteles Gewisheit zu erhalten, und ins Reine
zu kommen: der hat sicher noch gar keinen
Sinn für die Individualität und Genialität
dieses seltsamen Werks. Ich erinnere mich noch
recht gut, daß ich unter andern den Laokoon,

Troz dem günſtigen Vorurtheil und Troz dem
Eindruck einzelner Stellen, ganz unbefriedigt
und daher ganz misvergnügt aus der Hand
legte. Ich hatte das Buch nähmlich mit der
thörichten Hoffnung geleſen, hier die baare und
blanke und felſenfeſte Wiſſenſchaft über die erſten und lezten Gründe der bildenden Kunſt,
und ihr Verhältniß zur Poeſie, zu finden, welche ich begehrte und verlangte. So lange der
Grund fehlte, war ich für einzelne Bereicherun-
gen nicht empfänglich, und Erregungen der
Wißbegier brauchte ich nicht. Mein Leſen war
intereſſirt, und noch nicht Studium, d. h.
unintereſſirte, freie durch kein beſtimmtes Bedürfniß, durch keinen beſtimmten Zweck beſchränkte
Betrachtung und Unterſuchung, wodurch allein
der Geiſt eines Autors ergriffen und ein Urtheil über ihn hervorgebracht werden kann. So
gings mir mit mehren Schriften Leſſings. Doch
habe ich dieſe Sünde, wenn es eine iſt, reichlich abgebüßt. Denn ſeitdem mein Sinn für
Leſſing, wie ein Schwärmer oder ein Spötter
es ausdrücken würde, zum Durchbruch gekommen, und mir ein Licht über ihn aufgegangen
iſt, ſind ſeine ſämmtlichen Werke, ohne Ausnahme des geringſten und unfruchtbarſten, ein
wahres Labyrinth für mich, in welches ich äu-

ßerst leicht den Eingang, aus dem ich aber nur
mit der äußersten Schwierigkeit den Ausweg
finden kann. Die Magie dieses eignen Reizes
wächst mit dem Gebrauch und ich kann der Lo-
ckung selten widerstehn. Ja ich muß über mich
selbst lächeln, wenn ich mir vorstelle, wie oft
ich ihr schon seit der Zeit, wo ich den Gedanken faßte, das Mittheilbarste von dem, was
ich über Lessing gesammelt und aufgeschrieben
hatte, drucken zu lassen, unterlegen, die Bände
von neuem durchgelesen, vieles für mich bemerkt
und für mich geschrieben, darüber aber immer
den beabsichtigten Druck weiterhinausgeschoben,
oft gänzlich vergessen habe. Denn das Interesse des Studiums überwog hier das Interesse
der öffentlichen Mittheilung, welches immer
schwächer ist, so sehr, daß ich, ohne einen ka-
tegorischen Entschluß wohl immer an einem Aufsatz über Lessing nur gearbeitet haben würde,
ohne ihn jemals zu vollenden.

Dieses Studium und jene Unbefangenheit
allein können mir den sonst unersetzlichen Mangel einer lebendigen Bekanntschaft mit
Lessing einigermaßen ersetzen. Ein Autor,
er sei Künstler oder Denker, der alles was er
vermag, oder weiß, zu Papiere bringen kann,
ist zum mindesten kein Genie. Es giebt ihrer

die ein Talent haben, aber ein so beschränktes,
so isolirtes, daß es ihnen ganz fremd läßt, als ob
es nicht ihr eigen, als ob es ihnen nur angeheftet
oder geliehen wäre. Von dieser Art war Lessing
nicht. Er selbst war mehr werth, als
alle seine Talente. In seiner Juvidualität
lag seine Größe. Nicht bloß aus den Nach=
richten von seinen Gesprächen, nicht bloß aus
den, wie es scheint, bisher sehr vernachläßigten
Briefen, deren einer oder der andere für den,
welcher nur Lessingen im Lessing sucht und
studiert, und Sinn hat für seine genialische In=
dividualität, mehr werth ist als manches seiner
berühmtesten Werke: auch aus seinen Schriften
selbst möchte man fast vermuthen, er habe das
lebendige Gespräch noch mehr in der Ge=
walt gehabt als den schriftlichen Ausdruck, er
habe hier seine innerste und tiefste Eigenthüm=
lichkeit noch klarer und dreister mittheilen kön=
nen. Wie lebendig und dialogisch seine Prosa
ist, bedarf keiner Auseinandersetzung. Das In=
teressanteste und das Gründlichste in seinen Schrif=
ten sind Winke und Andeutungen, das Reiffste
und Vollendetste Bruchstücke von Bruchstücken.
Das Beste was Lessing sagt, ist was er, wie
errathen und gefunden, in ein paar gediegenen
Worten voll Kraft, Geist und Salz hinwirft;

Worte, in denen, was die dunkelsten Stellen
sind im Gebiet des menschlichen Geistes, oft wie
von Blitz plötzlich erleuchtet, das heiligste höchst
keck und fast frevelhaft, das allgemeinste höchst
sonderbar und launig ausgedrückt wird. Einzeln
und kompakt, ohne Zergliederung und Demonstra-
tion, stehen seine Hauptsätze da, wie mathema-
tische Axiome;  und seine bündigsten Räsonne-
ments sind gewöhnlich nur eine Kette von witzigen Einfällen. Von solchen Männern mag
eine kurze Unterredung oft lehrreicher seyn und
weiter führen, als ein langes Werk! Ich wenigstens könnte die Befriedigung des feurigen
Wunsches, grade diesen Mann sehen und sprechen zu dürfen, vielleicht mit Entsagung auf
den Genuß und den Vortheil von irgend einem
seiner Werke an meinem Theil erkaufen wollen!
Bei der Unmöglichkeit, dieses Verlangen erfüllt
zu sehn, muß ich mich wohl mit der erwähnten
Unbefangenheit und Freimüthigkeit zu trösten
suchen.

Wenn aber auch die letzte noch so groß
wäre: so würde ich es doch kaum wagen, meine Meinung über Lessing öffentlich zu sagen,
wenn ich sie nicht im Ganzen durch Lessings
Maximen vertheidigen, und im Einzelnen durchgängig mit Autoritäten und entscheidend bewei-

senden Stellen aus Leſſing belegen könnte; ſo
unendlich verſchieden iſt meine Anſicht Leſſings von der herrſchenden.

Man meynt zum Beiſpiel nicht nur, ſondern man glaubt ſogar entſchieden zu wiſſen,
daß Leſſing einer der größten Dichter war;
und ich zweifle ſogar, ob er überall ein Dichter geweſen ſei, ja ob er poetiſchen Sinn und
Kunſtgefühl gehabt habe. Dagegen brauche ich
aber auch zu dem was er ſelbſt über dieſem
Punkt ſagt, nur ſehr weniges hinzuzufügen.

Die Hauptſtelle ſteht in der Dramaturgie.
„Ich bin‟ ſagt er in dem äußerſt charakteriſtiſchen Epilog der Dramaturgie, eines
Werks, welches, darin einzig in ſeiner Art,
von einer merkantiliſchen Veranlaſſung und von
dem Vorſatz einer wöchentlichen Unterhaltung
ausgeht und, ehe man ſich's verſieht, den
populären Horizont himmelweit überflogen
hat, und um alle Zeitverhältniſſe unbeküm-
mert, in die reinſte Spekulation verſunken,
mit raſchem Lauf auf das paradoxe Ziel eines
poetiſchen Euklides losſteuert, dabei aber
auf ſeiner ekzentriſchen Bahn ſo individuell, ſo
lebendig, ſo Leſſingiſch ausgeführt iſt, daß man
es ſelbſt ein Monodrama nennen könnte: —
„Ich bin, ſagt er hier (Th. XXV. S. 376.
folg.) weder Schauſpieler noch Dichter.‟

»Man erweiſet mir wohl manchmal die
Ehre, mich für den letztern zu erkennen. Aber
nur, weil man mich verkennt. Aus einigen dramatiſchen Verſuchen, die ich gewagt
habe, ſollte man nicht ſo freigebig folgern.
Nicht jeder, der den Pinſel in der Hand nimmt
und Farben verquiſtet, iſt ein Mahler. Die
älteſten von jenen Verſuchen ſind in den Jahren hingeſchrieben, in welchen man Luſt
und Tüchtigkeit ſo gern für Genie hält.
Was in den neuern Erträgliches iſt, davon
bin ich mir ſehr bewußt, daß ich es einzig und allein der Kritik zu verdanken habe. Ich fühle die lebendige Quelle nicht
in mir, die ſich durch eigene Kraft emporar-
beitet, durch eigene Kraft in ſo reichen, ſo fri-
ſchen, ſo reinen Strahlen aufſchießt: ich muß
alles durch Druckwerk und Röhren in
mir heraufpreſſen. Ich würde ſo arm, ſo
kalt, ſo kurzſichtig ſeyn, wenn ich nicht einigermaßen gelernt hätte, fremde Schätze beſcheiden
zu borgen, an fremden Feuer mich zu wärmen
und durch die Gläſer der Kunſt mein Auge zu
ſtärken. Ich bin daher immer beſchämt und
verdrießlich geworden, wenn ich zum Nachtheil
der Kritik etwas las oder hörte. Sie ſoll das
Genie erſticken: und ich ſchmeichelte mir, etwas

von ihr zu erhalten, was dem Genie sehr nahe kömmt. Ich bin ein Lahmer, dem eine
Schmähschrift auf die Krücke unmöglich erbauen
kann. «

» Doch freilich; wie die Krücke dem Lah-
men wohl hilft, sich von einem Orte zum andern zu bewegen, aber ihn nicht zum Läufer
machen kann: so auch die Kritik. Wenn ich
mit ihrer Hülfe etwas zu Stande bringe, welches besser ist, als es einer von meinen Talenten ohne Kritik machen würde: so kostet es mir
so viel Zeit, ich muß von andern Geschäften
so frei, von unwillkührlichen Zerstreuungen so
ununterbrochen sein, ich muß meine ganze
Belesenheit so gegenwärtig haben, ich
muß bei jedem Schritt alle Bemerkungen, die
ich jemals über Sitten und Leidenschaften gemacht, so ruhig durchlaufen können; daß zu einem Arbeiter, der ein Theater mit Neuigkeiten
unterhalten soll, niemand ungeschickter sein kann,
als ich. «

Man hat diese wichtige Stelle, welche
meines Erachtens der Text zu allem, was sich
über Lessings Poesie sagen läßt, ist und bleiben
muß, bisher zwar keineswegs übersehen. Nur
hat man nicht sehn oder nicht einsehn wollen,

was darin gesagt, und was dadurch entschie=
den und über allen Zweifel erhoben wird.

Vergebens würde man sich die Stärke je=
ner Aeußerung durch die Voraussetzung zu ent=
kräften suchen, er sey höflich gewesen, und
habe es nicht so gar ernstlich gemeynt. Dem
widerspricht nicht nur der offne, freye, biedre
Charakter dieser Stelle, sondern auch der Geist
und Buchstabe vieler andern, wo er mit der
äußersten Verachtung und Verabscheuung wi=
der den falschen Anstand, und die falsche Be=
scheidenheit redet. Nichts stritt so sehr mit sei=
nem innersten Wesen, als ein solches Gemisch
von verhaltner Selbstsucht und Gewohnheits=
lüge. Das beweisen alle seine Schriften.

Wie freymüthig, ja wie dreist er auch das
Gute, was er von sich hielt, sagen zu müssen
und zu können glaubte; mögen zwey Stellen
aus demselben Stück der Dramaturgie mit je=
ner in Erinnrung bringen, welche den Inhalt
jener bestätigen und erläutern; deren eine über=
dem ganz vorzüglich ins Licht setzt, wie Les=
sing über seine Kritik selbst urtheilte; und
deren andere in ihrem äußerst kecken Tone
jenes Bewußtseyn von Genialität, wenn
auch nicht grade von poetischer, verräth, welches

sich im ganzen Epilog der Dramaturgie kund
giebt.

«Seines Fleißes sagt er (Th. XXV. S.
384.) darf sich jederman rühmen: ich glaube
die dramatische Dichtkunst studiert zu haben;
sie mehr studiert zu haben als zwanzig, die sie ausüben. Auch habe ich sie so
weit ausgeübt, als es nöthig ist, um mitspre-
chen zu dürfen: denn ich weiß wohl, so wie
der Mahler sich von niemanden gern tadeln
läßt, der den Pinsel ganz und gar nicht zu
führen weiß, so auch der Dichter. Ich habe
es wenigstens versucht, was er bewerkstelligen
muß, und kann von dem, was ich selbst nicht
zu machen vermag, doch urtheilen, ob es sich
machen läßt. Ich verlange auch nur eine
Stimme unter uns, wo so mancher sich eine
anmaßt, der, wenn er nicht dem oder jenem
Ausländer nachplaudern gelernt hätte, stummer
seyn würde, als ein Fisch.» —

Nachdem er davon geredet hat, wie er gestrebt habe, den Wahn der deutschen Dichter,
den Franzosen nachahmen heiße so viel, als
nach den Regeln der Alten arbeiten, zu bestreiten, fügt er hinzu (S. 388.):

«Ich wage es, hier eine Äußerung zu
thun, man mag sie doch nehmen, wofür man

will: Man nenne mir das Stück des
großen Corneille, welches ich nicht
beſſer machen wollte. Was gilt die
Wette?»

«Doch nein; ich wollte nicht gern, daß
man dieſe Äußerung für Prahlerey nehmen
könne. Man merke alſo wohl, was ich hinzu
ſetze: Ich werde es zuverläßig beſſer machen, —
und doch lange kein Corneille ſeyn, — und doch
lange noch kein Meiſterſtück gemacht haben.
Ich werde es zuverläßig beſſer machen; und mir
doch wenig darauf einbilden dürfen. Ich werde
nichts gethan haben, als was jeder thun kann,
der ſo feſt an den Ariſtoteles glaubt, wie ich.»

Zugegeben daß Leſſing ſo über ſeine Poeſie
dachte, wie er ſich äußert: iſt es ausgemacht,
könnte man einwenden, daß er ſich ſelbſt
gekannt habe?

Ganz und im ſtrengſten Sinn kennt nie=
mand ſich ſelbſt. Von dem Standpunkt der
gegenwärtigen Bildungsſtufe reflektirt man über
die zunächſt vorhergegangne, und ahnet die kom=
mende: aber den Boden, auf dem man ſteht,
ſieht man nicht. Von einer Seite hat man die
Ausſicht auf ein paar angränzende: aber die
entgegengeſetzte Scheibe des beſeelten Planeten
bleibt immer verdeckt. Mehr iſt dem Menſchen

nicht gegönnt. Wenn aber das Maaß der
Selbstkenntniß durch das Maaß der Genialität,
der Vielseitigkeit, und der Ausbildnng bestimmt
wird: so wage ichs zu behaupten, daß Lessing,
obgleich er nicht fähig gewesen wäre, sich selbst
zu charakterisiren, sich doch in einem vorzüglichen Grade selbst kannte, und grade kein De-
partement seines Geistes so gut kannte, als seine Poesie. Seine Poesie verstand er durch seine Kritik, die eben so alt und mit jener schwe-
sterlich aufgewachsen war. Um seine Kritik so
zu verstehen, hätte er früher philosophiren, oder
später kritisiren müssen. Für die Philosophie
war seine Anlage zu groß und zu weit, als
daß sie je hätte reif werden können; wenigstens
hätte er das höchste Alter erreichen müssen, um
nur einigermassen zum Bewußtseyn derselben zu
gelangen. Vielleicht hätte er aber auch noch
außerdem etwas haben müssen, was ihm ganz
fehlte, nähmlich historischen Geist, um aus seiner Philosophie klug werden zu können, und sich
seiner Jronie und seines Cynismus bewußt zu
werden: denn niemand kennt sich, in so fern er
nur er selbst und nicht auch zugleich ein andrer
ist. Je mehr Vielseitigkeit also, desto mehr
Selbstkenntniß; und je genialischer, desto konse-

quenter, bestimmter, abgeschnittner und entschied=
ner in seinen Schranken.

Die Anwendung auf Lessing macht sich
von selbst. Und in keinem Fach hatte Lessing
so viel Erfahrung, Gelehrsamkeit, Studium,
Übung, Anstrengung, Ausbildung jeder Art,
als grade in der Poesie. Keins seiner Werke
reicht in Rücksicht auf künstlerischen Fleiß und
Feile an Emilia Galotti, wenn auch and=
re mehr Reise des Geistes verrathen sollten. Über=
haupt sind wohl wenige Werke mit diesem
Verstande, dieser Feinheit, und dieser Sorgfalt
ausgearbeitet. In diesem Punkte, und in Rück=
sicht auf jede andre formelle Vollkommenheit des
konvenzionellen Drama muß Nathan weit nach=
stehn, wo selbst die mäßigsten Forderungen an
Konsequenz der Charaktere und Zusammenhang
der Begebenheiten oft genug beleidigt und ge=
täuscht werden.

In Emilia Galotti sind die dargestell=
ten Gegenstände überdem am entferntesten von
Lessings eignem Selbst; es zeigt sich kein un=
künstlerischer Zweck, keine Nebenrücksicht, die ei=
gentlich Hauptsache wäre. Wichtige Umstände
bey Lessing, dessen roheste dramatische Jugend=
versuche schon fast immer eine ganz bestimmte
philosophischpolemische Tendenz haben; der nach

Mendelsohns Bemerkung zu den Portraitdich-
tern gehört, denen ein Charakter um so glücklicher gelingt, je ähnlicher er ihrem Selbst ist,
von dem sie nur einige Variazionen zu Lieb-
lingscharakteren von entschiedner auffallender Familienähnlichkeit ausbilden können.

Emilia Galotti ist daher das eigentliche Hauptwerk, wenn es darauf ankömmt zu
bestimmen, was Lessing in der poetischen
Kunst gewesen, wie weit er darin gekommen
sey. Und was ist denn nun diese bewunderte
und gewiß bewundrungswürdige Emilia Galotti? Unstreitig ein großes Exempel der dramatischen Algebra. Man muß es bewundern
dieses in Schweiß und Pein producirte Meisterstück des reinen Verstandes; man muß es frie-
rend bewundern, und bewundernd frieren; denn
ins Gemüth dringts nicht und kanns nicht dringen, weil es nicht aus dem Gemüth gekommen
ist. Es ist in der That unendlich viel Verstand
darin, nähmlich prosaischer, ja so gar Geist
und Witz. Gräbt man aber tiefer, so zerreißt
und streitet alles, was auf der Oberfläche so
vernünftig zusammenzuhängen schien. Es fehlt
doch an jenem poetischen Verstande, der sich in
einem Guarini, Gozzi, Shakespear so groß zeigt.
In den genialischen Werken des von diesem

poetiſchen Verſtande geleiteten Inſtinkts, enthüllt
alles, was beym erſten Blick ſo wahr aber
auch ſo inkonſequent und eigenſinnig, wie die
Natur ſelbſt auffällt, bey gründlicherem For-
ſchen ſtets innigere Harmonie und tiefere Nothwendigkeit. Nicht ſo bey Leſſing! Manches in
der Emilia Galotti hat ſogar den Bewunderern Zweifel abgedrungen, die Leſſing nicht be-
antworten zu können geſtand. Aber wer mag
ins Einzelne gehn, wenn er mit dem Ganzen
anzubinden Luſt hat, und beynah nichts ohne
Anmerkung vorbeygehn laſſen könnte? Doch hat
dieſes Werk nicht ſeines Gleichen, und iſt einzig in ſeiner Art. Ich möchte es eine proſai-
ſche Tragödie nennen. Sonderbar aber nicht
eben intereſſant iſts, wie die Charaktere zwiſchen
Allgemeinheit und Individualität in der Mitte
ſchweben!

Kann ein Künſtler wohl kälter und lieb-
loſer von ſeinem vollendetſten und künſtlichſten
Werke reden, als Leſſing bey Überſendung dieſer kalten Emilia an einen Freund? «Man
muß,» ſagt er, «wenigſtens über ſeine Arbeiten mit jemand ſprechen können, wenn man
nicht ſelbſt darüber einſchlafen ſoll. Die bloße Verſicherung, welche die eigne Kritik uns gewährt, daß man auf dem rechten
Wege

Wege ist und bleibt, wenn sie auch noch so
überzeugend wäre, ist doch so kalt und un=
fruchtbar, daß sie auf die Ausarbeitnng keinen
Einfluß hat.» (Th. XXX. S. 167.) Und bald
darauf gar: «Ich danke Gott, daß ich den
ganzen Plunder nach und nach wieder aus den
Gedanken verliehre.« (Th. XXVII. S. 341.

Mit welchem gehaltnen Enthusiasmus,
und in jeder Rücksicht wie ganz anders redet er
dagegen vom Nathan! zum Beyspiel in fol=
gender Stelle: «Wenn man sagen wird, daß
ein Stück von so eigner Tendenz nicht
reich genug an eignen Schönheiten sey: so wer=
de ich schweigen, aber mich nicht schämen. Ich
bin mir eines Ziels bewußt, unter dem man
auch noch viel weiter mit allen Ehren bleiben
kann. — Noch kenne ich keinen Ort in Deutsch=
land, wo dieses Stück schon jetzt aufgeführt
werden könnte. Aber Heil und Glück dem
wo es zuerst aufgeführt wird.» (Leb. Th.
I. S. 420.) Eben so auch in einigen andern
Stellen, die wegen dessen, was sie über den
polemischen Ursprung und die philosophische
Tendenz des Stücks enthalten, sogleich ange=
führt werden sollen.

Nathan kam aber freylich aus dem Ge=
müth, und dringt wieder hinein; er ist vom

schwebenden Geist Gottes unverkennbar durch=
glüht und überhaucht. Nur scheint es schwer,
ja fast unmöglich, das sonderbare Werk zu ru=
briciren und unter Dach und Fach zu bringen.
Wenn man auch mit einigem Recht sagen
könnte, es sey der Gipfel von Lessings poeti=
schem Genie, wie Emilia seiner poetischen Kunst;
wie denn allerdings im Nathan alle dichteri=
schen Funken, die Lessing hatte, — nach seiner
eigenen Meynung waren es nicht viele (Th.
XXVII. S. 43.) — am dichtesten und hellsten
leuchten und sprühen: so hat doch die Philoso=
phie wenigstens gleiches Recht, sich das Werk
zu vindiciren, welches für eine Charakteristik des
ganzen Mannes, eigentlich das klassische ist,
indem es Lessings Individualität aufs tiefste und
vollständigste, und doch mit vollendeter Popula=
rität darstellt. Wer den Nathan recht ver=
steht, kennt Lessing.

Dennoch muß er immer noch mit den
Jugendversuchen und den übrigen prosaischen
Kunstdramen Lessings in Reih und Glied auf=
marschiren, ungeachtet der Künstler selbst, wie
man sieht, die eigene Tendenz des Werks, und
auch seine Unzweckmäßigkeit für die Bühne, die
doch bey allen übrigen Dramen sein Ziel war,
so klar eingesehen und gesagt hat.

Mehr beforgt um den Nahmen als um
den Mann, und um die Regiſtrirung der Wer=
ke als um den Geiſt, hat man die nicht minder
komiſchen als didaktiſchen Fragen aufgeworfen: ob
Nathan wohl zur didaktiſchen Dichtart
gehöre, oder zur komiſchen, oder zu welcher an=
dern; und was er noch haben oder nicht haben
müßte, um dieß und jenes zu ſeyn oder nicht zu
ſeyn. Dergleichen Problemata ſind von ähnli=
chem Intereſſe, wie die lehrreiche Unterſuchung,
was wohl geſchehen ſeyn würde, wenn Alexan=
der gegen die Römer Krieg geführt hätte. Na=
than iſt, wie mich dünkt, ein Leſſingiſches
Gedicht; es iſt Leſſings Leſſing, das Werk
ſchlechthin unter ſeinen Werken in dem vor=
hin beſtimmten Sinne; es iſt die Fortſetzung
vom Anti = Götze, Numero Zwölf. Es
iſt unſtreitig das eigenſte, eigenſinnigſte und ſon=
derbarſte unter allen Leſſingiſchen Produkten.
Zwar ſind ſie faſt alle, jedes ein ganz eignes
Werk für ſich, und wollen durchaus mit der
Sinnesart aufgenommen, beobachtet und beur=
theilt werden, welche in Saladins Worten ſo
ſchön ausgedrückt iſt:

— Als Chriſt, als Muſelmann: gleichviel!
Im weißen Mantel oder Jamerlonk;
Im Turban, oder deinem Filze: wie
Du willſt! Gleichviel! Ich habe nie verlangt,
Daß allen Bäumen Eine Rinde wachſe.

Aber für keines ist dem Empfänger der Geist
dieses erhabenen Gleich viel so durchaus noth=
wendig, wie für Nathan.

«In den Lehrbüchern,» sagt Lessing (Th.
XXV. S. 385.) «sondre man die Gattungen so
genau ab, als möglich: aber wenn ein Genie
höherer Absichten wegen, mehre derselben in
einem und demselben Werke zusammenfließen
läßt, so vergesse man das Lehrbuch, und unter=
suche bloß, ob es diese Absichten erreicht hat.»

Über die Absichten und die merkwürdige Entste=
hung dieses vom Enthusiasmus der reinen
Vernunft erzeugten und beseelten Gedichts, fin=
den sich glücklicherweise in Lessings Briefen ei=
nige sehr interessante und wirklich klassische Stel=
len. Man darf wohl sagen: wenn kein Werk
so eigen ist, so ist auch keins so eigen entstanden.

Man konnte es Lessing natürlich nicht ver=
zeihen, daß er in der Theologie bis zur Eleganz,
und im Christianismus sogar bis zur Ironie ge=
kommen war. Man verstand ihn nicht, also haßte
verläumdete und verfolgte man ihn aufs ärgste.
Dabey hatte er nun vollends die Schwäche, je=
des ungedruckte Buch, welches ihm ein Mittel zur
Vervollkommnung des menschlichen Geistes werden
zu können schien, als ein heiliges Eigenthum der
Menschheit zu ehren, und wenn ihm der arme

Fündling gar den Finger gedrückt hatte, sich seiner mit Zärtlichkeit, ja mit Schwärmerey anzunehmen. Man weiß es sattsam, wie die Fragmente auf die Masse der Theologen gewirkt, und auf den isolirten Herausgeber zurückgewirkt haben!

In der höchsten Krise dieser Gährung schreibt er am 11. August des Jahres 1778: «Da habe ich diese Nacht einen närrischen Einfall gehabt. Ich habe vor vielen Jahren einmal ein Schauspiel entworfen, dessen Inhalt eine Art Analogie mit meinen gegenwärtigen Streitigkeiten hat, die ich mir damahls wohl nicht träumen ließ. — Ich glaube, daß sich alles sehr gut soll lesen lassen, und ich gewiß den Theologen einen ärgern Possen damit spielen will, als noch mit zehn Fragmenten.» (Th. XXX. S. 454. 455.)

Die Idee des Nathan stand also mit einemmale ganz vor seinem Geiste. Alle seine andern genialischen Werke wuchsen ihm erst unter der Hand, bildeten sich während der Arbeit; erst dann zeigte sich weit von der ersten Veranlassung, was ihm das liebste und an sich das interessanteste war, und nun Hauptsache wurde.

«Mein Nathan, sagt er (Th. XXX. S. 471. 472) ist ein Stück, welches ich schon vor

drey Jahren vollends aufs reine bringen und
drucken laſſen wollte. Ich habe es jetzt nur
wieder vorgenommen, weil mir auf einmahl
beyfiel, daß ich, nach einigen kleinen Veränder-
rungen des Plans, dem Feinde auf einer
andern Seite damit in die Flanke fallen könne. — Mein Stück hat mit den jetzigen Schwarzröcken nichts zu thun; und ich will
ihm den Weg nicht ſelbſt verhauen, endlich doch
einmal aufs Theater zu kommen, wenn es
auch erſt nach hundert Jahren wäre.
Die Theologen aller geoffenbarten Religionen
werden freylich innerlich darauf ſchimpfen; doch
dawider ſich öffentlich zu erklären, werden ſie
wohl bleiben laſſen.» (S. 473.)

Ein aufmerkſamer Beobachter der Bücher=
ſchreibenden Offenbarungsſchwärmerey wird die
letzte Äußerung prophetiſch finden können: was
aber die Beziehung des Stücks auf das da=
mahls Jetzige betrift, ſo fehlt doch dem Pa=
triarchen eigentlich nur eine beygedrukte kleine
Hand mit gerecktem Zeigefinger, um eine Per=
ſönlichkeit zu ſeyn, wie auch ſchon die bür=
leske Karrikatur des Charakters andeutet; und
an einem andern Orte nennt er ſelbſt das Ganze
geradezu einen dramatiſchen Abſprung der
theologiſchen Streitigkeiten, die damahls bey

ihm an der Tagesordnung standen, und feine
eigene Sache schlechthin, geworden waren.
(S. 464.)

Können Verse ein Werk, welches einen
so ganz unpoetischen Zweck hat, etwa zum Ge=
dichte machen; und noch dazu solche Verse? —
Man höre wie Lessing darüber spricht: «Ich
habe wirklich die Verse nicht des Wohl=
lauts wegen gewählt» — (eine Bemerkung,
auf die mancher vielleicht auch ohne diesen Wink
hätte fallen können) — «sondern weil ich glaubte
daß der orientalische Ton, den ich doch hie und
da angeben müsse, in der Poesie zu sehr auf=
fallen würde. Auch erlaube, meynte ich, der
Vers immer einen Absprung eher, wie ich ihn
jetzt zu meiner anderweitigen Absicht bey
aller Gelegenheit ergreifen muß. (Th.
XXVII. S. 46.)«

Man kanns nicht offner und unzweydeuti=
ger sagen, wie es mit der bramatischen Form
des Nathan stehe, als es Lessing selbst gesagt
hat. Mit liberaler Nachläßigkeit, wie Alhaß's
Kittel oder des Tempelherrn halb verbrannter
Mantel, ist sie dem Geist und Wesen des Werks
übergeworfen, und muß sich nach diesem biegen
und schmiegen. Von einzelnen Inkonsequenzen
und von der Subordinazion der Handlung, ih=

rer steigenden Entwicklung und ihres nothwendi=
gen Zusammenhanges, ja selbst der Charaktere
ists unnöthig viel zu sagen. Die Darstellung
überhaupt ist weit hingeworfner, wie in Emilia
Galotti. Daher treten die natürlichen Fehler
der Lessingschen Dramen stärker hervor, und be=
haupten ihre alten schon verlohrnen Rechte wie=
der. Wenn die Charaktere auch lebendiger ge=
zeichnet und wärmer colorirt sind, wie in irgend
einem andern seiner Dramen: so haben sie da=
gegen mehr von der Affektazion der mani=
rierten Darstellung, welche in Minna von
Barnhelm, wo die Charaktere zuerst anfan=
gen, merklich zu Lessingisiren, Nachdruck
und Manier zu bekommen, und eigentlich cha=
rakteristisch zu werden, am meisten herrscht, in
Emilia Galotti hingegen schon weggeschlif=
fen ist. Selbst Alhafi ist nicht ohne Prä=
tension dargestellt; welche ihm freylich recht
gut steht, denn ein Bettler muß Prätensionen
haben, sonst ist er ein Lump, dem Künstler
doch aber nicht nachgesehn werden kann. Und
dann ist das Werk so auffallend ungleich,
wie sonst kein Lessingsches Drama. Die dra=
matische Form ist nur Vehikel; und Recha,
Sitta, Daja, sind wohl eigentlich nur Staf=
feley: denn wie ungalant Lessing dachte, das
übersteigt alle Begriffe.

Der durchgängig cynifirende Ausdruck
hat sehr wenig vom orientalischen Ton, ist wohl
nur mit die beste Prosa, welche Lessing geschrieben hat, und fällt sehr oft aus dem Ko-
stum heroischer Personen. Ich tadle das gar
nicht: ich sage nur, so ists; vielleicht ists ganz
recht so. Nur wenn Nathan weiter nichts
wäre, als ein großes dramatisches Kunstwerk, so würde ich Verse wie den:

«Noch bin ich völlig auf dem Trocknen nicht;»

im Munde der Fürstin bey der edelsten Stimmung und im rührendsten Verhältniß schlechthin
fehlerhaft, ja recht sehr lächerlich finden.

Die hohe philosophische Würde des Stücks
hat Lessing selbst ungemein schön mit der theatra-
lischen Effektlosigkeit oder Effektwidrigkeit desselben kontrastirt; mit dem seinem Ton eignen pi-
kanten Gemisch von ruhiger inniger tiefer Begeisterung und naiver Kälte. «Es kann wohl
seyn,» sagt er (Th. XXX. S. 505. 506.) «daß
mein Nathan im Ganzen wenig Wirkung thun
würde, wenn er auf das Theater käme, welches wohl nie geschehen wird. Genug,
wenn er sich mit Interesse nur liefet, und unter tausend Lesern nur Einer daraus
an der Evidenz und Allgemeinheit seiner Religion zweifeln lernt.»

Natürlich hat sich denn auch die logische Zunft das ekzentrische Werk, (welches seine außerordentlich große Popularität, die ein Vorurtheil dagegen erregen könnte, wohl nur seiner polemischen und rhetorischen Gewalt verdankt, und dem Umstande, daß es den allgemeinen Horizont nie zu überschreiten scheint, wie auch dem, daß doch sehr viele ein wenig Sinn haben für Lessing, wenn auch sehr wenige viel) eben sowohl zuzueignen gesucht, wie die poetische; und sicher nicht mit minderm Rechte.

Der eine Meister der Weltweisheit meynt, Nathan sey ein Panegyrikus auf die Vorsehung, gleichsam eine dramatisirte Theodicee der Religionsgeschichte. Zu geschweigen, wie sehr es Lessings strengem Sinn für das rein Unendliche widerspricht, den Rechtsbegriff auf die Gottheit anzuwenden: so ist dieß auch äußerst allgemein, unbestimmt und nichtssagend. Ein andrer Virtuose der Dialektik hat dagegen gemeynt: Die Absicht des Nathan sey, den Geist aller Offenbarung verdächtig zu machen, und jedes System von Religion, ohne Unterschied, als System, in einem gehässigen Lichte darzustellen. Der Theismus, sobald er System, sobald er förmlich werde, sey davon nicht ausgeschlossen.—

Allein auch diese Erklärung würde, wenn man sie aus ihrem polemischen Zusammenhang reißen und einen dogmatischen Gebrauch davon machen wollte, den Fehler haben, daß sie das Werk, welches eine Unendlichkeit umfaßt, auf eine einzige allzubestimmte und am Ende ziemlich triviale Tendenz beschränken.

Man sollte überhaupt die Idee aufgeben, den Nathan auf irgend eine Art von Einheit bringen, oder ihn in eine der vom Gesetz und Herkommen geheiligten Facultäten des menschlichen Geistes einzäunen und einzunften zu können: denn bey der gewaltsamen Reduction und Einverleibung möchte doch wohl immer mehr verlohren gehn, als die ganze Einheit werth ist. Was hilfts auch, wenn sich auch alles, was Nathan doch gar nicht bloß beweisen, sondern lebendig mittheilen soll, denn das Wichtigste und Beste darin reicht doch weit über das, was der trockne Beweiß allein vermag, mit mathematischer Präcision in eine logische Formel zusammenfassen ließe? Nathan würde seine Stelle nichts destoweniger auf dem gemeinschaftlichen Raine der Poesie und Moral (Th. XVIII. S. 5.) behalten, wo sich Lessing früh gefiel, und auf dem er schon in den Fabeln spielte, die als Vorübung zu Nathans Mährchen von den drey Rin-

gen, welches vollendet hingeworfen, bis ins Mark
entzückend trifft, immer wieder überrascht, und
wohl so groß ist, als ein menschlicher Geist irgend
etwas machen kann, Achtung verdienen und bey=
nah Studien genannt zu werden verdienen,
weil sie zwar nicht die Kunst, aber doch den
Künstler weiter brachten, wenn auch weit über sei=
ne anfängliche Absicht und Einsicht. Es lebt und
schwebt doch ein gewisses heiliges Etwas im Na=
than, wogegen alle syllogistischen Figuren, wie
alle Reguln der dramatischen Dichtkunst, eine
wahre Lumperey sind. Ein philosophisches Resul=
tat oder eine philosophische Tendenz machen ein
Werk noch nicht zum Philosophem: eben so wenig
wie dramatische Form und Erdichtung es zum
Poem machen. Ist Ernst und Falk nicht dra=
matischer, wie manche der besten Scenen im Na=
than? Und die Parabel an Götze über die
Wirkung der Fragmente ist gewiß eine sehr ge=
nialische Erdichtung, deren Zweck und Geist aber
dennoch so unpoetisch, oder wie man jetzt in Deutsch=
land sagt, so unästhetisch wie möglich ist.

Muß ein Werk nicht die Unsterblichkeit
verdienen oder vielmehr schon haben, welches von
allen bewundert und geliebt, von jedem aber an=
ders genommen und erklärt wird? Doch bleibts
sehr wunderbar, oder wie mans nehmen will,

auch ganz und gar nicht wunderbar, daß bey
dieſer großen Verſchiedenheit von Anſichten, bey
dieſer Menge von mehr charakteriſtiſchen als
charakteriſirenden Urtheilsübungen, noch niemand
auf den Einfall oder auf die Bemerkung gerathen iſt, daß Nathan beym Lichte betrachtet
zwey Hauptſachen enthält, und alſo eigentlich aus zwey Werken zuſammengewachſen iſt.
Das erſte iſt freylich Polemik gegen alle il-
liberale Theologie, und in dieſer Beziehung
nicht ohne manchen tiefſtreffenden Seitenſtich auf
den Chriſtianismus, dem Leſſing zwar weit mehr
Gerechtigkeit wiederfahren ließ, als alle Ortho-
doxen zuſammengenommen, aber doch noch lange
nicht genug: weil ſich im Chriſtianismus theologiſche Illiberalität, wie theologiſche Liberalität,
alles Gute und alles Schlechte dieſes Fachs am
kräftigſten, mannichfachſten und feinſten ausgebildet hat; ferner Polemik gegen alle Unnatur, kin-
diſche Künſteley, und durch Mißbildung in ſich
oder in andern erzeugte Dummheit und alberne
Schnörkel im Verhältniſſe des Menſchen zu
Gott: daß Alles mußte Leſſings geiſtreiche Na-
türlichkeit tief empören, und die Patriarchen
hatten ſeinen Abſcheu noch zu erhöhen, ſeinen
Ekel zu reizen gewußt.   Aber nicht einmal die
Religionslehre im Nathan iſt rein ſkeptiſch, po-

lemisch, bloß negativ, wie Jakobi in der ange=
führten Stelle behaupten zu wollen scheinen könnte.
Es wird im Nathan eine, wenn auch nicht
förmliche, doch ganz bestimmte Religionsart, die
freylich voll Adel, Einfalt und Freyheit ist, als
Ideal ganz entschieden und positiv aufgestellt;
welches immer eine rhetorische Einseitigkeit bleibt,
sobald es mit Ansprüchen auf Allgemeingültig=
keit verbunden ist; und ich weiß nicht, ob man
Lessing von dem Vorurtheil einer objektiven und
herrschenden Religion ganz freysprechen darf,
und ob er den großen Satz seiner Philosophie
des Christianismus, daß für jede Bildungsstufe
der ganzen Menschheit eine eigene Religion ge=
höre, auch auf Individuen angewandt und aus=
gedehnt, und die Nothwendigkeit unendlich vieler
Religionen eingesehen hat. Aber ist nicht noch
etwas ganz anders im Nathan, auch etwas
philosophisches, von jener Religionslehre, an die
man sich allein gehalten hat, aber noch ganz
verschiednes, was zwar stark damit zusammen
hängt, aber doch auch wieder ganz weit davon
liegt, und vollkommen für sich bestehn kann?
Dahin zielen vielleicht so manche Dinge, die gar
nicht bloß als zufällige Beylage und Umgebung
erscheinen, dabey von der polemischen Veranlas=
sung und Tendenz am entferntesten, und doch so
gewaltig accentuirt sind, wie der Derwisch, der so

fest auftritt, und Nathans Geschichte vom Verlust
der sieben Söhne und von Recha's Adoption, die
jedem, der welche hat, in die Eingeweide greift.
Was anders regt sich hier, als sittliche Begeiste:
rung für die sittliche Kraft und die sittliche Einfalt
der biedern Natur? Wie liebenswürdig und glän:
zend erscheint nicht selbst des Klosterbruders,
(der wenigstens mitunter aktiv und Mit=Haupt=
person wird, dahingegen der Tempelherr so oft
nur passiv, und bloß Sache ist) fromme Einfalt, de:
ren rohes Gold sich mit den Schlacken des künst:
lichen Aberglaubens nicht vermischen kann? Was
thuts dagegen, daß der gute Klosterbruder eini:
gemahl stark aus dem Charakter fällt? Es folgt
daraus bloß, daß die dramatische Form für
das, was Nathan ist und seyn soll, ihre sehr
große Inkonvenienzen haben mag, obgleich sie Les:
singen sehr natürlich, ja nothwendig war. Nathan
der Weise ist nicht bloß die Fortsetzung des
Anti=Götze, Numero Zwölf: er ist auch und
ist eben so sehr ein dramatisirtes Elementar:
buch des höheren Cynismus. Der Ton des
Ganzen, und Alhafi, das versteht sich von selbst;
Nathan ist ein reicher Cyniker von Adel;
Saladin nicht minder. Die Sultanschaft wäre
keine tüchtige Einwendung: selbst Julius Cäsar
war ja ein Veteran des Cynismus im großen
Styl; und ist die Sultanschaft nicht eigentlich
eine recht cynische Profession, wie die Mönche=
rey, das Ritterthum, gewissermaßen auch der
Handel, und jedes Verhältniß, wo die künstelnde
Unnatur ihren Gipfel erreicht, eben dadurch sich

ſelbſt überſpringt, und den Weg zur Rückkehr
nach unbedingter Natur-Freyheit wieder öffnet?
Und ferner: Alhaſi's derber Lehrſaz:

«Wer
Sich Knall und Fall ihm ſelbſt zu leben, nicht
Entſchließen kann, der lebet andrer Sklav
Auf immer;»

und Nathan's goldnes Wort:

«Der wahre Bettler iſt
Doch einzig und allein der wahre König!» —

ſtehn ſie etwa bloß da, wo ſie ſtehn? Oder
ſpricht nicht ihr Geiſt und Sinn überall im
ganzen Werke zu jedem, der ſie vernehmen will?
Und ſind dieſes nicht die alten heiligen Grund-
feſten des ſelbſtändigen Lebens? Nähmlich für
den Weiſen heilig und alt, für den Pöbel an Ge-
ſinnung und Denkart aber ewig neu und thöricht.

So paradox endigte Leſſing auch in der
Poeſie, wie überall! Das erreichte Ziel erklärt
und rechtfertigt die ekzentriſche Laufbahn; Nathan der Weiſe iſt die beſte Apologie der
geſammten Leſſingſchen Poeſie, die ohne
ihn doch nur eine falſche Tendenz ſcheinen
müßte, wo die angewandte Effektpoeſie der rhe-
thoriſchen Bühnendrama's mit der reinen Poeſie
dramatiſcher Kunſtwerke ungeſchickt verwirrt, und
dadurch das Fortkommen bis zur Unmöglichkeit
unnüz erſchwert ſey.

Ganz klein und leiſe fing Leſſing wie überall,
ſo auch in der Poeſie an, wuchs dann gleich einer
Lauine; erſt unſcheinbar, zulezt aber gigantiſch.

(Der Beſchluß folgt im nächſten Stück.)

———

Karl

# Karl Fasch.

Fasch, mit dessen wohlgetroffenem Bildnisse
wir unsern Lesern ein angenehmes Geschenk zu
machen denken, ist einer der wenigen großen
Künstler, deren Nahmen nicht bloß auf das näch=
ste Jahrhundert übergehen wird, und — was
noch seltner ist — deren Nahmen späten Nachkom=
men nicht nur den ruhmvollen Künstler, son=
dern auch den edlen wohlthätigen Menschen
ins Gedächtniß zurückrufen wird.

Ich ehre in meinem vortreflichen Freunde
den großen bescheidenen Künstler viel zu sehr,
als daß ich vor seinen Augen meine ganze Über=
zeugung von seinem hohen Werthe hier darzule=
gen versuchen könnte; dies sei einem größeren
Werke über die Geschichte der neuen Musik,
in welchem er eine der wichtigsten Stellen ein=
nehmen muß, vorbehalten. Ich liebe den höchst=
liebenswürdigen, herzlichen Mann, der mit selt=

nem Glück und Geschick bei den zarteſten feinſten
Formen die vollkommenſte Redlichkeit durch ſein
ganzes Leben ſo rein zu erhalten wußte, daß
nicht nur der Freund ihm vertraut, und auch
gerne an ſeinem Buſen ruht, ja daß jeder
Menſch, der ihn auch noch ſo wenig kannte,
von ſeiner Redlichkeit wie von ſeiner Liebenswürdigkeit durchdrungen wurde — ich liebe dieſen edlen herzlichen Mann viel zu innig, als
daß ich einen Augenblick bei dem Gedanken
weilen könnte, ſeine Künſtler-Laufbahn ſei ihrem Ende ſchon ſo nahe, daß der Geſchichtſchrei-
ber mit gutem Gewiſſen die Feder für ihn ergreifen dürfte. Nein, er wird, er muß noch
lange den Künſtlern ein herrliches Muſter leben; ſeine hohe Lebenskraft und unerſchütterliche Seelenheiterkeit, die ſein ganzes Leben hindurch den härteſten Anfällen und Stößen, ſo
oft widerſtanden, und ihm ſelbſt in den tödtlich-
ſten Krankheiten Muth und Kraft genug lieſ-
ſen, um die Kunſt nie aus dem Auge zu verlieren, wird ihn uns noch lange erhalten.

Ich begnüge mich hier zu den Nachrich-
ten und Äußerungen, die ich im achten Stück
meines muſikaliſchen Kunſtmagazins, von der
großen ſechzehnſtimmigen Meſſe gab, die allein
ſchon Faſchens Namen verewigen würde, hier

noch hinzufügen, daß dieser seltne Künstler, um
sein großes Werk nun auch gehörig vortragen
zu hören und hören zu lassen, in Berlin eine
Singeakademie errichtete, die nach und nach
alles versammelte was an angenehmen Stimmen beiderlei Geschlechts im seinen Publikum
sich zeigte, und die er, mit eignen Kräften, ohne höhere Unterstützung schon dahin brachte,
daß nun auch viele der größten und bravsten
Sänger zu ihrer eignen Freude Theil daran
nehmen, und daß das Ganze dem ächten Kunstfreunde schon vielfachen Genuß giebt, und selbst
der strenge Kenner und Kritiker in einzelnen
Vorträgen oft befriedigt wurde, und bei solchem treu fortgesezten Eifer für die nächsten
Jahre alles davon erwartet, was nur je wohl-
eingerichtete Singschulen geleistet haben, und
was die italiänischen, die immer nur ausschließlich für ein Geschlecht angelegt sind, und bei
denen nicht wie hier, reine Liebe zur Sache,
sondern eitle und gewinnsüchtige Absichten ob-
walten, nie leisten können.

Von dieser Singeakademie denke ich meinen Lesern im nächsten Stück eine möglichst ge-
naue Beschreibung zu geben. Könnt' ich ihnen
doch auch eben so sicher das Versprechen geben,
daß der überbescheidene Künstler den Kunstfreun-

freunden und lehrbegierigen Künstlern jenes
Meisterwerk, von dem ich einige Sätze in meinem Kunstmagazine lieferte, und auch bald in
seiner ganzen vollendeten — nur ihm allein immer noch nicht hinlänglich vollendeten — Gestalt mittheilen würde!


Johann Friedrich Reichardt.

# Kritische Fragmente.

### Von

## Friedrich Schlegel.

Man nennt viele Künstler, die eigentlich Kunstwerke der Natur sind.

Jedes Volk will auf der Schaubühne nur
den mittlern Durchschnitt seiner eignen Oberfläche schauen; man müßte ihm denn Helden,
Musik oder Narren zum Besten geben.

Wenn Diderot im Jakob etwas recht ge-
nialisches gemacht hat, so kömmt er gewöhnlich
gleich selbst hinterher, und erzählt seine Freude
dran, daß es so genialisch geworden ist.

Es giebt so viel Poesie, und doch ist nichts
seltner als ein Poem! Das macht die Menge

von poetischen Skizzen, Studien, Fragmenten, Tendenzen, Ruinen, und Materialien.

———

Manches kritische Journal hat den Fehler, welcher Mozarts Musik so häufig vorgeworfen wird: einen zuweilen unmäßigen Gebrauch der Blasinstrumente.

———

Man tadelt die metrische Sorglosigkeit der Götheschen Gedichte. Sollten aber die Gesetze der deutschen Hexameters wohl so consequent und allgemeingültig sein, wie der Charakter der Götheschen Poesie?

———

Mein Versuch über das Studium der griechischen Poesie ist ein manierirter Hymnus in Prosa auf das Objektive in der Poesie. Das Schlechteste daran scheint mir der gänzliche Mangel der unentbehrlichen Jronie; und das Beste, die zuversichtliche Voraussetzung, daß die Poesie unendlich viel werth sei; als ob dieß eine ausgemachte Sache wäre.

———

Eine gute Vorrede muß zugleich die Wurzel und das Quadrat ihres Buchs sein.

Witz ist unbedingt geselliger Geist, oder fragmentarische Genialität.

———

Man muß das Brett bohren, wo es am dicksten ist.

———

Es ist noch gar nichts recht Tüchtiges, was Gründlichkeit, Kraft und Geschick hätte, wider die Alten geschrieben worden; besonders wider ihre Poesie.

———

In dem, was man Philosophie der Kunst nennt, fehlt gewöhnlich eins von beiden; entweder die Philosophie oder die Kunst.

———

Jedes Gleichniß, was nur lang ist, nennt Bodmer gern homerisch. So hört man auch wohl Witz aristophanisch nennen, an dem nichts klassisch ist, als die Zwanglosigkeit und die Deutlichkeit.

———

Auch in der Poesie mag wohl alles Ganze halb, und alles Halbe doch eigentlich ganz sein.

———

Der dumme Herr in Diderots Jakob macht dem Künstler vielleicht mehr Ehre, als der närrische Diener. Er ist freilich nur beinah

genialisch dumm. Aber auch das war wohl
schwerer zu machen, als einen ganz genialischen
Narren.

––––––

Genie ist zwar nicht Sache der Will=
kühr aber doch der Freyheit, wie Witz, Liebe
und Glauben, die einst Künste und Wissen=
schaften werden müssen. Man soll von jeder=
mann Genie fordern, aber ohne es zu erwar=
ten. Ein Kantianer würde dieß den kategori=
schen Imperativ der Genialität nennen.

––––––

Nichts ist verächtlicher als trauriger Witz.

––––––

Die Romane endigen gern, wie das Va=
terunser anfängt: mit dem Reich Gottes auf
Erden.

––––––

Manches Gedicht wird so geliebt, wie der
Heiland von den Nonnen.

––––––

Eine classische Schrift muß nie ganz ver=
standen werden können. Aber die, welche gebil=
det sind und sich bilden, müssen immer mehr
draus lernen wollen.

––––––

Wie ein Kind eigentlich eine Sache ist,

die ein Menſch werden will: ſo iſt auch das
Gedicht nur ein Naturding, welches ein Kunſt-
werk werden will.

———

Ein einziges analytiſches Wort, auch zum
Lobe, kann den vortrefflichſten witzigen Einfall,
deſſen Flamme nun erſt wärmen ſollte, nachdem
ſie geglänzt hat, unmittelbar löſchen.

———

In jedem guten Gedicht muß alles Abſicht, und alles Inſtinkt ſeyn. Dadurch wird
es idealiſch.

———

Die kleinſten Autoren haben wenigſtens die
Ähnlichkeit mit dem großen Autor des Himmels
und der Erde, daß ſie nach vollbrachtem Tage-
werke zu ſich ſelbſt zu ſagen pflegen: «Und ſie-
he, was er gemacht hatte, war gut.»

———

Die beyden Hauptgrundſätze der ſogenann-
ten hiſtoriſchen Kritik ſind das Poſtulat der Gemeinheit, und das Axiom der Gewöhnlichkeit.
Poſtulat der Gemeinheit: Alles recht Große,
Gute und Schöne iſt unwahrſcheinlich, denn es
iſt außerordentlich, und zum mindeſten verdächtig. Axiom der Gewöhnlichkeit: Wie es bey

uns und um uns ist: so muß es überall gewe=
sen seyn: denn das ist ja alles so natürlich.

———

Die Romane sind die sokratischen Dialoge
unserer Zeit. In diese liberale Form hat sich
die Lebensweisheit vor der Schulweisheit ge=
flüchtet.

———

Ein Kritiker ist ein Leser, der wiederkäut.
Er sollte also mehr als einen Magen haben.

———

Sinn (für eine besondere Kunst, Wissen=
schaft, einen Menschen, u. s. w.) ist dividirter
Geist; Selbstbeschränkung, also ein Resultat von
Selbstschöpfung und Selbstvernichtung.

———

Anmuth ist korrektes Leben; Sinnlichkeit
die sich selbst anschaut, und sich selbst bildet.

———

An die Stelle des Schicksals tritt in der
modernen Tragödie zuweilen Gott der Vater,
noch öfter aber der Teufel selbst. Wie kommts,
daß dieß noch keinen Kunstgelehrten zu einer
Theorie der diabolischen Dichtart veranlaßt hat?

———

Die Eintheilung der Kunstwerke in naive
und sentimentale, ließe sich vielleicht sehr frucht=

bar auch auf die Kunsturtheile anwenden. Es
giebt sentimentale Kunsturtheile, denen nichts
fehlt als eine Vignette und ein Motto, um
auch vollkommen naiv zu seyn. Zur Vignette,
ein blasender Postillion. Zum Motto eine Phra-
sis des alten Thomasius beym Schluß einer aka-
demischen Festrede: Nunc vero musicantes mu-
sicabunt cum paucis et trompetis.

———

Die chemische Klassifikation der Auflösung
in die auf dem trocknen und in die auf dem
nassen Wege, ist auch in der Litteratur auf die
Auflösung der Autoren anwendbar, die nach
Erreichung ihrer äußersten Höhe sinken müssen.
Einige verdampfen, andre werden zu Wasser.

———

Eins von beyden ist fast immer herrschende
Neigung jedes Schriftstellers: entweder manches nicht zu sagen, was durchaus gesagt werden müßte, oder vieles zu sagen, was durchaus
nicht gesagt zu werden brauchte. Das erste ist
die Erbsünde der synthetischen Naturen, das lezte
der analytischen.

———

Ein witziger Einfall ist eine Zersetzung
geistiger Stoffe, die also vor der plötzlichen
Scheidung innigst vermischt seyn mußten. Die

Einbildungskraft muß erst mit Leben jeder Art bis zur Sättigung angefüllt seyn, ehe es Zeit seyn kann, sie durch die Friktion freyer Geselligkeit so zu elektrisiren, daß der Reiz der leisesten freundlichen oder feindlichen Berührung ihr blitzende Funken und leuchtende Strahlen, oder schmetternde Schläge entlocken kann.

Mancher redet so vom Publikum, als ob es jemand wäre, mit dem er auf der Leipzigermesse im hôtel de Saxe zu Mittage gespeist hätte. Wer ist dieser Publikum? — Publikum ist gar keine Sache, sondern ein Gedanke, ein Postulat, wie Kirche.

Wer noch nicht bis zur klaren Einsicht gekommen ist, daß es eine Größe noch ganz ausserhalb seiner eigenen Sphäre geben könne, für die ihm der Sinn durchaus fehle; wer nicht wenigstens dunkle Vermuthungen hat, nach welcher Weltgegend des menschlichen Geistes hin diese Größe ungefähr gelegen seyn möge: der ist in seiner eignen Sphäre entweder ohne Genie, oder noch nicht bis zum Klassischen gebildet.

Um über einen Gegenstand gut schreiben

zu können, muß man sich nicht mehr für ihn
interessiren; der Gedanke, den man mit Besonnenheit ausdrücken soll, muß schon gänzlich vorbey seyn, einen nicht mehr eigentlich beschäftigen. So lange der Künstler erfindet und begeistert ist, befindet er sich für die Mittheilung wenigstens in einem illiberalen Zustande. Er wird dann alles sagen wollen; welches eine falsche Tendenz junger Genies, oder ein richtiges Vorurtheil alter Stümper ist. Dadurch verkennt er den Werth und die Würde der Selbstbeschränkung, die doch für den Künstler wie für den Menschen das Erste und das Letzte, das Nothwendigste und das Höchste ist. Das Nothwendigste: denn überall, wo man sich nicht selbst beschränkt, beschränkt einen die Welt; wodurch man ein Knecht wird. Das Höchste: denn man kann sich nur in den Punkten und an den Seiten selbst beschränken, wo man unendliche Kraft hat, Selbstschöpfung und Selbstvernichtung. Selbst ein freundschaftliches Gespräch, was nicht in jedem Augenblick frey abbrechen kann, aus unbedingter Willkühr, hat etwas Illiberales. Ein Schriftsteller aber, der sich rein ausreden will und kann, der nichts für sich behält, und alles sagen mag, was er weiß, ist sehr zu beklagen. Nur vor drey Fehlern

hat man sich zu hüten. Was unbedingte Will=
kühr, und sonach Unvernunft oder Überver=
nunft scheint und scheinen soll, muß dennoch im
Grunde auch wieder schlechthin nothwendig und
vernünftig seyn; sonst wird die Laune Eigensinn,
es entsteht Illiberalität, und aus Selbstbeschrän=
kung wird Selbstvernichtung. Zweytens: man
muß mit der Selbstbeschränkung nicht zu sehr
eilen, und erst der Selbstschöpfung, der Erfin=
dung und Begeisterung Raum lassen, bis sie
fertig ist. Drittens: man muß die Selbstbe=
schränkung nicht übertreiben.

----

An dem Urbilde der Deutschheit, welches
einige große vaterländische Erfinder aufgestellt
haben, läßt sich nichts tadeln als die falsche
Stellung. Diese Deutschheit liegt nicht hinter
uns, sondern vor uns.

----

Die Geschichte der Nachahmung der alten
Dichtkunst, vornämlich im Auslande hat unter
andern auch den Nutzen, daß sich die wichtigen
Begriffe von unwillkührlicher Parodie und pas=
sivem Witz, hier am leichtesten und vollstän=
digsten entwickeln lassen

----

In der in Deutschland erfundenen und in

Deutschland geltenden Bedeutung ist Aesthetisch ein Wort, welches wie bekannt eine gleich vollendete Unkenntniß der bezeichneten Sache und der bezeichnenden Sprache verräth. Warum wird es noch beybehalten?

———

An geselligem Witz und geselliger Fröhlichkeit sind wenige Bücher mit dem Roman Faublas zu vergleichen. Er ist der Champagner seiner Gattung.

———

Die Philosophie ist die eigentliche Heimath der Ironie, welche man logische Schönheit definiren möchte: denn überall wo in mündlichen oder geschriebenen Gesprächen, und nur nicht ganz systematisch philosophirt wird, soll man Ironie leisten und fordern; und sogar die Stoiker hielten die Urbanität für eine Tugend. Freylich giebts auch eine rhetorische Ironie, welche sparsam gebraucht vortreffliche Wirkung thut, besonders im Polemischen; doch ist sie gegen die erhabne Urbanität der Sokratischen Muse, was die Pracht der glänzendsten Kunstrede gegen eine alte Tragödie in hohem Styl. Die Poesie allein kann sich auch von dieser Seite bis zur Höhe der Philosophie erheben, und ist nicht auf ironische Stellen begründet, wie die Rhetorik. Es giebt alte und moderne Gedichte, die durchgängig im Ganzen und überall den göttlichen Hauch der Ironie athmen. Es lebt in ihnen eine wirklich tran=scendentale Buffonerie. Im Innern, die Stim=mung, welche alles übersieht, und sich über al=les Bedingte unendlich erhebt, auch über eigne Kunst, Tugend, oder Genialität: im Äußern, in der Ausführung die mimische Manier eines ge=wöhnlichen guten italiänischen Buffo.

———

Hippel, sagt Kant, hatte die empfehlungs=würdige Maxime, man müsse das schmackhafte Gericht einer launigen Darstellung noch durch die Zuthat des Nachgedachten würzen. Warum will Hippel nicht mehr Nachfolger in dieser Ma=xime finden, da doch Kant sie gebilligt hat?

———

Man sollte sich nie auf den Geist des Al=terthums berufen, wie auf eine Autorität. Es ist eine eigene Sache mit den Geistern; sie las=sen sich nicht mit Händen greifen, und dem An=bern vorhalten. Geister zeigen sich nur Gei=stern. Das Kürzeste und das Bündigste wäre wohl auch hier, den Besitz des alleinseligmachen=den Glaubens durch gute Werke zu beweisen.

———

Bey

Bey der sonderbaren Liebhaberey moderner Dichter für griechische Terminologie in Benennung ihrer Produkte, erinnert man sich der naiven Äußerung eines Franzosen bey Gelegenheit der neuen altrepublikanischen Feste: que pourtant nous sommes menacés de rester toujours François. — Manche solcher Benennungen der Feudalpoesie können bey den Litteratoren künftiger Zeitalter ähnliche Untersuchungen veranlassen, wie die, warum Dante sein großes Werk eine göttliche Komödie nannte. — Es giebt Tragödien, die man, wenn einmahl etwas griechisches im Namen seyn soll, am besten traurige Mimen nennen könnte. Sie scheinen nach dem Begriff von Tragödie getauft zu seyn, der einmal beym Shakespear vorkommt, aber von großer Allgemeinheit in der modernen Kunstgeschichte ist: eine Tragödie ist ein Drama, worin Pyramus sich selbst umbringt.

——————

Die Römer sind uns näher und begreiflicher als die Griechen; und doch ist ächter Sinn für die Römer noch ungleich seltner als der für die Griechen, weil es weniger synthetische als analytische Naturen giebt. Denn auch für Nazionen giebts einen eignen Sinn; für historische

K

wie für moralische Individuen, nicht bloß für praktische Gattungen, Künste oder Wissenschaften.

---

Wer etwas Unendliches will, der weiß nicht was er will. Aber umkehren läßt sich dieser Satz nicht.

---

Ironie ist die Form des Paradoxen. Paradox ist alles, was zugleich gut und groß ist.

---

Eins der wichtigsten Moyens der dramatischen und romantischen Kunst bey den Engländern sind die Guineen. Besonders in der Schlußcadence werden sie stark gebraucht, wenn die Bässe anfangen recht voll zu arbeiten.

---

Wie tief doch im Menschen der Hang wurzelt, individuelle oder nazionale Eigenheiten zu generalisiren! Selbst Chamfort sagt: «Les vers ajoutent de l'esprit a la pensée de l'homme qui en a quelquefois assez peu; et c'est ce qu'on appelle talent.» — Ist dieß allgemeiner französischer Sprachgebrauch?

---

Witz als Werkzeug der Rache ist so

schändlich, wie Kunst als Mittel des Sinnen=
kitzels.

- - -

In manchem Gedicht erhält man stellen=
weise statt der Darstelluug nur eine Überschrift,
welche anzeigt, daß hier eigentlich dieß oder das
dargestellt seyn sollte, daß der Künstler aber
Verhinderung gehabt habe, und ergebenst um
gewogene Entschuldigung bittet.

- - -

In Rücksicht auf die Einheit sind die mei=
sten modernen Gedichte Allegorien (Mysterien,
Moralitäten,) oder Novellen (Avantüren, In=
triguen); ein Gemisch, oder eine Verdünnung
von diesen.

- - -

Es giebt Schriftsteller die Unbedingtes trin=
ken wie Wasser; und Bücher, wo selbst die
Hunde sich aufs Unendliche beziehen.

- - -

Ein recht freyer und gebildeter Mensch
müßte sich selbst nach Belieben philosophisch oder
philologisch, kritisch oder poetisch, historisch oder
rhetorisch, antik oder modern stimmen können,
ganz willführlich, wie man ein Instrument
stimmt, zu jeder Zeit, und in jedem Grade.

- - -

Witz ist logische Geselligkeit.

Wenn manche mystische Kunstliebhaber, welche jede Kritik für Zergliederung, und jede Zergliederung für Zerstörung des Genusses halten, konsequent dächten: so wäre Potz tausend das beste Kunsturtheil über das würdigste Werk. Auch giebts Kritiken, die nichts mehr sagen, nur viel weitläuftiger.

Wie die Menschen lieber groß handeln mögen, als gerecht: so wollen auch die Künstler veredeln und belehren.

Chamforts Lieblingsgedanke, der Witz sey ein Ersatz der unmöglichen Glückseligkeit, gleichsam ein kleines Procent, womit die bankerotte Natur sich für die nicht honorirte Schuld des höchsten Gutes abfinde; ist nicht viel glücklicher als der des Shaftesbury, Witz sey der Prüfstein der Wahrheit, oder als das gemeinere Vorurtheil, sittliche Veredlung sey der höchste Zweck der schönen Kunst. Witz ist Zweck an sich, wie die Tugend, die Liebe und die Kunst. Der genialische Mann fühlte, so scheint es, den unendlichen Werth des Witzes, und da die französische Philosophie nicht hinreicht, um die-

ſes zu begreifen, ſo ſuchte er ſein Höchſtes in-
ſtinktmäßig mit dem, was nach dieſer das Erſte
und Höchſte iſt, zu verknüpfen. Und als Maxime iſt der Gedanke, der Weiſe müſſe gegen
das Schickſal immer en état d'epigramme
ſeyn, ſchön und ächt cyniſch.

———

Alle klaſſiſchen Dichtarten in ihrer ſtren-
gen Reinheit ſind jetzt lächerlich.

———

Streng genommen iſt der Begriff eines
wiſſenſchaftlichen Gedichts wohl ſo widerſinnig,
wie der einer dichteriſchen Wiſſenſchaft.

———

Man hat ſchon ſo viele Theorien der
Dichtarten. Warum hat man noch keinen Begriff von Dichtart? Vielleicht würde man ſich
dann mit einer einzigen Theorie der Dichtarten
behelfen müſſen.

———

Nicht die Kunſt und die Werke machen
den Künſtler, ſondern der Sinn und die Be-
geiſterung und der Trieb.

———

Es bedürfte eines neuen Laokoon, um die
Gränzen der Muſik und der Philoſophie zu
beſtimmen. Zur richtigen Anſicht mancher

Schriften fehlt es noch an einer Theorie der grammatischen Tonkunst.

---

Die Poesie ist eine republikanische Rede; eine Rede, die ihr eignes Gesetz und ihr eigner Zweck ist, wo alle Theile freye Bürger sind, und mitstimmen dürfen.

---

Die revoluzionäre Objektivitätswuth meiner frühern philosophischen Musikalien hat etwas weniges von der Grundwuth, die unter Reinholds Konsulate in der Philosophie so gewaltig um sich griff.

---

In England ist der Witz wenigstens eine Profession, wenn auch keine Kunst. Alles wird da zünftig, und selbst die roués dieser Insel sind Pedanten. So auch ihre wits, welche die unbedingte Willkühr, deren Schein dem Witz das Romantische und Pikante giebt, in die Wirklichkeit einführen, und so auch witzig leben; daher ihr Talent zur Tollheit. Sie sterben für ihre Grundsätze.

---

Wie viel Autoren giebts wohl unter den Schriftstellern? Autor heißt Urheber.

Es giebt auch negativen Sinn, der viel
beſſer iſt als Null, aber viel ſeltner. Man kann
etwas innig lieben, eben weil mans nicht hat:
das giebt wenigſtens ein Vorgefühl ohne Nach=
ſatz. Selbſt entſchiedne Unfähigkeit, die man
klar weiß, oder gar mit ſtarker Antipathie iſt
bey reinem Mangel ganz unmöglich, und ſetzt
wenigſtens parziale Fähigkeit und Sympathie
voraus. Gleich dem Platoniſchen Eros iſt alſo
wohl dieſer negative Sinn der Sohn des Über=
fluſſes und der Armuth. Er entſteht, wenn ei=
ner bloß den Geiſt hat, ohne den Buchſtaben;
oder umgekehrt, wenn er bloß die Materialien
und Förmlichkeiten hat, die trockne harte Scha=
le des produktiven Genies ohne den Kern. Im
erſten Falle giebts reine Tendenzen, Projekte
die ſo weit ſind, wie der blaue Himmel, oder
wenn's hoch kömmt, ſkizzirte Fantaſien: im letz=
ten zeigt ſich jene harmoniſch ausgebildete Kunſt=
Plattheit, in welcher die größten engländiſchen
Kritiker ſo klaſſiſch ſind. Das Kennzeichen der
erſten Gattung, des negativen Sinns vom Geiſte
iſt, wenn einer immer wollen muß, ohne je zu
können; wenn einer immer hören mag, ohne je
zu vernehmen.

———

Leute die Bücher ſchreiben, und ſich dann
einbilden, ihre Leſer wären das Publikum, und

sie müßten das Publikum bilden: diese kommen sehr bald dahin, ihr sogenanntes Publikum nicht bloß zu verachten, sondern zu hassen; welches zu gar nichts führen kann.

---

Sinn für Witz ohne Witz ist doch schon das A b c der Liberalität.

---

Eigentlich haben sie's recht gern, wenn ein Dichterwerk ein wenig ruchlos ist, besonders in der Mitte; nur muß der Anstand nicht gradezu beleidigt werden, und zuletzt muß alles ein gutes Ende nehmen.

---

Was in gewöhnlichen guten oder vortrefflichen Übersetzungen verlohren geht, ist grade das Beste.

---

Es ist unmöglich, jemanden ein Ärgerniß zu geben, wenn ers nicht nehmen will.

---

Noten sind philologische Epigramme; Übersetzungen philologische Mimen; manche Kommentare, wo der Text nur Anstoß oder Nicht-Ich ist, philologische Idyllen.

---

Es giebt einen Ehrgeiz, welcher lieber der

Erste unter den Letzten seyn will, als der Zwey=
te unter den Ersten. Das ist der alte. Es giebt
einen andern Ehrgeiz, der lieber wie Tasso's
Gabriel:

Gabriel, che fra i primi era il secondo;
der Zweyte unter den Ersten, als der Erste un=
ter den Zweyten seyn will. Das ist der mo=
derne.

———

Maximen, Ideale, Imperative und Po=
stulate sind jetzt bisweilen Rechenpfenninge der
Sittlichkeit.

———

Mancher der vortrefflichsten Romane ist
ein Compendium, eine Encyclopädie des ganzen
geistigen Lebens eines genialischen Individuums;
Werke die das sind, selbst in ganz andrer Form,
wie Nathan, bekommen dadurch einen Anstrich
vom Roman. Auch enthält jeder Mensch, der
gebildet ist, und sich bildet, in seinem Innern
einen Roman. Daß er ihn aber äußre und
schreibe, ist nicht nöthig.

———

Zur Popularität gelangen deutsche Schrif=
ten durch einen großen Nahmen, oder durch
Persönlichkeiten, oder durch gute Bekanntschaft,
oder durch Anstrengung, oder durch mäßige

Unsittlichkeit, oder durch vollendete Unverständ-
lichkeit, oder durch harmonische Plattheit, oder
durch vielseitige Langweiligkeit, oder durch be-
ständiges Streben nach dem Unbedingten.

---

Ungern vermisse ich in Kants Stamm-
baum der Urbegriffe die Kategorie Beynahe, die
doch gewiß eben so viel gewirkt hat in der Welt
und in der Litteratur, und eben so viel verdor-
ben, als irgend eine andre Kategorie. In dem
Geiste der Naturskeptiker tingirt sie alle übrigen Begriffe und Anschauungen.

---

Es hat etwas Kleinliches, gegen Indivi-
buen zu polemisiren, wie der Handel en detail.
Will er die Polemik nicht en gros treiben, so
muß der Künstler wenigstens solche Individuen
wählen, die klassisch sind, und von ewig dau-
erndem Werth. Ist auch das nicht möglich,
etwa im traurigen Fall der Nothwehr: so müssen die Individuen, Kraft der polemischen Fik-
zion, so viel als möglich zu Repräsentanten der
objektiven Dummheit, und der objektiven Narrheit idealisirt werden: denn auch diese sind, wie
alles Objektive, unendlich interessant, wie der höhern Polemik würdige Gegenstände seyn müssen.

Geist ist Naturphilosophie.

———

Manieren sind charakteristische Ecken.

———

Aus dem, was die Modernen wollen, muß man lernen, was die Poesie werden soll: aus dem, was die Alten thun, was sie seyn muß.

———

Jeder rechtliche Autor schreibt für Niemand, oder für Alle. Wer schreibt, damit ihn diese und jene lesen mögen, verdient, daß er nicht gelesen werde.

———

Der Zweck der Kritik, sagt man, sey, Leser zu bilden! — Wer gebildet seyn will, mag sich doch selbst bilden. Dieß ist unhöflich; es steht aber nicht zu ändern.

———

Da die Poesie unendlich viel werth ist, so sehe ich nicht ein, warum sie auch noch bloß mehr werth seyn soll, wie dieß und jenes, was auch unendlich viel werth ist. Es giebt Künstler, welche nicht etwa zu groß von der Kunst denken, denn das ist unmöglich, aber doch nicht frey genug sind, sich selbst über ihr Höchstes zu erheben.

———

Nichts ist pikanter, als wenn ein genialischer Mann Manieren hat; nähmlich wenn er sie hat: aber gar nicht, wenn sie ihn haben; das führt zur geistigen Versteinerung.

———

Sollte es nicht überflüßig seyn, mehr als Einen Roman zu schreiben, wenn der Künstler nicht etwa ein neuer Mensch geworden ist? — Offenbar gehören nicht selten alle Romane eines Autors zusammen, und sind gewissermaßen nur ein Roman.

———

Witz ist eine Explosion von gebundnem Geist.

———

Die Alten sind weder die Juden, noch die Christen, noch die Engländer der Poesie. Sie sind nicht ein willkührlich auserwähltes Kunstvolk Gottes; noch haben sie den alleinseligmachenden Schönheitsglauben; noch besitzen sie ein Dichtungsmonopol.

———

Auch der Geist kann, wie das Thier, nur in einer aus reiner Lebensluft und Azote gemischten Atmosphäre athmen. Dieß nicht ertragen und begreifen zu können, ist das Wesen der Thorheit; es schlechthin nicht zu wollen, der Anfang der Narrheit.

————

In den Alten sieht man den vollendeten Buchstaben der ganzen Poesie: in den Neuern ahnet man den werdenden Geist.

————

Mittelmäßige Autoren, die ein kleines Buch so ankündigen, als ob sie einen großen Riesen wollten sehen lassen, sollten von der litterarischen Polizey genöthigt werden, ihr Produkt mit dem Motto stempeln zu lassen: This is the greatest elephant in the world, except himself.

————

Die harmonische Plattheit kann dem Philosophen sehr nützlich werden, als ein heller Leuchtthurm für noch unbefahrne Gegenden des Lebens, der Kunst oder der Wissenschaft. — Er wird den Menschen, das Buch vermeiden, die ein harmonisch Platter bewundert und liebt; und der Meynung wenigstens mistrauen, an die mehre der Art fest glauben.

————

Ein gutes Räthsel sollte witzig seyn; sonst bleibt Nichts, sobald das Wort gefunden ist: auch ists nicht ohne Reiz, wenn ein witziger

Einfall in so weit räthselhaft ist, daß er errathen seyn will: nur muß sein Sinn gleich
völlig klar werden, so bald er getroffen ist.

---

Salz im Ausdruck ist das Pikante, pulve-
risirt. Es giebt grobkörniges und feines.

---

Folgendes sind allgemeingültige Grundgesetze der schriftstellerischen Mittheilung: 1) Man
muß Etwas haben, was mitgetheilt werden soll;
2) man muß Jemand haben, dem mans mittheilen wollen darf; 3) man muß es wirklich
mittheilen, mit ihm theilen können, nicht bloß
sich äußern, allein; sonst wäre es treffender, zu
schweigen.

---

Wer nicht selbst ganz neu ist, der beurtheilt das Neue, wie alt; und das Alte wird
einem immer wieder neu, bis man selbst alt
wird.

---

Die Poesie des einen heißt die philosophische; die des andern die philologische; die des
dritten die rhetorische, u. s. w. Welches ist denn
nun die poetische Poesie?

---

Affektazion entspringt nicht so wohl aus

dem Bestreben, neu, als aus der Furcht, alt
zu seyn.

———

Alles beurtheilen zu wollen, ist eine große
Verirrung oder eine kleine Sünde.

———

Viele Werke, deren schöne Verkettung man
preist, haben weniger Einheit, als ein bunter
Haufen von Einfällen, die nur vom Geiste ei=
nes Geistes belebt, nach Einem Ziele zielen. Diese
verbindet doch jenes freye und gleiche Beysam=
menseyn, worin sich auch die Bürger des voll=
kommnen Staats, nach der Versicherung der
Weisen, dereinst befinden werden; jener unbe=
dingt gesellige Geist, welcher nach der Anmaas=
sung der Vornehmen jetzt nur in dem gefun=
den wird, was man so seltsam, und beynahe
kindisch große Welt zu nennen pflegt. Man=
ches Erzeugniß hingegen, an dessen Zusammen=
hang niemand zweifelt, ist, wie der Künstler
selbst sehr wohl weiß, kein Werk, sondern nur
Bruchstück, eins oder mehre, Masse, Anlage.
So mächtig ist aber der Trieb nach Einheit
im Menschen, daß der Urheber selbst, was er
durchaus nicht vollenden oder vereinigen kann,
oft gleich bey der Bildung doch wenigstens er=
gänzt; oft sehr sinnreich und dennoch ganz wi=

dernatürlich. Das Schlimmste dabey ist, daß
alles, was man den gediegenen Stücken, die
wirklich da sind, so drüber aufhängt, um
einen Schein von Ganzheit zu erkünsteln, mei=
stens nur aus gefärbten Lumpen besteht. Sind
diese nun auch gut und täuschend geschminkt,
und mit Verstand drappirt: so ists eigentlich
um desto schlimmer. Dann wird anfänglich
auch der Auserwählte getäuscht, welcher tiefen
Sinn hat für das wenige tüchtig Gute und
Schöne, was noch in Schriften wie in Hand=
lungen sparsam hie und da gefunden wird. Er
muß nun erst durch Urtheil zur richtigen Em=
pfindung gelangen! Geschieht die Scheidung
auch noch so schnell: so ist doch der erste frische
Eindruck einmahl weg.

———

Was man gewöhnlich Vernunft nennt, ist
nur eine Gattung derselben; nämlich die dünne
und wäßrige. Es giebt auch eine dicke feurige
Vernunft, welche den Witz eigentlich zum Witz
macht, und dem gediegenen Styl das Elastische
giebt und das Elektrische.

———

Sieht man auf den Geist, nicht auf den
Buchstaben: so war das ganze römische Volk,
sammt

sammt dem Senat, und sammt allen Trium=
phatoren und Cäsaren ein Cyniker.

----

Nichts ist iu seinem Ursprung jämmerli=
cher und in seinen Folgen gräßlicher, als die
Furcht, lächerlich zu seyn. Daher z. B. die
Knechtschaft der Weiber und mancher andre
Krebsschaden der Menschheit.

----

Die Alten sind Meister der poetischen Ab=
strakzion: die Modernen haben mehr poetische
Spekulazion.

----

Die Sokratische Ironie ist die einzige durch=
aus unwillkührliche, und doch durchaus beson=
nene Verstellung. Es ist gleich unmöglich sie
zu erkünsteln, und sie zu verrathen. Wer sie
nicht hat, dem bleibt sie auch nach dem offen=
sten Geständniß ein Räthsel. Sie soll Niemau=
den täuschen, als die, welche sie für Täuschung
halten, und entweder ihre Freude haben, an der
herrlichen Schalkheit, alle Welt zum Besten
zu haben, oder böse werden, wenn sie ahnden,
sie wären wohl auch mit gemeynt. In ihr soll
alles Scherz und alles Ernst seyn, alles treu=
herzig offen, und alles tief verstellt. Sie ent=
springt aus der Vereinigung von Lebenskunst.

ſinn und wiſſenſchaftlichem Geiſt, aus dem Zu=
ſammentreffen vollendeter Naturphiloſophie und
vollendeter Kunſtphiloſophie. Sie enthält und
erregt ein Gefühl von dem unauflöslichem Wi=
derſtreit des Unbedingten und des Bedingten,
der Unmöglichkeit und Nothwendigkeit einer
vollſtändigen Mittheilung. Sie iſt die freyeſte
aller Licenzen, denn durch ſie ſetzt man ſich
über ſich ſelbſt weg; und doch auch die geſetz=
lichſte, denn ſie iſt unbedingt nothwendig. Es
iſt ein ſehr gutes Zeichen, wenn die harmoniſch
Platten gar nicht wiſſen, wie ſie dieſe ſtete
Selbſtparodie zu nehmen haben, immer wieder
von Neuem glauben und misglauben, bis ſie
ſchwindlicht werden, den Scherz grade für
Ernſt, und den Ernſt für Scherz halten. Leſ=
ſings Ironie iſt Inſtinkt; bey Hemſterhuys iſts
klaſſiſches Studium; Hülſens Ironie entſpringt
aus Philoſophie der Philoſophie, und kann die
jener noch weit übertreffen.

———

Milder Witz, oder Witz ohne Pointe, iſt
ein Privilegium der Poeſie, was die Proſa ihr
ja laſſen muß: denn nur durch die ſchärfſte
Richtung auf Einen Punkt kann der einzelne
Einfall eine Art von Ganzheit erhalten.

———

Sollte die harmonische Ausbildung der Ad=
lichen und der Künstler nicht etwa bloß eine har=
monische Einbildung seyn?

———

Chamfort war, was Rousseau gern schei=
nen wollte: ein ächter Cyniker, im Sinne der
Alten mehr Philosoph, als eine ganze Legion
trockner Schulweisen. Obgleich er sich anfäng=
lich mit den Vornehmen gemein gemacht hatte,
lebte er dennoch frey, wie er auch frey und wür=
dig starb, und verachtete den kleinen Ruhm
eines großen Schriftstellers. Er war Mira=
beau's Freund. Sein köstlichster Nachlaß sind
seine Einfälle und Bemerkungen zur Lebensweis=
heit; ein Buch voll von gediegenem Witz, tie=
fem Sinn, zarter Fühlbarkeit, von reifer Ver=
nunft und fester Männlichkeit, und von inte=
ressanten Spuren der lebendigsten Leidenschaft=
lichkeit, und dabey auserlesen und von vollen=
detem Ausdruck; ohne Vergleich das höchste und
erste seiner Art.

———

Der analytische Schriftsteller beobachtet
den Leser, wie er ist; danach macht er seinen
Calcül, legt seine Maschinen an, um den ge=
hörigen Effekt auf ihn zu machen. Der syn=
thetische Schriftsteller konstruirt und schafft sich

einen Leser, wie er seyn soll; er denkt sich denselben nicht ruhend und todt, sondern lebendig
und entgegenwirkend. Er läßt das, was er erfunden hat, vor seinen Augen stufenweise werden, oder er lockt ihn es selbst zu erfinden. Er
will keine bestimmte Wirkung auf ihn machen,
sondern er tritt mit ihm in das heilige Verhältniß der innigsten Symphilosophie oder Sym-
poesie.

----

Voß ist in der Louise ein Homeride: so ist
auch Homer in seiner Übersetzung ein Voßide.

----

Es giebt so viele kritische Zeitschriften von
verschiedener Natur und mancherley Absichten!
Wenn sich doch auch einmahl eine Gesellschaft
der Art verbinden wollte, welche bloß den Zweck
hätte, die Kritik selbst, die doch auch nothwendig
ist, allmählig zu realisiren!

----

Die ganze Geschichte der modernen Poesie
ist ein fortlaufender Kommentar zu dem kurzen
Text der Philosophie: Alle Kunst soll Wissenschaft, und alle Wissenschaft soll Kunst werden; Poesie und Philosophie sollen vereinigt seyn.

----

Die Deutschen, sagt man, sind, was Höhe

des Kunstsinns und des wissenschaftlichen Geistes
betrifft, das erste Volk in der Welt. Gewiß;
nur giebt es sehr wenige Deutsche.

---

Poesie kann nur durch Poesie kritisirt wer=
den. Ein Kunsturtheil, welches nicht selbst ein
Kunstwerk ist, entweder im Stoff, als Darstel=
lung des nothwendigen Eindrucks in seinem
Werden, oder durch eine schöne Form, und ei=
nen im Geist der alten römischen Satire libe=
ralen Ton, hat gar kein Bürgerrecht im Rei=
che der Kunst.

---

War nicht alles, was abgenutzt werden
kann, gleich Anfangs schief oder platt?

---

Sapphische Gedichte müssen wachsen und
gefunden werden. Sie lassen sich weder ma=
chen, noch ohne Entweihung öffentlich mittheil=
len. Wer es thut, dem fehlt es zugleich an
Stolz und an Bescheidenheit. An Stolz: in=
dem er sein Innerstes herausreißt, aus der hei=
ligen Stille des Herzens, und es hinwirft un=
ter die Menge, daß sie's angaffen, roh oder
fremd; und das für ein lausiges Da capo oder
für Friedrichsd'or. Unbescheiden aber bleibts
immer, sein Selbst auf die Ausstellung zu schi=

cken, wie ein Urbild. Und sind lyrische Ge=
dichte nicht ganz eigenthümlich, frey und wahr:
so taugen sie nichts, als solche. Petrarka ge=
hört nicht hieher: der kühle Liebhaber sagt ja
nichts, als zierliche Allgemeinheiten; auch ist er
romantisch, nicht lyrisch. Gäbe es aber auch
noch eine Natur so konsequent schön und klas=
sisch, daß sie sich nackt zeigen dürfte, wie
Phryne vor allen Griechen: so giebts doch
kein Olympisches Publikum mehr für ein sol=
ches Schauspiel. Auch war es Phryne. Nur
Cyniker lieben auf dem Markt. Man kann
ein Cyniker seyn und ein großer Dichter: der
Hund und der Lorber haben gleiches Recht,
Horazens Denkmahl zu zieren. Aber Horazisch
ist noch bey weitem nicht Sapphisch. Sapphisch
ist nie cynisch.

———

Wer Göthe's Meister gehörig charakte=
risirte, der hätte damit wohl eigentlich gesagt,
was es jetzt an der Zeit ist in der Poesie. Er
dürfte sich, was poetische Kritik betrifft, immer
zur Ruhe setzen.

———

Die einfachsten und nächsten Fragen, wie:
Soll man Shakspeare's Werke als Kunst oder
als Natur beurtheilen? und: Ist das Epos

und die Tragödie wesentlich verschieden oder
nicht? und: Soll die Kunst täuschen oder bloß
scheinen? können nicht beantwortet werden ohne
die tiefste Spekulazion und die gelehrteste Kunst=
geschichte.

———

Wenn irgend etwas die hohe Idee von
Deutschheit rechtfertigen kann, die man hie und
da findet: so ists die entschiedne Vernachläßi=
gung und Verachtung solcher gewöhnlich guten
Schriftsteller, die jede andre Nazion mit Pomp
in ihren Johnson aufnehmen würde, und der
ziemlich allgemeine Hang, auch an dem, was
sie als das beste erkennen, und was besser ist,
als daß die Ausländer es schon gut finden könn=
ten, frey zu tadeln, und es überall recht genau
zu nehmen.

———

Es ist eine unbesonnene und unbescheidne
Anmaaßung, aus der Philosophie etwas über
die Kunst lernen zu wollen. Manche fangen's
so an, als ob sie hofften hier etwas Neues zu
erfahren; da die Philosophie doch weiter nichts
kann und können soll, als die gegebnen Kunsterfah=
rungen und vorhandnen Kunstbegriffe zur Wissen=
schaft machen, die Kunstansicht erheben, mit Hülfe
einer gründlich gelehrten Kunstgeschichte erweitern,

und diejenige logische Stimmung auch über diese
Gegenstände zu erzeugen, welche absolute Liberalität mit absolutem Rigorismus vereinigt.

———

Auch im Innern und Ganzen der größten
modernen Gedichte ist Reim, symmetrische Wie-
derkehr des Gleichen. Dieß rundet nicht nur vortrefflich, sondern kann auch höchst tragisch wirken. Zum Beyspiel, die Champagnerflasche und
die drey Gläser, welche die alte Barbara in
der Nacht vor Wilhelm auf den Tisch setzt. —
Ich möchte es den gigantischen oder den Shak-
speareschen Reim nennen: denn Shakspeare ist
Meister darin.

———

Schon Sophokles glaubte treuherzig, seine
dargestellten Menschen seyen besser als die wirklichen. Wo hat er einen Sokrates dargestellt,
einen Solon, Aristides, so unzählig viele andre? — Wie oft läßt sich nicht diese Frage
auch für andre Dichter wiederhohlen? Wie
haben nicht auch die größten Künstler wirkliche
Helden in ihrer Darstellung verkleinert? Und
doch ist jener Wahn allgemein geworden, von
den Imperatoren der Poesie bis zu den geringsten Lictoren. Dichtern mag er auch wohl heil-
sam seyn können, wie jede konsequente Beschrän-

kung, um die Kraft zu kondensiren und zu kon=
zentriren. Ein Philosoph aber, der sich davon
anstecken ließe, verdiente wenigstens deportirt zu
werden, aus dem Reiche der Kritik. Oder giebt
es etwa nicht unendlich viel Gutes und Schö=
nes im Himmel und auf Erden, wovon sich die
Poesie nichts träumen läßt?

———

Die Römer wußten, daß der Witz ein
prophetisches Vermögen ist; sie nannten ihn
Nase.

———

Es ist indelikat, sich drüber zu wundern,
wenn etwas schön ist, oder groß; als ob es
anders seyn dürfte.

———

---

## Über
# Hildegarde von Hohenthal.
### I. II. III. Theil.

---

### (Beschluß.)

Wir sind unsern Lesern noch die Erfüllung der Zusage
schuldig, sie auf die bedeutendsten und auffallendsten einzelnen Bemerkungen und Ideen dieses Afterromans aufmerk-
sam zu machen, und eilen uns dieser fatalen Schuld zu ent-
ledigen.

Der Verf. spricht über alle wichtige Theile der Kunst,
und überall wird man gewahr, daß er sich viel mit ihr beschäftigt, und viel darüber gelesen hat. Überall leuchtet
aber auch hervor, daß er sie weder gründlich studiert, noch
selbst bis zu einem gewissen Grade praktisch geübt hat; ja er
hat wohl in der Zeit seines Lebens, in der er die meiste
Musik hörte, sie ganz ohne Vorkenntnisse und kritische
Einsicht vernommen. Dabey kann er, wenn er anders ein
gesundes Ohr und reizbare Nerven hat, viel und wohl, und
um so ungestörter genossen; ja er mag viel Freude, Wonne
und Entzücken empfunden haben, mag die andächtigen und
wollüstigen Thränen, von denen sein Roman voll ist, auch
wohl selbst vergossen, die Brustbeklemmungen und Herzens-
beengungen und Erweiterungen wirklich empfunden haben.
Wenn daraus aber nun ein theoretisch-kritisches Werk für
die Kunst entstehen soll; so wird der überfüllte Dilettant

wohl ein Meer von Metaphern und Gleichnissen, von De-
klamationen und Hyperbeln von sich geben können: aber
echte Belehrung und Geschmacksbildung wird der Leser vergeblich darin suchen. Damit dieser nicht zu bald merke, daß
hinter all dem alten aufgesammelten und wiedergekäuten
Wesen nicht viel mehr als leerer Dunst ist; so wird der einmal in Bewegung gesetzte Autor die berühmtesten Lehrbücher
und kritischen Werke seiner Zeit exerpiren müssen, um neben
all seinem O und Ach auch ein tiefgelehrtes Ansehen zu haben. Dieses scheint ganz eigentlich des Verfassers Fall zu
seyn, und man kann nicht ohne Mitleiden ansehen, welche
unselige Mühe er sich gegeben, Kunstregeln und kritische Er-
örterungen zusammen zu tragen, und rhapsodisch aufzustellen, die in den Werken Tartini's, Tosi's, Rameon's, Klein-
bergers, u. a. m. in besserer Ordnung vollständig vorgetragen worden sind. Ja wenn er die Kunst verstanden hätte,
bereits ausgemachte Wahrheiten, und die Theorien und Vorschriften auf eine angenehme geschmackvolle Weise prak-
tischer und einleuchtender, als jene Männer gethan, vorzutragen, und sie so in größern Umlauf zu bringen! Aber
Nein: sein unglücklicher Capellmeister setzt sich mit seiner ihn
überall beherrschenden und weit übersehenden Schülerin und
deren geduldigen Familie nie ans Clavier, oder an den Eß-
tisch, oder ins Gras, ohne nicht über einen gegebenen Kunst-
gegenstand auf die schulmeisterlichste Weise mit der Defini-
tion anzufangen, und so eine förmliche Magistervorlesung
darüber zu halten, oder vielmehr die trockensten Exerpte
aus trockenen Lehrbüchern herzusagen, die sich immer mit
höflicher Abbitte endigen, daß er der Schönen, und der
übrigen geneigten Zuhörer Geduld ermüde. Neben dieser
pedantischer Schulmeistermanier im Vortrage nun noch die
abgeschmackte Kraftsprache voll reinen Unsinns, die allau-
genblicklich mit dem plattesten Wortkram wechselt! — Wahrlich, es ist das widrigste Gemisch von Pedanterei und Ge-

niesucht, das sich vielleicht je in einem deutschen Gehirne
zusammen fand.

Die bogenlangen Abhandlungen über die Stimmen,
über Temparatur, über Instrumentalmusik, Konzerte, Bal-
lette, und viele andern Kunsttheile, sind Belege für die
erste Behauptung: hier nur einige leichter anzuführende Beispiele für die letzte. Was soll sich der Leser wohl bei folgenden Stellen denken:

«Die Begleitung wallt wie sanftes Licht, nicht lodern-
des Siriuslicht u. s. w.» B. 1. S. 59.

«Die Harmonie (über den Namen Jesus) stellt das Gefühl der Gläubigen dar. Es ist gerade dasselbe, als wenn
der Prediger auf der Kanzel bei dem Namen sein Käppchen
abnimmt.» I. 72.

«Bei einem völlig reingestimmten terzquinten Akord lebt
und regt sich die höchste Reinheit vollkommner Existenz, wie
ein Alkibiades, eine Phryne aus dem Bade nur je dem Auge könnte, für ein zartes Ohr in der Luft.» I. 101.

«Die Terz ist gleichsam das Herz, der Siz der Leidenschaft; und die Quinte der himmlische Geist, den der Schö-
pfer dem Menschen einhauchte. Sie verträgt gar wenig Veränderung, wenn sie nicht aus einem Engel des Lichts zum
Teufel, oder zur elenden kranken Kreatur werden soll.» I.
119.

«Es dur ist so edel, so feierlich, so würdig, weil Es als
kleine Terz dem sanftklagenden C diente, nun aber von seinem
traurigen Geschäft zu der herrlichen eignen Existenz erhoben
worden ist, daß ihr selbst dessen schöne Quinte G als reizende große Terz, und dessen rührende kleine Septime als präch-
tige Quinte dient. Zärtlich erinnert sie sich bey ihrem Glück
zuweilen ihres vorigen Zustandes.» I. S. 126. u. s. f. S.
127 die mit folgendem baarem Unsinn schließt: «C dur soll
Saturnus, das goldne Zeitalter bleiben; Cis dur Jupiter
seyn; D dur Bachus; Es dur Königin Juno; E dur Urania

Venus.« Wobei alles der Hr. Capellmeister Lockmann ausruft: «Vortreflich, und mit dem zartesten Gefühl aufge-
faßt!«

S. 131 hört der Herr Capellmeister mit seinen leiblichen
Ohren, daß seine Hildegard die Tonleiter «haarscharf richtig«
sang, die Sekunde C D in dem Verhältniß von Acht zu
Neun; die Sekunde D F wie Neun zu Zehn, u. s. w. und
so trägt der Verf. auf diese sinnreiche Weise die Verhältnisse
der Töne vor.

S. 151 hört der Wundermann in Leos Miserere «so
recht die reuende Klage sinnlicher verführter Menschheit in
sich schämender holder Nacktheit;« und das ab iniquitate
«wie ein eingebohrter Pfeil des Uebels aus dem Leben gezogen, oder wie der Schlamm und Koth von dem Kinde scharf
abgerieben wird, daß es weint und ihm die Augen dabei
übergehen.«

In einer Messe von Jomelli «drückt die Begleitung das
Nähern zu Gott aus, und das Thema zur Frage ist gleichsam im korinthischen Styl.« I. 182.

«Arien sind gleichsam reizende Thuner-und Genfer-Seen
nach den wüthenden Stürzen des Rhodon und der Aar, deren beim Einströmen trübe Fluten das vorangehende, von
Instrumenten begleitete Recitativ ausmachen.« II. 312.

«Der Marsch des Priester des Apollo (in Glucks Alceste)
ist ein großes Meisterstück voll Charakter zu heiligen Schlepp-
gewändern, durchaus neu.« II. 327.

«Der Ton J wird vielleicht noch von einem großen
Meister zum Ausdruck des Moments gebraucht, wo eine
schöne Seele in der Wahl steht, ob sie zur Sünde übergehen will, oder nicht.« III. 41.

«Der kleine Septimen Akord mit der großen Terz oben
stellt dar: schmachtende Lippen am vollen Becher der Lust,
Berührung des heiß verlangten Zieles. Im Allgemeinen ist

er Uebergang in irgend eine Eriſtenz, ſie ſei höchſt glücklich, oder höchſt ſchrecklich.« III. 48.

»Die Sert iſt ein ungemein reizender Uebergang bei dem Akorden der kleinen Septime: ganz Jungfräulichkeit die ſich ſträubt, doch von der Natur unüberwindlich hingeriſſen wird.« III. 75. »Die Vorhalte ſind die Quellen der Manieren im Singen und Spielen; aus ihnen entſteht gleichſam die gute Lebensart im Geſang.« (Ebendaſ.)

Doch genug und ſchon zu viel des Unſinns. Ganze Bogen könnte man damit füllen! Und neben dieſem Bombaſt überall wieder die platteſte Sprache: »Die Begebenheit zu dieſem Ballett gehört wohl unter Nummer Eins in der ganzen Geſchichte;« (B. II. S. 134.) »Vergebung! fußfällig, wenn Sie allein wären. Hildegard, nicht anders zu nennen, Einzige! (II. 226.) »Möchten Sie doch dieſe Melodien würdig finden, mich auch durch ſie noch zu bezaubern!« (III. 107.) »Boshafte! Boshafte Du ſelbſt!" (III. 82.) »O die ſinnreichen Reden, die mich aus Jhnen entzückt haben! (III. 183.)" Glaubt man hier nicht wieder einen empfindſam gerührten Ladendiener zu hören?

Und ſo geht es nicht allein über Muſik und die ihr zunächſt verwandten Künſte her: alles was der Verf. nur irgend bei ſich findet, muß dieſes ungewaſchne Gefäß aufnehmen. Ganze Blätter füllen dergleichen Urtheile über Salluſt, Tacitus, Polybius, Livius, und bald darauf wieder über die heilige Thereſia. Indeſſen erkennt man in jenen Urtheilen doch den unterrichteten Kenner. Wie wenig dieſes aber der Fall in dem eigentlichen Gegenſtande dieſes ſeynſollenden Kunſtromans, der Tonkunſt ſei, mögen nur noch ein paar Charakteriſtiken zeigen.

Von Allegri, den der Verf. ſelbſt für einen der größten, heiligſten Kirchencomponiſten hält, und von Leo, der es wirklich war, ſagt er, und zwar bei Gelegenheit ihrer beider Miſerere: „Wenn Allegri ein holder ſchöner

Jüngling ist, der in einem Schäfertanz mit wenig gemeßnen
Schritten in dem süßen Reize der Unschuld erscheint, und,
denselben Tanz wärmer und glühender wiederholend, entzückt: so ist Leo ein Vestris, ihm nichts damit zum Nachtheil gesagt, der die höchste Kunst und deren ganzen Reichthum in seiner Gewalt hat, u. s. w.

Wenn man den klugen Pabst Hildebrand mit einer der
klugen Jungfrauen im Evangelio, und den ehrbaren Doktor
Luther mit Mirabeau tonneau vergliche; so würde man
wohl nicht mehr Unwissenheit über die Personen und ihre
Werke verrathen, als unser alle Elemente vergleichsamende
Vergleicher.

Seine Zergliederungskunst hat der Verf. auf eine ganz
neue Weise bis ins Idealische getrieben, indem er (im dritten Theile S. 102—155) die Oper *Achille in Sciro* von seinem erzeugten Capellmeister Lockmann, die kein Auge gesehen und kein Ohr je gehört hat, wirklich auf mehr als funfzig Seiten zergliedert. Die allen Kunstfreunden bekannte
Poesie von Metastasio wird dabei großentheils abgedruckt,
ja einige Arien werden, wenn wieder die Rede davon komt,
auch zum zweiten Mahle abgedruckt. Von dem hohen Kunstwerke seines Wundermanns erfahren wir, daß die Sympho-
nie voll edler Zärtlichkeit im Andante, und voll heroischen
Wesens im Allegro war, das in einen raschen Kontretanz
überging. In den Chören schmolzen die Melodien reizend
in eine Harmonie, einfach und abwechselnd voll; die Instrumente flogen jubelnd dazwischen. In der Melodie der ersten Arie des Achill (für eine Castratenstimme geschrieben)
blitzten und stralten die ersten schönen Charakterzüge des
Helden. In der ersten Arie der Deidamia herrschte Jungfräulichkeit und Dianenwesen, durch und durch. Duetten
und Terzetten waren in der Oper nicht, aber warum sollen
auch dieselben Formen in jeder wiederholt werden? Selbst
dieses giebt der Musik im Ganzen nun wieder eine neue

reine Keuſchheit, nach dem immerwährenden franzöſiſchen Lärmen.« (S. 150.)

Wohl zu merken indeß: dieſe Oper fängt mit Bachan-
ten-Chören und Tänzen an, wozu der reine keuſche Ca-
pellmeiſter, Hörner, Klarinetten, Flöten, Cymbeln und Hand-
trommeln angewandt: das einzige was ein feiner Italiäner,
voll reiner Liebe für die ächte Kunſtkeuſchheit, an der neuern
franzöſiſchen Oper allenfalls für franzöſiſchen Lärmen ſchel-
ten könnte. — Doch wer wollte mit ſolch einem kindiſchen
Kunſtkritiker und Idealaufſteller rechten. Sehr charakteri-
ſtiſch folgt auf dieſe Oper eine wilde Schweinsjagd.

Noch bleibt uns ein widerliches Geſchäft! Wir haben
beim erſten Theile zu viel von der Geſchmackloſigkeit und
Niedrigkeit des poetiſchen Theils dieſes Afterromans geſagt,
als daß wir die beiden folgenden Bände, die den erſten
noch weit übertreffen, ungerügt laſſen könnten. Ein paar
Proben mit des Verf. eigenen Worten werden gewiß hinlänglich ſeyn, um für dieſes verächtliche Buch die volle
Verachtung bei unſern Leſern zu bewirken, die es verdient.

Lockmann war im Garten mit »Hildegarden, von deren
rechter Bruſt er die zarte nackte warme ſüße ſtraffe Form
mit raſchem Griffe der linken Hand zum erſtenmal entzückt
durch ſein ganzes Weſen fühlte.« Als er in ſein Zimmer
kam, »maß er noch mit ſchwebender Hand das Gefühl ihrer
Bruſt« und rief aus »welch eine wollüſtige Form! Eine gol-
dene, unten zugeſpitzte Schaale für Hochheims alleredelſten
Nektar will ich mir ſo runden laſſen. O es geht; es muß
gehen! Nur darf mir die erſte gute Gelegenheit nicht ent-
ſchlüpfen.« (II. 63.) Die edle Schöne hilft auch gut
nach! Bald darauf (S. 99.) »ſandte ſie ihm eine Fla-
ſchenkiſte von dem allerbeſten Champagner und Burgunder
mit einem Frachtwagen, und gar bald wieder eine
Kiſte.

Prinz Carl, ein edler Sohn des Fürſten, der unverhoft
zur

zur Concertſtunde ankömmt, — «ſeine Gemahlin blieb in
der Mitte ihrer zweiten Schwangerſchaft in Wien zurück.—
wird von Hildegardens Schönheit und Geſang bezaubert;
bey einem Frühſtück lernt er ſie den folgenden Morgen beſſer kennen, und Abends auf einem prächtigen Ball, und
nachdem er ſich heiß mit ihr getanzt hatte, «begab ſich Hildegard mit ihrem Tänzer, dem Prinzen, in ein Seitenzim-
mer, ſich zu erfriſchen und abzukühlen. Nicht weit davon
winkte dieſer mit erhobenen Augenliedern dem Offizier, der
ihn begleitete, daß er zurückbleiben ſollte. Lockmann konnte
weiter nicht nachſehen. Sie waren gegen Hildegards Erwartung, den Moment allein. Der Held, von unwiderſteh-
licher Begier entflammt, umfaßte ſie an einem Sopha raſch
mit dem einen Arm; um weniges war Mund an Mund,
den ſie gewand noch weg bog, die linke Hand mit einem
frechen geſchickten Bräutigamsgriff nah am Ziel, und ſie im
Fallen die Länge lang auf die Breite des Sopha: als ſie
ſich haſtig zuſammen raffte, alle ihre Stärke aufbot, und
der lecke Ritter, durch den abgenöthigten allerſtärkſten Schlag
ihres rechten Beins, und einen Stoß ihres Elbogens auf die
Bruſt, vom Boden glitt, plözlich rücklings auf den Hintern
prallte, den Kopf mit den Händen in der Höhe kaum vor
dem aufſchlagen bewahren konnte, und wie ein niedergewor-
fener Knabe da ſaß.« (II. 202—203 )

Wer ſah nicht dort den armſeligen Lockmann wie den
Herrn Arnds im Holzſchnitte des Aſmus auf den Zehen aus-
geveckt ſtehen und nach kalter Küche ſchnüfeln? Auch hat der
Verf. Mitleiden mit ihm; es dauert nicht lang, ſo trift
Lockmann Hildegarden allein auf ihrem Zimmer, und wagte
jezt bei Kuß und Umarmung, was er ſchon ſonſt vergebens
verſucht hatte, ſchneller und behender und ungeſtüm: daſ-
ſelbe was der Prinz ſich erfrechte ( und was der Verf. S.
208. der Deutlichkeit wegen ſchon etwas näher erläutert hat).
Er war glücklich, jedoch nur wie der Blitz verfliegt. Sie

M

zürnte heftig, ſchlug ihm aber kein Bein unter, und ſtieß
ihn nicht mit den Elbogen auf die Bruſt, ſondern drängte
ihm nur den verwegenen gierigen Griff mit beiden Händen
weg, «fuhr oder zog ſich zurück, ſo ſehr ſie konnte. — .
(II. 254.).

— Wenn die Leſer hier ſchon die Feinheit des engliſchen
Striches und den pſychologiſchen Geiſt in den feinen Nuan-
cen der Vertheidigungsweiſe der edlen unſchuldigen Heldin
bewundern; ſo muß dieſe Empfindung bis zum Erſtaunen
ſteigen, wenn ſie die Heldin beim Hauptſturm erblicken, von
deſſen höchſtpoetiſchen Schilderung wir nur, als eine Probe
aus dem dritten Bande, die Hauptzüge noch herſetzen
wollen.

«Lockmann war Abends, mit dem feſten Entſchluſſe, ſo gar
bis in Hildegards Schlafgemach zu dringen, » über die Mauer
in den Garten geſtiegen. Hildegard kam leicht bekleidet zum
Baden, «ſie drehte den ſchönen, in den wallenden Locken
ſo reizenden Kopf herum, zog nun unbeſorgt das Gewand
aus, und warf es auf den grünen Raſen am Waſſerbecken.
Indeſſen ſchlich er ſich näher herbey; und als ſie eben mit
den Armen das Hemd über das Geſicht breitete, und es aus-
ziehen wollte: war er in drei Sätzen bei ihr, und hielt ſie
mit dem rechten Arm, um den Rücken her, umſchlungen.
Sie that vor Schrecken einen durchdringenden Schrei. Er
ließ ſich dadurch nicht ſtören, und betaſt ſie gierig mit der
linken Hand den entzückenden Leib. Verſtrickt drehte und
wendete ſie ſich, und ſchoß rückwärts. Schnell und haſtig
griff er in die gewölbten Hüften, hob die ſüße Laſt auf, und
legte, oder warf ſie nieder auf den weichen Raſen. Hier
zerriß Hildegard ſich endlich das Hemd über den Kopf und
bekam die Arme frei. Nun begann der Kampf. Sie war
übermannt: er hielt ſie feſt; doch vermocht' er nicht, etwas
auszurichten.» (Hier, in dieſer Lage, erfolgt eine Straf-
predigt und Declaration von ihm, dem wüthigen Magiſter.)

Sie aber ·trat unterdeſſen mit beiden Beinen nach ihm, ſuch=
te ihn von ſich zu ſtoßen, konnte es nicht, biß nun und fleh=
te, weil er ſie geſchickt der Anwendung ihrer Stärke beraubt
hatte. Laſſen Sie mich, Lockmann! Sonſt ewige bittere Feind=
ſchaft! Sie ſollen mir nachfolgen, ich will alles thun, nur
laſſen Sie mich jetzt.

„Vor Wuth der Leidenſchaft ſah und hörte er nicht. Er
flehte nur u. ſ. w. und drückte ſein flammendes Geſicht an
ihre Bruſt. Mörder! Räuber! ſchrie ſie endlich, rang ſich
darüber die Hände los, wälzte ſich auf die Seite, und in
einem liſtigen Ruck ſtürzte ſie mit ihm, er unten, ſie oben,
ins Waſſer, wo es am tiefſten war. Auch jetzt hielt er noch
feſt, bis ihm das Waſſer in Naſe, Ohren und Mund drang.
Schon ſanken ſie beide; jetzt griff er aus Inſtinkt um ſich,
und ließ ſie, um ſich ſelbſt zu retten. Wie ein Schwan
ſchwamm ſie nun empor und davon. Schon im Ertrinken,
ganz unter der Fluth umklammerte er noch ihr linkes Bein;
und ſo ward er von ihr fortgezogen, bis in ſeichtes Waſſer
und ans andre Ufer, wo keine Gefahr mehr war. Ganz
von ſich und ſinnlos lag er da. Von neuem erſchreckt zog
ſie ihn mit den Händen aufs trockne, und rüttelte und ſchüt=
telte an ihm, bis er anfing ſich zu regen, und das Waſſer
ihm wieder zum Munde herausquoll. Sie zupfte ihn in der
Angſt an der Naſe und kneipte ihn in die Seiten. Als er
ſich endlich hob und erbrach, gab ſie ihm, damit er deſto
beſſer zum Bewußtſeyn käme, eine hinlängliche Zahl derber
Ohrfeigen links und rechts, und rechts und links. Er ſtützte
ſich darüber mit beiden Händen auf und würgte ſich aus
Leibeskräften." (III. 168—75.)

Doch unſere Leſer haben gewiß ſchon Proben genug,
und viel zu viel von der niedrigen Geſchmack= und Sitten=
loſigkeit des Verfaſſers; nur noch ein Wort von ſeiner Theo=
rie von der Liebe und den echten Liebesdichtern, und ſie ken=
nen den Mann ganz: „Die eigentliche wahre Liebe iſt der

M 2

Drang, mit einer Person von anderm Geschlecht (die Versuche mit demselben Geschlecht sollen freylich bis jetzt fruchtlos ausgefallen seyn) „ein Kind zu zeugen. Sie dauert ihrer Natur nach so lange bis das Kind geboren ist, und als
es den Eltern Freude macht, u. s. w." III. 354 und S. 356
heißt es: Wenn ein Dichter ein Mädchen der Liebe schildern
will, so kommt es also wahrlich wenig darauf an, ob es einen kleinen Fuß u. s. w. hat, sondern ob der Bau ihres
Körpers vortreflich ist, gesunde und starke Kinder zu empfangen und zu gebähren; ob ihre Lenden gut dazu gewölbt
sind, ihre Brüste kräftig und derb, die Kinder zu stillen; ob
ihre Augen und Lippen gutherzig aussehen und versprechen,
daß sie alles Ungemach der ersten Erziehung zärtlich auf sich
nehmen werden; ob sie stark genug ist, die Geburtsschmer-
zen auszuhalten. Nach diesen Regeln, die doch wohl die
einzigen wahren sind, prüfe man nun einmal die Schreibe-
reyen unserer Dichter, und man wird sich wundern, wie wenig Ahndung sie von diesen Regeln hatten, die ihnen doch
so nahe vor Augen liegen."

Dieser Sonnenblick beleuchtet uns mit eins die ganze
Armseligkeit unsrer Werther, Woldemare, Rudolphe von
Werdenberg! —

Daß diese derb geschenkelte und gepolsterte Heldin, ehe
sie sich zur wahren Liebe bequemt, die ganze menschenmög-
liche Amphibienlaufbahn durchläuft: der Mutter mit einer
verrückten englischen Herzogin davon geht, um, auf dieser
Rath und dringendes Verlangen und Zureden, — nicht ein
mal aus eigener toller Leidenschaft! — als Kastrat in Rom
einen Carneval hindurch in der öffentlichen Oper heldenvoll
singt und spielt, bis ein lecker englischer Lord auf der schma-
len Leiter, die zu dem Knopfe des Petersthurms führt, durch
einen Meistergriff ihr Geschlecht entdeckt, „sich mit ihr der
wahren Liebe ergiebt, wobei dem armseligen Capellmeister
für seine künstigen Meistergriffe, eine gutherzige Italienerin

zugeſchanzt wird; — das iſt alles viel zu ſehr unter aller Kritik, als daß es eines ernſthaften Wortes bedürfte.

Wie in aller Welt kann ein ſolches elendes Buch aber noch Leſer, und wohl gar Vertheidiger finden? Öffentlich verunehrte ſich denn doch noch keiner damit — denn das eine Verlagshandlung ihre Waare in ihrer eigenen Zeitung anpreiſt, ſie ſei auch beſchaffen wie immer ſie wolle, iſt in der Ordnung. — Und das Publikum! Ja da ſollt' ein Autor, der nur einigermaßen Farben zu miſchen verſteht, wohl ſchwerlich ſo ſchlecht ſeyn können, daß er nicht ſein noch ſchlechteres Publikum fände! Und dann, um völlig gerecht zu ſeyn, das Buch enthält unter einem tollen Wuſt von Kunſtgelehrſamkeit und Schöngeiſterei, manche gute und wahre Bemerkungen über die Tonkunſt und über muſikaliſche Poeſie, und deren bisherige Armſeligkeit — Metaſtaſio, deſſen Opern ſehr richtig beurtheilt werden, nicht ausgenommen, über argen Verfall der Kunſt in Italien, und deren halben Barbarey in Deutſchland; daß Unwiſſende und leichtſinnige Leſer wohl über das Ganze getäuſcht werden mögen. Für den Unterrichteten gilt indeß auch von jenen Bemerkungen Voſſens Sinngedicht:

Dein redſeliges Buch lehrt mancherlei Neues und Wahres.

Wäre das Wahre nur neu, wäre das Neue nur wahr!

Berlin sold by Nauk 1797. The German
Erato, or a Collection of favourite
Songs translated into English with
their original Music. 4. 31 S.

Das Verdienst deutscher Musiker wird von fremden Nazionen, und besonders von den Engländern, ziemlich allge-
gemein anerkannt. Nur was diese Tonkunst unmittelbar auf
deutschen Stoff gewirkt hatte, kannten die Fremden bisher
wenig. Angenehm also muß es dem Freunde der vaterländischen Kunst sein, daß hier ein geschmackvoller Engländer (Herr Berreford) seine Landsleute mit den Gesängen
bekannt macht, die bei uns den Beifall des Volks, im edleren Sinn, erhalten haben. Der Übersetzer bemerkt es in
einem kurzen Vorberichte, daß der Stoff, den vorzügliche
Tonkünstler sich oftmal wählen, öfter sich wählen lassen,
selten an Werth dem Verdienste der Musik entspricht, womit diese Künstler ihn begleiten. Wollte er also einige der
beliebtesten deutschen Gesänge darlegen, so mußte, selbst in
der nicht zahlreichen Auswahl, manches Stück erscheinen, das
wenig poetisches Verdienst hatte, ja bei dem ein wahres
Minus der Poesie statt fand. Mit dergleichen Stücken
nahm er es bei der Übersetzung so genau nicht. Er durfte
nicht so überbescheiden sein, zu verzweifeln, daß er den Text
aus einer Zauberflöte verbessern könnte. Auch ist die
Untreue des Übersetzers hier im Ganzen Verdienst des Mannes von Geschmack geworden, und wir gewinnen in den

Augen des Fremden mit unſerem Wohlgefallen an dieſen Ge-
ſängen, wie ſie hier überſetzt erſcheinen, im Vergleich mit
den matten und gemeinen Originalen. Man darf ſich nicht
mehr ſchämen, wenn das Duett: Bei Männern, welche
Liebe fühlen, in ſeiner engliſchen Überſetzung herzlich be-
klatſcht wird; ſollte gleich noch immer die Muſik das größte
Verdienſt davon ausmachen. Ein Mann von Erziehung
kann die Verſe gemacht haben, und kann ſie anhören;
während ſolche Zeilen, wie die deutſche

>    Die Lieb' verſüßet jede Plage

imgleichen:

>    Mann und Weib und Weib und Mann
>    Reichen an die Gottheit an

kaum einem Hochzeitbitter vergeben werden ſollten. Das
letztere Diſtochen iſt im Engliſchen korrekt und geſchmack-
voll:

>    Love and truth and truth and love
>    Emulate the joys above.

Und der Schluß der erſten Strofe iſt poetiſch:

>    Hail sacred love thro' heav'n and earth!
>    Hail sacred flame that gave us birth!

Ein andermal ſcheint indeſſen der Grundton von Gemeinheit im Original, den Überſetzer verführt zu haben, daß
er die Gedanken für weniger werth hielt, als ſie wirklich
ſind. Die muſikaliſch-trefliche Arie aus der Zauberflöte:
In dieſen heil'gen Hallen, iſt im poetiſchen Ausdruck
elend genug; aber die Gedanken derſelben wären wohl einer
Veredlung durch gebildete Sprache werth geweſen, die der
Überſetzer ihr zu geben ſo fähig war, wenn er diesmal auch
bei einem ſchlechten Stücke hätte treuer ſein wollen.

Dagegen weiß dieſer Überſetzer ſehr wohl, was man
wirklichen Dichterwerken der Deutſchen ſchuldig iſt, und ſein
Beſorgnis, den zarten Gewächſen bei der Verpflanzung vielleicht geſchadet zu haben, macht ihm Ehre. Wer dieſe Be-

ſorgniß hat, bedarf ſie gewöhnlich am wenigſten. Das iſt
hier der Fall. Die großen Schwierigkeiten der Unterlegung
eines poetiſchen Textes unter eine vorhandene Muſik, ſind
hier in überraſchendem Grade überwunden. Alles feſſelt hier,
und ein eleganter Reim wird zum großen Verdienſt. In
dieſer Rückſicht iſt das Höltyſche Lied: Roſen auf den
Weg geſtreut bey unſerm Überſetzer ſehr glücklich geweſen
und es wäre viel, wenn es nicht jenſeit des Meers beinahe
im gleichen Maaße gefallen ſollte als daheim.

> Strew the way with fairest flow'rs
>> Ev'ry ill forgetting;
> Swiftly fly the envious hours,
>> Quick our sun is setting.
> Daphnis now in frolic dance
>> Sports with care unclouded;
> Yet, ere morning's dawn advance
>> See the stripling shrowded.

Nicht geringer iſt das Verdienſt der Überſetzung von
Overbecks: Blühe liebes Veilchen. Hier die letzte
Strofe des Liedes:

> Happy-fated flower,
>> Ere to her you fly
> Blossom near my bower,
>> 'Neath the vernal sky.
> Soon, thy joy increasing,
> Peggy's bosom gracing,
>> Kisses wait for thee,
>> One perchance for me!

Ferner von Schubart: Ich habe viel gelitten, u. ſ. w.
Man überſehe bey dieſen Überſetzungen auch den, ſcheinbar
kleinen, Umſtand nicht, daß die engliſche Sprache ſo arm
an weiblichen Reimen iſt, und daß ſie hier doch ſo unge-
zwungen, in kurzen Zwiſchenräumen ihren Platz füllen. Deſto verzeihlicher iſt es, daß in Stollbergs: Ich ging

im Mondenschimmer, die weiblichen Zeilen ohne Reim
gelassen worden, welches beim Gesang kaum jemand bemerkt. Dieselbe Freiheit ist bei Vossens: Beschattet
von der Pappelweide genommen worden. Dies und
Göthens: Ein Veilchen auf der Wiese stand,
waren freilich äußerst schwer wieder zu geben, und wen
sollte es wundern, wenn der warme Freund solcher Lieb-
lingslieder der Nazion, hie und da etwas vermißt. Aber
es sind noch immer schöne Lieder, um die man den Verfasser auch in England beneiden muß, wenn man Geschmack
hat.

Die Zeile im erstgenannten Liede:

in playful spite

she shew 'd her teeth and vow'd she 'd bite
könnte dem der das Original nicht kennt, eine ungünstige
Idee geben. Viel zarter ist:

da setzte sie die Zähnchen an.

Am Schluß des Göthischen Liedes geht die Personifikation
des Veilchens zu weit, oder vielmehr diese Personifikation
wird zu ausdrücklich dargelegt, wenn es heißt:

„And let me die," 't was *heard* to *say*.
Auch das Original läßt die Blume sprechen, aber dies wird
uns nicht angekündigt, und wir haben schon Mitleid gehabt, ehe wir daran dachten, wie kühn die Dichtung ist.

Das Naive unserer Dichtkunst wird den Uebersetzern immer schwer zu erreichen sein; dagegen sind die Mittelmäßigen unter den gebildeten Nazionen um uns her, schon längst
vor jenen Plattheiten gesichert, die bei uns den Besten noch
so oft beschleichen. Insonderheit hat die englische Poesie einen gewissen Prunk, der dem Gemeinsten oft einige Würde,
dem zartesten aber auch oft einige Steifheit giebt. Bei diesem Verhältnis deutscher und brittischer Tonkunst scheint aber
in der That Stollbergs Lied: Süße heilige Natur,
beträchtlich gewonnen zu haben. Wer die Natur als Mut-

ter verehrt, kann mit einer so hehren Mutter nicht zum
tändelnden Ton kommen, und muß selber ein Mann sein,
um sich zu ihrem Kinde zu schicken. Die Zärtlichkeit behält
eine Stimmung von Ehrfurcht und Scheu. Hiergegen ver-
stößt im Original das Gängelband, das kindliche Will
dich lieben für und für, das Hangen an der
Mutter-Brust. Das Englische ist ernster und erhabener,
und, von einer gefühlvollen Sängerin vorgetragen, kann
das Stück auch mit dem Klange der englischen Sprache ver-
söhnen, welcher so oft verleumdet wird, ohne genug gekannt
zu sein. Es heißt so:

> Holy nature, heav'nly fair
> Lead me with thy parent care:
> In thy footsseps led me tread
> As a willing child is led.
>
> When with care and grief opprest
> Soft I sink me on thy breast;
> On thy peaceful bosom laid,
> Grief shall cease nor care invade.
>
> O congenial pow'r divine,
> All my votive soul is thine!
> Lead me with thy parent care
> Holy nature' heav'nly fair.

Das Werkchen ist in einer edelgeschriebenen Dedikation
der Herzogin von York überreicht. Der in Deutschland noch
wohlbekannte Geist dieser Fürstin ist Bürge dafür, daß sie
immer eine Freundin ihrer vaterländischen Dichtkunst sein
wird.

# Johann Friederich Reichardt.

## An die Freunde der edlen Musik.

Überzeugt, daß ein Kunstwerk, welches in erwünschter Lage leicht entworfen wurde, nur von freier ruhiger Besonnenheit seine Vollendung erhalten kann; hab' ich die heitersten Stunden der letzten Jahre, die ich in ländlicher Ruhe verlebte, dazu angewandt, die großen italienischen Opern Andromeda, Protesilao, Brenno und Olimpiade, welche ich für die Königliche italienische Oper zu Berlin in den ersten vier Jahren ihrer neuen glänzenden Epoche, von 1787 bis 1790, komponirte, nach meinen besten Kräften zu vollenden.

Früh bezaubert und genährt von den schönen Meisterwerken Italiens, durchdrungen von der hohen Wahrheit und Kraft der echten Tragiker der französischen Opernbühne, strebte ich schon bei der Arbeit nach dem Ziele, zu welchem nur die innige Vereinigung jener Wahrheit und Schönheit führen kann. Von der einen Seite aber durch die singenden Personen beengt, deren oft glänzendes Talent doch meist nur einen sehr beschränkten Kreis durchläuft; von der andern durch ein Orchester, das reicher an Blasinstrumenten und an Virtuosen jeder Art ist, als irgend ein anderes, nicht selten verleitet, ausgezeichnete Talente, bis zur üppigen Überladung des Werks zu benutzen, mußte manche Szene unter dem Ideale bleiben, das dem Komponisten vor der Seele schwebte.

Die große Schnelligkeit, mit welcher alle jene Opern entworfen und ausgearbeitet wurden, machte eine zweite ruhige Überarbeitung — die ohnehin nicht das Werk der ersten lebhaften Rührung ist — vor der Aufführung unmöglich.

Froherlebte Sensation und schmeichelnder Beifall erzeugen oft teuschende Empfindungen, welche die bei den Aufführungen gesammelten Bemerkungen nicht sogleich mit voller Unbefangenheit anwenden und mit Strenge benutzen lassen.

Der Gedanke, daß eine solche Oper, nach dem einge-
führten Hofgebrauch, eben nur für Einen Karneval bestimmt
ist, und daß mit dem glücklich gewonnenen Beifall auch der
Zweck der Arbeit erreicht zu sein pflegt, muntert auch nicht
auf, die strenge Feile der höhern Kritik hinterdrein noch an-
zulegen, um dem Werke die Vollendung zu geben, die ihm
allein einen bleibenden Werth zusichern kann.

Nachdem ich die im Jahr 1787 komponirte und während dem Karneval aufgeführte Oper Andromeda in sechs
Jahren gar nicht angesehen hatte, rief im Jahr 1794 ein
schmeichelhafter Königlicher Befehl, daß diese Oper in dem
Karneval von 1795 wieder aufgeführt werden sollte, meine
ganze Aufmerksamkeit von neuem auf diese Oper, die ich,
im ersten Enthusiasm für eine neue bessere Kunstepoche mit
vieler Liebe entworfen hatte. Ich hielt es damals von jeder Seite für meine Pflicht, die Oper noch einmal mit der
sorgfältigsten Aufmerksamkeit durchzugehen, und ihr jede mir
mögliche Verbesserung zu geben.

Unerwartete Zufälle verhinderten aber damals die wiederholte Aufführung.

Das Berliner Publikum, das sich für diese Oper vorzüglich laut und allgemein erklärt hatte — vielleicht weil ich
mit ihr ein neues unterhaltenderes Operngenre einführte,
welches die Vorzüge der italienischen und französischen grossen Oper vereinigen sollte — munterte mich damals zur
Herausgabe eines Clavierauszuges auf. Ich ging wirklich
mit Lust daran, ihn so vollständig als möglich anzufertigen.
Mit jedem auf Theatereffekt gearbeiteten vielstimmigen
Stücke wuchs aber die Schwierigkeit, und mit ihr auch meine
Abneigung, ein Werk, dem ich nach meinen besten Kräften
die Vollendung zu geben gestrebt hatte, freiwillig wieder in
einem Klavierauszuge zu zerstückeln.

Statt in diesem undankbaren Geschäfte — unter dem
nur deutsche Komponisten leiden — fortzurücken, gab die
gänzliche Freiheit, mit der ich jetzt das Werk ohne alle lo-
kale Rücksichten überblicken konnte, dem Gedanken, nun die
letzte Hand ans Ganze zu legen, neues Interesse. Dieses
Interesse verbreitete sich bald auch über meine spätern Opern:

Protesilao, Breuno und Olimpiade, und es ward, durch Anwendung der strengsten Kritik, aus diesen Opern alles, was ich daraus zu machen vermag.

Der Gedanke, meine musikalische Laufbahn zu beschlieſ⸗ ſen, ohne meine größeren Arbeiten außer dem Kreise ihrer Entſtehung bekannt zu wiſſen, ward mir bei dieſer Arbeit im⸗ mer unangenehmer, und ich glaubte endlich annehmen zu dürfen, daß die beſſeren Arbeiten eines Künſtlers, der ſich ſein ganzes Leben hindurch die glücklichſten Veranlaſſungen zu verſchaffen wußte, alles zu hören und zu ſehen, was Italien, Frankreich, Deutſchland und England nur je Be⸗ deutendes und Großes für eine Kunſt hervorgebracht, die er ſelbſt aus reiner freier Liebe von der zarteſten Jugend an ergriffen und froh getrieben, in ſpäteren Jahren mit reinem Eifer ſtudirt hat — daß deſſen beſſere Arbeiten, ſelbſt für den theilnehmenden Künſtler, nicht ohne Intereſſe ſein möchten.

Bei der freiwilligen öffentlichen Herausgabe eines groſ⸗ ſen Werks kann aber ich, der den gegenwärtigen Zuſtand der Kunſt wohl kennt, nur das Intereſſe haben, daß — gelingt es mir auch nicht weiter — wenigſtens Eines meiner größe⸗ ren Werke, in der mir möglichſt vollkommnen Geſtalt, in die Hände theilnehmender Künſtler und echter Kunſtfreunde komme; und ſo wag' ich denn im Vertrauen auf dieſe — was in Deutſchland vielen zu viel gewagt ſcheinen wird — die vollſtändige Partitur meiner Oper Brenno den Künſt⸗ lern und Freunden der edlen Muſik hiemit anzukündigen.

Ich wähle dieſe Oper, weil ich ſie mehr als jede andre nach meinem eignen Sinne und im Vertrauen auf meine eignen Kräfte und auf eine neue große Epoche fürs edle Singeſchauſpiel empfangen und ausgearbeitet habe. Da⸗ mals, (im Jahr 1789) war mirs eben gelungen, der großen Sängerin Mara die gewünſchte Rückkehr zum Königlichen Operntheater in Berlin zu bereiten; für ſie ſchrieb ich die erſte Weiberrolle in dieſer Oper, die, da ſie ausblieb, von der Todi, und bei der Wiederholung im nächſten Karneval von der Lebrun geſungen wurde. Es war mir gelungen, den vortrefflichen Baßſänger Fiſcher, der ganz für die Rolle des Brennus geſchaffen iſt, nach Berlin zu ziehen; für ihn schrieb ich diese in ihrer Art einzige Rolle. Diese beiden Hauptpersonen waren deutsche Künstler, und in der angenehmen Sängerin Niclas und den sehr angenehmen Tenoristen Hurka und Bassisten Franz besaß die große Oper damals schon deutsche Künstler genug, um eben so gut eine große deutsche Oper besetzen zu können, als eine italienische. — So schien damals mit der Vervollkommnung der italienischen großen Oper zugleich eine neue Sonne für die deutsche aufzugehen. Der größte deutsche Dichter hatte sich schon bereit erklärt, eine große deutsche Oper für das Königliche Berliner Operntheater zu dichten. — — In diesen hoffnungsvollen Aussichten komponirte ich die Oper Brenno. In einer ganz andern, aber zu diesem letzten Zweck eben so erwünschten Lage vollendete ich sie bei glücklicher ländlicher Ruhe.

Diese Oper soll nun in vollständiger Partitur, sauber und korrekt gestochen, auf starkes, weißes Papier rein abgedruckt, zur Ostermesse 1798 erscheinen, wenn sich bis zu Ende dieses Jahrs auch nur Einhundert Subscribenten dazu melden. Den Stich hat der brave Musikstecher Menzel bereits angefangen.

Da in Deutschland von großen Opern meistens nur in Konzerten Gebrauch gemacht wird, — diese Oper sich zu einer großen Konzertaufführung auch dadurch eignet, daß die meisten Recitative Instrumentalbegleitung haben und in den häufigen Balletten mit untermischten Chören viele Solosätze für Blasinstrumente vorkommen; — und da die meisten Konzertunternehmer lieber deutsche als italienische Texte wählen; so werde ich in der ganzen Oper zugleich einen möglichst passenden deutschen Text unterlegen, und solchen mit dem italienischen unter die Musik setzen. Konzertunternehmer, die dennoch lieber den italienischen Text zur Aufführung wählen — welches dem Komponisten natürlich unendlich lieber sein muß — werden daran wenigstens, für ihre italienischen Textbücher eine leidliche deutsche Übersetzung haben.

Seit zwanzig Jahren habe ich mich in der allgemeinen deutschen Bibliothek, in dem musikalischen Kunstmagazin, in der allgemeinen Litteraturzeitung, in der Berlinischen musikalischen Monatschrift und in mehreren meiner einzelnen Schriften, verschiedentlich über die Natur der Theatermusik und der großen Oper insbesondere erklärt. Mannichfaltige Erfahrungen ließen mich indeß in den letzten Jahren über diesen Gegenstand mehr nachdenken, und das Beobachtete bei meinen praktischen Arbeiten lieber anwenden, als eben darüber schreiben. Denn so leicht es einem empfänglichen Gemüthe auch wird, die Erfahrungen seiner frühern Kunstperiode mit Lebhaftigkeit auszudrücken, und ganz bündige Theorien aus ihnen zu ziehen, so schwer wird es in der spätern Epoche dem ernster beobachtenden Künstler, die Resultate mannichfacherer und größerer Erfahrungen so zu ordnen, und in befriedigender Klarheit und Bestimmtheit vorzutragen, daß dadurch die wahre Natur der musterhaften Kunstwerke und ihre Wirkung heller beleuchtet werd, und daraus für den empfänglichen Künstler und Kunstfreund die Geschmackregel von selbst hervorgehe.

Um bei dieser Veranlassung auch hierin meine häufigen Erfahrungen und Beobachtungen nach meinen besten Kräften zu benutzen, und so zugleich auf den Gesichtspunkt zu führen, aus welchem ich mein Kunstwerk beurtheilt zu sehen wünsche, werd ich dieser Oper eine Abhandlung über das Wesen der heroischen Oper in deutscher und italienischer Sprache vorsetzen; welche zugleich den wahren Zustand der großen Oper in Italien, Frankreich, Deutschland und England mit wenigen bezeichnenden Zügen darstellen wird.

Der Preis dieser vollständigen Partitur sammt den Balletten, läßt sich nicht genau vorher festsetzen, da man nicht mit Sicherheit bestimmen kann, ob und wie viel das Werk unter oder über Einhundert Foliobogen betragen wird. Es soll aber für diejenigen, die bis zu Ende dieses Jahres darauf pränumeriren, oder auch nur subskribiren, und ihre Namen sammt den Addressen, an welche das Werk in der Ostermesse 1798 gegen den Pränumerationsschein oder gegen Bezahlung abgeliefert werden kann, an mich oder an Hrn. Unger in Berlin oder an Herrn Gerhard Fleischer jun. in Leipzig einsenden wollen, so bestimmt werden, daß das Werk für denselben Preis nicht wohl korrekt geschrieben werden könnte. Auf jeden Fall soll der Preis für die Pränumeranten und Subscribenten zwei Friedrichd'or nicht übersteigen. Diejenigen, welche Neigung haben die kostbare Ausgabe des Werks durch Pränumeration befördern zu helfen, mögen Einen Friedrichd'or pränumeriren, und den Rest des ganzen Preises beim Empfang des Werks nachzahlen.

Man hofft, daß diejenigen Kunstfreunde, die sich zum Clavierauszug der Andromeda bereits gemeldet haben, auf dieses vollständige Werk sich einlassen werden; widrigenfalls wäre man auch bereit, ihnen statt der Andromeda ein komplettes Exemplar der Cäcilia oder der beiden bereits herausgekommenen Theile Musik zu Göthe's Werken zu liefern. Man erwartet darüber ihre Entscheidung.

Ich ersuche alle meine in- und ausländischen Freunde, sich für die Verbreitung dieser Nachricht und für die Herausgabe des Werks freundlich zu interessiren.

Denen, die sich mit Sammlung der Subscribenten bemühen wollen, wird man gern das sechste Exemplar frei liefern. Musik- und Buchhandlungen, die sich selbst, der Erscheinung des Werks, für mehrere Exemplare unterzeichnen wollen, wird man ein Drittheil Abzug vom Betrag des Geldes zugestehen.

Die Namen der Subscribenten werden dem Werke vorgedruckt.

Giebichenstein bei Halle im Magdeburgischen.

Im Mai 1797. Wiederholt im September 1797.